Manual de supervivencia
para mujeres con estrés

Si está interesado en recibir información
sobre nuestras publicaciones,
envíe su targeta de visita a:

Amat Editorial
Comte Borrel, 241
08029 - Barcelona
Tel. 93 410 97 93
Fax 93 321 50 68
e-mail: info@amateditorial.com

Georgia Witkin

Manual de supervivencia para mujeres con estrés

Amat Editorial

Título original: *The Female Stress Survival Guide*
Autora: *Georgia Witkin*
Traductora: *Esther Gil*
Diseño cubierta: *Jordi Xicart*

© de la edición original, Georgia Witkin, publicada por Newmarket Press; Nueva York, 2000
© para la edición española, Amat Editorial, SL, Barcelona, 2004

ISBN: 84-9735-118-5
Fotocomposición gama, s.l.
Depósito legal: B. 17.986 - 2004
Impreso por Romanyà Valls, S.A.
Impreso en España - *Printed in Spain*

Índice

Agradecimientos

Esto es más que una simple página de agradecimientos. Se trata de una dedicatoria a las personas especiales que forman parte de mi vida y que han reducido *mi* estrés gracias a su apoyo.

A Esther Margolis, por dos décadas de respaldo, apoyo y tesón. Sacó a la luz la serie del Síndrome de Estrés Femenino y su compromiso constante con mi trabajo me indica que es mucho más que una editora. Es mi amiga y compañera.

A Joan Lippert, por su incansable recopilación de datos, recomendaciones, revisiones, palabras agradables y curiosidad constante.

A Harry Burton, director de marketing y publicidad de Newmarket, por cargarme de energía; a Grace Farrell, por su gran perspicacia editorial y cuidar tan bien de mí y a John Jusino, por su experiencia y paciencia.

A Dana Blanton, directora de las Investigaciones de Opinión Pública en el canal Fox News Channel, por sus prodigiosos sondeos y sus consejos sobre la Encuesta del Síndrome del Estrés Femenino.

Al doctor Gary Rosenberg, vicepresidente del Centro Sanitario Monte Sinaí, por su constante respaldo, su sentido común y su inusual sabiduría.

A todos mis socios y compañeros de la Facultad de Medicina de Monte Sinaí, en Nueva York, que tan generosamente compartieron sus investigaciones, ideas, tiempo y experiencias conmigo y, en especial a: doctor Richard Berkowitz, presidente, Departamento de Obstetricia, Ginecología y Ciencia Reproductiva; doctor Kenneth Davis, presidente, Departamento de Psiquiatría; doctor Alan Copperman, director, Departamento de Endocrinología Reproductiva; doctor Tanmoy Mukherjee, doctor Natan Bar-

Chama, doctor Nathan Kase, doctor Jose Meller, doctor Raul Schiavi; y a mis ayudantes, Deserie Osborne, Mary Janosik y Mindy Prenner.

A todas las personas que trabajan en el canal Fox News Channel, tanto delante como detrás de la cámara, por la fe que depositaron en mí y por su amistad: Roger Ailes, presidente y director ejecutivo de Fox News Channel; Chet Collier, vicepresidente de Fox News; Amy Sohnen, Peter Henken, Susan Wertheim, Erin Rider, Lisa Magalnick, Maria Donovan, Patrick McLaughlin, Arial Lawrence, E.D. Donahey, Brian Kilmeade, Steve Doocy, Krista Maytola, Linda Giambone y Daniella Zivkovic.

A mi querida familia y amigos: el doctor Jorge Coco Radovic, Travis Pauley, doctor Roy Witkin, Laurie Witkin, Jenny, Joshua y Nicole, Scott y Nikki Witkin, Milton y Carol Fisher, Robert Salzman, Mary Turko, doctor Gordon Ball, doctor Joseph Hankin, Joanne y Roy Benjamin y Marcy Posner.

A mi equipo de apoyo: doctora Constance Freeman, Roberta Gallagher, doctora Carol Hankin, Milton Mollen y Larry Kramer.

A mi querida madre y guía en la vida, la doctora Mildred Hope Witkin Radovic, por las enseñanzas que me dio y a mi fabulosa hija, Kimberly Hope Pauley, por enseñarme los secretos de la vida. ¡Siempre tendréis todo mi amor!

Prólogo

Ya han pasado dos décadas desde que empecé a estudiar el Síndrome del Estrés Femenino. Escribí un libro sobre estos tipos de estrés y los síntomas que se manifiestan, tan peculiares de las mujeres, y pensé que con ese libro todo se arreglaría. No obstante, ahora estamos en un nuevo milenio y nuestras vidas están más descontroladas que nunca. En la década de los ochenta queríamos hacerlo todo. En los noventa nos dimos cuenta de que teníamos todo por hacer y ahora sabemos ¡que ya no podemos más! En los ochenta luchamos por tener opciones. En los noventa se añadieron nuevas funciones a las tradicionales y se volvió a perder el sentido de elección. Ahora queremos aprender a controlar nuestras vidas y a saber cuándo podemos ceder control. ¿Hay menos estrés en esta década? ¡Ni en broma!

Manual de supervivencia para mujeres con estrés trata viejos y nuevos estrés relacionados con la mujer: métodos de fertilización, retos al ser madre, el reloj biológico, matrimonios a los que se ha puesto fin, familias mixtas, síndrome premenstrual, estrés postraumático, etc. El ejecutivo de mediana edad ya no es el único perfil de persona estresada. Las amas de casa también se han unido al grupo de los estresados, junto con viudos, chicas adolescentes y mujeres ejecutivas de cualquier edad. Las mujeres jóvenes de la generación de los «veintitantos» se enfrentan a la confusión económica, a las citas por Internet en una época de SIDA y a decisiones de matrimonio en época de divorcios. Las mujeres que ya han entrado en la treintena luchan con aspectos de fertilidad e infertilidad, dedicando mucho tiempo a sus carreras profesionales y luchando contra el reloj biológico. Las mujeres de cuarenta y pico deben decidir qué hacer cuando ya han llegado al puesto más alto en su oficina o vuelven a estar solas y sin pareja. Las mujeres que tienen más de cincuenta se encuentran atrapadas entre sus hijos, que todavía no se han independizado, y unos padres ancianos muy dependientes. Las mujeres de todas las edades se están enfrentando a cambios sociales y personales sin precedentes. Más que nunca, necesitamos esta guía para superar el estrés. Por favor, dedíquenle el tiempo necesario para leerla y ponerla en práctica. Esperemos que este sea el último libro que necesitemos para combatir el estrés femenino.

Introducción

La liberación completa del estrés es la muerte.

Hans Selye

No es que no nos hayan advertido ni dicho nada sobre el estrés. Todos los días nos hablan de los daños potenciales de este fenómeno. Nos dicen que el estrés puede ser el responsable de la tensión alta y baja, de comer compulsivamente y de la pérdida del apetito, de la fatiga y de la hiperactividad, de la incansable elocuencia y de la insociabilidad, de sofocaciones y escalofríos. Nos avisan que cuando se padece estrés se es más susceptible a las infecciones, a la depresión, a los accidentes, a los virus, a los resfriados, a los infartos e incluso al cáncer. Nos preocupan los efectos envejecedores del estrés y después nos preocupamos de los efectos que puede tener el preocuparnos tanto. Somos muy conscientes de los efectos negativos del estrés, pero todavía no disponemos de la información ni de los datos pertinentes sobre el estrés femenino.

Nuestra formación sobre el estrés es inadecuada, ya que se ha centrado prácticamente en el estrés masculino. Presiones ejecutivas, juegos corporativos, expectativas profesionales, conductas de tipo A, comportamientos competitivos que todavía están siendo estudiados teniendo en mente al hombre. Durante años, los periódicos, libros, revistas, programas televisivos y académicos han tratado los graves efectos del estrés en los hombres: hipertensión y problemas cardíacos, en especial. Pero, ¿sabía que la hipertensión y los problemas cardíacos son también la principal causa de mortalidad en las mujeres?

Al fin y al cabo, mujeres y hombres viven en el mismo mundo. Nosotras también sufrimos los atascos de tráfico, nos presionan en el trabajo y nos decepcionamos en el amor. Nosotras también nos preocupamos por nuestras familias, nos atemoriza el futuro y nos sorprende el presente.

Las mujeres se deprimen, les cuesta conciliar el sueño, se alejan de los demás, están irritables, se comportan de modo infantil, son asustadizas, sienten ansiedad, desorden e incomodidad ante la presión, al igual que los hombres. Al estar sometidas a estrés, las mujeres pueden perder el interés en la comida, el sexo o los amigos, al igual que les ocurre a los hombres. Nuestra tensión arterial puede subir, nuestros corazones pueden bombear el doble, nuestra respiración puede acelerarse y ser irregular, las manos y los pies pueden quedarse fríos y paralizados, la boca se queda seca y la digestión parece haberse detenido; nos ocurre igual que a los hombres.

Además, *las mujeres experimentamos algunos tipos de estrés femeninos*. Los hombres no tienen por qué justificar su estado civil ante un empresario o su conducta sexual ante su familia. Los hombres no menstrúan, no se quedan embarazados ni sufren la menopausia. Las mujeres deben enfrentarse a la avalancha continua de mensajes contradictorios emitidos por la sociedad: se espera que seamos sexy, pero sin dar excesivas muestras sexuales; que tengamos hijos y sigamos siendo inocentes; que seamos firmes en nuestra voluntad sin ser agresivas; que trabajemos sin descuidar nuestra casa. De hecho, según un estudio realizado por Roper Starch WorldWide con una muestra de 30.000 personas, alrededor del 20 por ciento de las mujeres afirmaban que sentían «un alto nivel» de estrés (frente al 15 por ciento de los hombres) y las mujeres trabajadoras a tiempo completo con niños menores de trece años eran las más estresadas.

Además de estas peculiaridades del estrés femenino, hay muchos *síntomas* de tensión que son distintivos de las mujeres o que se encuentran con mayor frecuencia en las mujeres que en los hombres (síntomas que van desde la pérdida de la menstruación hasta los ataques de pánico, pasando por dolores de cabeza recurrentes y anorexia). Aun así, cuando las mujeres se quejan de estos síntomas de tensión y estrés, solemos no tomarlas tan en serio como a los hombres. Mientras que a los hombres se les hacen serias pruebas y se les da tratamiento para combatir la dolencia, muchos doctores siguen recetando tranquilizantes a las mujeres o les dicen: «Váyase a casa e intente relajarse. Su problema es sencillamente el estrés».

«Sólo estrés.» Todavía me quedo perpleja cuando oigo esa frase. «Sólo estrés» puede desencadenar o contribuir a la diabetes, hipertensión y ataques cardíacos. «Sólo estrés» puede generar o empeorar la depresión, ansiedad, insomnio, accidentes, alcoholismo y abuso de drogas. «Sólo estrés» puede desembocar en retrasos mentales, hiperactividad y problemas de coordinación motora. «Sólo estrés» participa en todos los trastornos psicosomáticos, incluyendo úlceras, asma y alergias. Y «sólo estrés» puede hacer relucir síntomas psicológicos y fisiológicos que las mujeres sufren y que yo denomino el «Síndrome del Estrés Femenino».

Mi conciencia sobre el Síndrome del Estrés Femenino no provino, como puede imaginarse, del reconocimiento de mis propios tipos de estrés y síntomas. Yo era una víctima del desconocimiento del estrés femenino al igual que les ocurría a las mujeres pacientes en las sesiones de psicoterapia que impartía. Era profesora universitaria, psicoterapeuta, madre, autora de libros de texto, supervisora clínica a tiempo parcial, asesora y una ineficiente contable.

Estaba estresada todo el tiempo y la culpa se apoderaba de mi ser muy a menudo. Al igual que les ocurre a la mayoría de las madres trabajadoras, me perseguía una larga lista de *quehaceres. Debería* ser más activa en la asociación de padres del colegio. *Debería* estar jugando con mi hija. *Debería* estar escribiendo libros o revisando las facturas *en vez* de estar jugando con mi hija en las tardes de invierno. Como la mayoría de las mujeres, también estaba preocupada por mi cuerpo y por la ropa (o la falta de ropa). Como la mayoría de propietarios, también tenía cincuenta mil cosas que arreglar y emergencias que reparar. Como la mayoría de la gente que está ya en la fase intermedia de la vida, me preocupaba el rápido suceder del tiempo.

¿Síntomas? Desde luego que tenía síntomas. Dolores de cabeza, dolores de espalda, tensión premenstrual, alergias inusuales, un poco de colitis y un poco de arritmia cardíaca. «Sólo estrés», me dijo el médico. «Sólo estrés», me dije a mí misma y continué mi vida como hasta entonces.

Irónicamente, mi conciencia del Síndrome de Estrés Femenino la despertó por vez primera un hombre que me explicó lo que le sucedía a su hija. Se había vuelto a casar, tenía una nueva casa, un bebé y estaba en pleno síndrome de estrés. Se sentía infeliz y muy culpable por no ser feliz. «A mí también me vendría muy grande tanto cambio y nuevas responsabilidades –dijo el padre–, pero *ella* cree que debe ser capaz de hacerlo todo y encima tener tiempo para hacer el pan. Por favor, dígale, ya que es psicóloga y es mujer, que es normal sentirse estresada. Dígale que no se debe sentir culpable ni poco eficiente. Nadie le exige tanto ni espera de ella todo eso.» Le respondí así: «Claro que hablaré con ella» y a raíz de sus palabras empecé a reflexionar sobre los tipos de estrés que están presentes esencialmente en la mujer.

Mi segunda experiencia de concienciación del estrés ocurrió al cabo de una semana. Estaba dirigiendo un seminario de gestión del estrés y, puesto que estaba patrocinado por un hospital en vez de por un departamento de policía o una empresa, los asistentes eran mayoritariamente mujeres. Me fascinó este hecho. Poco a poco me fui dando cuenta de que las preguntas y preocupaciones expresadas por las mujeres eran distintas a las planteadas por los hombres. Las mujeres hablaban de muchos tipos de estrés a largo plazo que quedaban fuera de su control (ambos factores hacen que el estrés sea peligroso para la salud psicológica y física). Hablaban de salarios discriminatorios y trato desigual. Hablaban de dobles tareas: el trabajo fuera de casa y el trabajo del hogar. Hablaban de sabotaje en casa, a veces intencionado y muchas veces no. Y seguían diciendo: «Nadie me hace caso hasta que debo guardar cama una semana».

Interesada por este tema de las mujeres y el estrés durante una década, estuve tomando notas durante las terapias con mis pacientes mujeres. ¿Qué tipos de estrés eran típicamente femeninos? Encontré muchos:

- El estrés asociado a nuestra *fisiología:* desarrollo del pecho, menstruación, embarazo y menopausia.
- El estrés asociado a nuestros cambios *vitales:* convertirse en esposa, convertirse en madre, mantenerse a flote en la era de los divorcios y los problemas económicos, estar por encima de los cuarenta en una cultura en la que se alaba la juventud, convertirse en viuda o reorganizar la vida una vez que los hijos son mayores, pero vuelven al hogar familiar.
- El *estrés psicológico* lo sufren a menudo las mujeres solteras que se sienten solas, las jóvenes que se sienten presionadas para salir del hogar familiar y crear una propia vida, las mujeres profesionales que se ven presionadas a quedarse en casa por temor a perder a su familia, las mujeres trabajadoras que nunca pueden ponerse al día con tantos correos electrónicos, facturas, etc., ni dormir lo suficiente.
- El *estrés oculto* que provoca angustia, aflicción y agotamiento. El sutil sexismo practicado tanto por hombres como mujeres, la infertilidad, los desplazamientos diarios o tratar con niños de dos años.
- Y el estrés de las *crisis vitales,* que recaen en gran parte en los hombros femeninos. Cuidar a los padres enfermos o a punto de morir, cuidar a un hijo inválido, superar la vida tras el divorcio, superar el divorcio de los padres o el de los hijos.

Después entrevisté a muchísimas mujeres y advertí aún más tipos de estrés femenino: un hijo o hija que vuelve al hogar con sus niños, esperar tener hijos después de intentarlo durante mucho tiempo, y enfrentarse a la jubilación. Al igual que el estrés que mencionaban las mujeres que asistieron a mi cursillo, estos tipos de estrés también son a largo plazo y van más allá del control inmediato. Como las mujeres del cursillo, éstas sentían los síntomas del estrés, pero nadie les hacía caso. Según la Nueva Encuesta de Estrés Femenino de 2000, no ha habido demasiadas mejoras. Los maridos, doctores e incluso sus madres, les dicen: «Duerme bien esta noche y mañana te encontrarás mejor». Al no sentirse mejor, muchas acudieron a terapeutas y muchas fueron mis pacientes.

Por suerte me di cuenta a tiempo de que era capaz de ayudar a mis pacientes y de convencerlas de que su estrés no era «sólo algo psicológico», sino que era algo real que sufrían a diario. Sus síntomas no eran fruto de su imaginación, sino que eran la respuesta de su cuerpo a algo. Eso es lo que todavía sigo haciendo en mi consulta privada, en las columnas que redacto, en las charlas, en las apariciones televisivas y en esta nueva edición del *Manual de supervivencia para mujeres con estrés*. En efecto, me concedo el «permiso» necesario para tomarme en serio el estrés que padecemos.

Cuando empecé a escribir sobre el estrés femenino, lo hice para formar al máximo número de mujeres sobre las formas diferenciadas en que, debido a su biología y condicionamiento, puede afectarlas el estrés. Esta nueva edición es un manual del estrés de las mujeres: nuestro estrés, el estrés de nuestros hijos, el estrés de nuestro compañero y el de nuestros padres. El libro tiene el propósito de ayudarnos a ayudar a quienes queremos. Espero que este libro también tenga algo que ver en la formación de los hombres que están preocupados, ya sea profesional o personalmente, por las mujeres.

Educarnos a nosotras mismas sobre los síntomas del Síndrome del Estrés Femenino, sólo es parte de la solución para lograr una vida más saludable. Por desgracia, muchas de nosotras podemos ser todas unas expertas en identificar y describir nuestro estado de tensión y los síntomas del estrés, pero nos quedamos ahí paralizadas; volvemos a toparnos con las mismas situaciones estresantes una y otra vez. Reconocemos que ya hemos pasado por ese obstáculo, pero no somos capaces de modificar nuestras reacciones a pesar del daño que pueden hacernos. Hemos de dar un paso más y conseguir «gestionar» el estrés. Para reducirlo y lograr cierto control, no sólo tenemos que conocer y reconocer nuestros problemas, sino que también hemos de lograr un entendimiento de sus orígenes y aprender a gestionarlos. Espero que este libro le ayude a vivir con el estrés femenino para que pueda dominarlo en vez de que él le domine a usted. *Sobrevivir y prosperar* es la meta. El conocimiento es el medio, así que siga leyendo.

1

Estrés positivo, estrés negativo y estrés femenino

Los hombres y las mujeres fueron creados de igual forma, pero indudablemente son distintos, sobre todo al hablar en términos de estrés.

Por ejemplo, parece ser que el sexo femenino supera mejor el estrés que el masculino. Aunque nacen 102 varones por cada 100 hembras, al final del primer año de vida se invierte el índice varones-hembras. Además, no sólo es menor el índice de mortalidad infantil femenino, sino que las hembras también viven más años.

Asimismo, parece ser que las mujeres envejecen con más calidad. Suelen mantener la agilidad de las piernas y las manos durante más tiempo, las canas aparecen más tarde, tienen menos deficiencias visuales y auditivas, menor pérdida de memoria y mantienen un mayor riego sanguíneo en el cerebro.

Puesto que las mujeres, por naturaleza, tienen un ratio mayor de grasa-músculo que los hombres, están más protegidas del frío, flotan más en el agua y liberan la reserva de energía a menor ritmo. Este último hecho supone una ventaja importante para las corredoras de fondo o nadadoras de larga distancia. Además, también ayuda a las mujeres a enfrentarse al estrés prolongado, ya que éste suele presionar la superficie de los vasos sanguíneos provocando que las manos y los pies estén calientes; suele aumentar la sudoración, lo que nos enfría, y suele suprimir el apetito, haciendo necesario que exista otra fuente alternativa de energía.

La doctora Eleanor Maccoby, directora de desarrollo humano en psicología en la Universidad de Stanford, en Palo Alto, Estados Unidos, informa de que las mujeres, seguramente reaccionan al tacto con más facilidad que los hombres. ¿Podría significar esta afirmación que las mujeres obtienen más placer al ser acariciadas que los hombres? Quizá. ¿Podría significar que el estrés femenino puede aliviarse con mayor facilidad si nos dan la mano, si nos abrazan o si nos acarician? ¡Es muy probable!

Algunos estudios manifiestan que las mujeres son más sensibles al dolor que los hombres, mientras otros estudios no muestran diferencia alguna (hay que tener en cuenta que *no* hay ningún estudio que demuestre que los hombres son más sensibles al dolor). ¿En qué modo puede ser esto favorable? Aunque un umbral del dolor bajo puede conducir a una excesiva preocupación por cualquier factor que afecte al cuerpo, también ofrece un sistema de alerta precoz ante los síntomas de estrés que pueden requerir una intervención temprana. Esta diferencia entre el sexo masculino y femenino, puede incluso contribuir a una esperanza mayor de vida en las mujeres en comparación con los hombres.

Hay investigaciones que también demuestran una diferencia en el control de la agresión entre mujeres-hombres. Ya a los 18 meses de edad, las niñas empiezan a controlar mejor que los niños su mal humor (E. Maccoby y C. Jacklin)[1].

Esa es otra de las razones por las que parece que las mujeres evolucionan mejor en las estrategias verbales de gestión del estrés que muchos varones. Ellas reconocen antes la información y solucionan los problemas con mayor lógica. Una hipótesis alternativa es que las mujeres pueden mostrar menor tendencia a reaccionar con agresividad ante las situaciones y, por lo tanto, necesitan menos control. Una vez más, de ser cierto, se realzaría su capacidad de enfrentarse a los problemas (piensan antes y actúan después).

Hay un área en la que la mujer muestra una superioridad indiscutible y que, sin embargo, parece no aprovechar: la buena coordinación muscular femenina. Aunque esta capacidad conlleva que las mujeres sean muy indicadas para profesiones como la cirugía cerebral y los trabajos muy meticulosos, la sociedad todavía suele presionar para que la ejerciten bordando o haciendo manualidades.

Ahora también conviene echarle un vistazo a los puntos negativos del estrés femenino. Debido a sus peculiaridades fisiológicas y condicionan-

1. Maccoby E. y Jacklin C. *The Psychology of Sex Differences*, Stanford, California: Stanford University Press, 1966.

tes, las mujeres están sometidas a un estrés prolongado que las sitúa en una posición de doble peligro: se corre el riesgo de padecer cualquiera de los síntomas habituales del estrés, desde dolores de espalda hasta hipertensión, pero también se corre el riesgo de padecer trastornos adicionales relacionados con el estrés, como la tensión premenstrual y los ataques de pánico (síntomas que son únicos en las mujeres o que, sin duda, se producen con mucha mayor frecuencia que en los hombres). Antes de detallar estos síntomas femeninos de estrés, veamos el panorama general del estrés y las formas en que reacciona el cuerpo.

El estrés y el síndrome de adaptación general

¿Ha notado cómo el corazón se acelera o parece detenerse cuando nos libramos de un accidente de tráfico por los pelos? ¿Se ha percatado de lo que le ocurre cuando se encuentra de sopetón con su antigua pareja? En cada una de estas circunstancias, su cuerpo responde a las señales de su sistema nervioso simpático. Por ejemplo, su ritmo cardíaco puede pasar de 70 pulsaciones por minuto a 140 cuando está sometido a situaciones de estrés.

Piense en la experiencia más reciente que haya vivido relacionada con el estrés. Puesto que puede tratarse de cualquier solicitud o presión que le haya conducido a una tensión mental o física, seguramente le vendrá a la mente enseguida algún incidente. Quizá recuerde estar resentida, asustada, emocionada, confundida, sentirse insultada, excitada, decepcionada, enfadada, triste, fatigada, exhausta o sorprendida.

El estrés puede originarse debido a algo que sucede en nuestro entorno o a algo que ocurre en nuestro interior. Puede ser el resultado de un problema laboral, una crisis familiar o un brote de dudas internas. Asimismo, conviene resaltar que puede estar causado por factores tan diversos como el envejecimiento del cuerpo o el nacimiento de un hijo muy esperado. Además, puede ser intermitente, desaparecer rápido o ser crónico.

El efecto principal del estrés es movilizar el sistema «lucha o huida» del cuerpo. Esto significa que el estrés estimula los cambios químicos, físicos y psicológicos que nos preparan para superar una situación amenazante. Cuando el estrés hace que se produzca este tipo de reacción ante situaciones peligrosas es muy positivo. Por ejemplo, cuando provoca que el sistema responda ante el impulso de «lucha» para defender el territorio de uno, proteger a un ser querido o correr para salvarnos de un animal salvaje. También está bien reaccionar con un mecanismo de «huida» al enfrentarnos a un desastre natural.

Sin embargo, ahora supongamos (como suele ocurrir en la época actual) que el estrés al que nos enfrentamos *no* requiere este tipo de acción. Supongamos que llegamos tarde a una cita importante y no podemos hacer nada porque estamos en medio de un atasco de tráfico. No hay movimiento ni escapatoria posible, así que no se necesita acción. En esa situación, la relajación sería mucho más útil que los cambios bioquímicos y psicológicos provocados por este sistema de lucha o huida.

Tal y como Hans Selye ya afirmó en la década de los cincuenta, nuestro sistema de movilización ante el estrés es poco concreto. Es decir, se moviliza igual para *cualquier* solicitud, tanto si es a largo o a corto plazo, tanto si requiere o no acción, tanto si se trata de buenas o malas noticias. Si ganamos la lotería, el cuerpo se estresa igual que si la perdiéramos. Ambas situaciones producen lo que Selye denominó el Síndrome de Adaptación General, una reacción corporal ante las situaciones de estrés que requiere la activación de emergencia del sistema nervioso y endocrino (hormonal).

Dentro del sistema nervioso, los mensajes de estrés viajan a través de tres vías. Van del cerebro a los nervios motores del brazo, la pierna y otros músculos corporales, preparándolos para pasar a la acción. Van del cerebro al sistema nervioso autónomo, que aumenta la tensión arterial, el ritmo cardíaco y el nivel de azúcar en sangre; libera los glóbulos rojos de reserva necesarios para llevar el oxígeno a los músculos y ralentiza el movimiento intestinal (ya que la digestión deja de ser una prioridad en casos de emergencia). Por último, van desde el cerebro hasta el interior de la glándula suprarrenal, que libera adrenalina al sistema sanguíneo, de modo que actúa como estimulante general.

El hipotálamo también recibe los mensajes de estrés transmitidos desde el cerebro hasta las vías del sistema nervioso, pero después se activa un segundo sistema, ya sea el hormonal o el endocrino. Este sistema trabaja a un ritmo menor que el sistema nervioso ante el estrés, pero mantiene sus efectos en el cuerpo durante más tiempo.

Debemos pensar en el hipotálamo como el centro cerebral de control de las emociones. A partir del hipotálamo pueden transmitirse mensajes de estrés a numerosas glándulas. Cuando el hipotálamo así lo señala, la glándula pituitaria libera hormonas en el sistema sanguíneo que activan la corteza suprarrenal. La corteza suprarrenal libera, a su vez, hormonas similares y conjuntamente aumentan el número de glóbulos blancos (que afecta a algunas reacciones inmunitarias), alterando el equilibrio de sal y agua (aumentando gradualmente la tensión sanguínea al modificar las pautas de excreción) y estimulando la glándula tiroides (aumentando el metabolismo).

Los efectos del estrés breve y prolongado

Tanto la acción inmediata del sistema nervioso como la acción liberadora temporal del sistema endocrino tienen el objetivo de preparar y mantener el cuerpo en una acción de supervivencia. Si el estrés es breve, normalmente no hay problemas, ya que su cuerpo tendrá tiempo para descansar después. Esto suele ocurrir cuando el estrés forma parte de un deporte, un juego o incluso un romance. El sentimiento de emoción que uno siente es el «estrés positivo», que surge de las actividades estimulantes que se realizan por voluntad propia.

Si, por el contrario, el estrés es prolongado y está fuera de su control, su cuerpo no tendrá ocasión de descansar y los efectos de este «estrés negativo» empezarán a percibirse. Su corazón, al fin y al cabo, es un músculo y no es una máquina perpetua. Puede que sus pulsaciones se aceleren (taquicardia), que sienta debilidad o incluso dolores en el pecho.

Las pautas de respiración también varían en situaciones de estrés. Se acelera la respiración y normalmente se doblan las pulsaciones y el ritmo es más atenuado, como un jadeo. Bajo el «estrés positivo», estos cambios se deben sólo a adaptaciones, pero bajo «el estrés negativo» o estrés prolongado pueden crear problemas. La nariz y la boca empiezan a secarse debido a la rápida respiración y también pueden producirse dolores en el pecho debido al extenuante trabajo de los músculos del diafragma.

Puesto que las señales para respirar provienen de una acumulación de dióxido de carbono en el sistema sanguíneo, la respiración en jadeos rápidos puede crear otro problema adicional: el dióxido de carbono se libera muy bien y los mensajes de respirar se ralentizan. Estamos sin aliento y mareados, fenómeno denominado «hiperventilación» y muy común del estrés prolongado. Para sentirnos relajados en momentos de hiperventilación podemos respirar dentro y fuera de una bolsa de papel. Así, el dióxido de carbono que expulsamos lo volvemos a respirar y a llevar a los pulmones,

de modo que el nivel de dióxido de carbono en la sangre enseguida vuelve a ser alto y desencadena el reflejo de respiración.

No obstante, algunos efectos psicosomáticos del «estrés negativo» son mucho más difíciles de controlar que la hiperventilación. Por ejemplo, una disminución de las contracciones rítmicas del sistema digestivo y vasoconstrictor de las glándulas gástricas a causa del estrés, puede producir dolores estomacales, diarrea o estreñimiento (en los viajes solemos culpar al agua de estos síntomas). Asimismo, la liberación de ciertas hormonas (glucocorticoides) en situaciones de estrés puede aumentar gradualmente la acidez estomacal y, por lo tanto, el riesgo de padecer una úlcera péptica.

Según los estudios recopilados, entre otras, por la empresa farmacéutica Upjohn, las hormonas producidas en situaciones de estrés pueden suprimir el número de glóbulos rojos que nos protegen contra las infecciones y cánceres. Quizás esta conclusión ayude a explicar por qué los viudos y viudas tienen mayor riesgo de padecer enfermedades durante los dos meses sucesivos a la muerte de su cónyuge, por qué el estrés precede, en la mayoría de ocasiones, a los dolores de garganta y resfriados y por qué las mujeres con estrés crónico por cuidar a unos padres con Alzheimer demuestran una función deficiente del sistema inmunitario. La evidencia es aplastante. No podemos combatir el estrés crónico y las enfermedades a la vez.

El estrés prolongado, también puede producir una progresión de efectos secundarios. El Síndrome de Adaptación General, por ejemplo, modifica el flujo sanguíneo pasándolo a los mayores músculos corporales y disminuyendo el flujo del tracto gastrointestinal y la piel. Los primeros síntomas de estos cambios pueden ser tener las manos y los pies fríos, quedarse blanco o apagado y sufrir dolores de cabeza o hipertensión.

Por poner otro ejemplo más, las glándulas endocrinas sometidas a estrés prolongado liberan el exceso de azúcar para aportar energía al sistema sanguíneo y la insulina sobrante para descomponer los azúcares y utilizarlos. Si se produce demasiada insulina, los niveles de azúcar en sangre bajan (hipoglucemia), nos sentimos cansados y nos apetece fumar un cigarro, tomar café, una bebida refrescante o dulces para levantarnos un poco el ánimo. Entonces se estimula aún más la producción de insulina y el círculo de bajos niveles de azúcar continúa.

Un tira y afloja

Tanto en hombres como en mujeres, el estrés prolongado puede agravar una enfermedad o tendencia preexistente. Podemos pensar en este tipo de efectos secundarios del estrés como el tira y afloja del cuerpo para contrarrestar sus debilidades.

Observe la lista de los problemas relacionados con el estrés que le presentamos a continuación. ¿Ha advertido alguno en su cuerpo? ¿Ha estado alguno presente en sus familiares? ¿Amigos? ¿Compañeros?

Colitis ulcerosa	Arritmia cardíaca
Úlcera péptica	Hiperventilación
Síndrome del intestino irritable	Asma
Infarto de miocardio	Artritis reumatoide
(ataque cardíaco)	Alergias
Hipertensión arterial	Trastornos dermatológicos
Frecuentes resfriados	

A veces, los síntomas del estrés son menos serios, pero si los síntomas concuerdan con los de graves enfermedades, aún se añade más estrés y preocupación, lo que empeora la situación. Muchas veces, los pacientes acosados por traumas emocionales llegan a la conclusión de que tienen un tumor cerebral, una enfermedad coronaria o un cáncer basándose en los siguientes síntomas provocados por el estrés:

Dolores de cabeza	Mareos
Dificultades al tragar	Dolores en el pecho
(espasmos del esófago)	Dolores de espalda
Ardores de estómago	Espasmos musculares
(hiperacidez)	Frecuencia urinaria
Náuseas	Lapsus de memoria
«Nudos» u «hormigueo»	Ataques de pánico
en el estómago	Estreñimiento
Sudores fríos	Diarrea
Dolores de nuca	Insomnio
Fatiga crónica	

Sabemos que el cerebro desempeña un papel crucial al determinar cómo reacciona el cuerpo ante el estrés. Estas son las tres principales conexiones mente-cuerpo:

1. ¿Recuerda que los mensajes de estrés pasan del cerebro a los nervios motores y de ahí a los brazos, piernas y otros músculos corporales? Su efecto a corto plazo es prepararnos para las emergencias. Su efecto a largo plazo es fatigar esos músculos.
2. Otros mensajes de estrés pasan del cerebro a los nervios autónomas y de ahí al corazón, pulmones, intestinos, glándulas sudoríparas, vasos sanguíneos, hígado, riñones, glándulas endocrinas y demás órganos. Su efecto a corto plazo es activar el sistema de lucha o huida. Su efecto a largo plazo es cansar estos órganos.
3. Por último, algunos mensajes de estrés pasan del hipotálamo cerebral a la pituitaria y después a otras glándulas que liberan hormonas. El efecto a corto plazo de estas hormonas es aumentar la producción de energía. El efecto a largo plazo suele ser provocar desequilibrios hormonales.

Estrés femenino

Ahora vienen más malas noticias. Los síntomas de estrés de los que hemos hablado pueden afectar por igual a hombres y mujeres, pero, tal y como ya advertimos, las mujeres sufren además otros riesgos y tienen síntomas menos claros debido a la fisiología femenina, a los cambios de la vida y a las exigencias sociales y psicológicas. Aún más importante, la mayoría de estos tipos de estrés son prolongados y están fuera del control personal (por lo que son el tipo de estrés más peligroso). Los síntomas femeninos específicamente relacionados con el estrés son:

Amenorrea   Vaginismo
(pérdida de la menstruación)   (acto sexual doloroso)
Síndrome premenstrual   Escaso deseo sexual
Graves dolores de cabeza   Excitación sexual inhibida
Depresión posparto   Anorgasmia
Melancolía menopáusica   Infertilidad

Los trastornos que no son únicamente femeninos, pero que suceden en la mujer con mayor frecuencia son:

Anorexia	Ataques de ansiedad
Bulimia	Depresión

Éstos son los síntomas del Síndrome del Estrés Femenino, y cuanto antes hagamos una relación entre su aparición y la incidencia del estrés en nuestra vida cotidiana antes podremos gozar de mejor salud. Algunas mujeres ya han reconocido la importancia de la conexión entre mente y cuerpo al observar sus propias reacciones físicas producidas bajo un estrés crónico. Sin embargo, puede que muchas todavía no se hayan dado cuenta y sin duda, se beneficien al identificar los síntomas de estrés femenino y sus características. Recuerde que el estrés y los síntomas del Síndrome del Estrés Femenino no sustituyen al estrés de la vida cotidiana, sino que más bien coexisten. Siento haberle dado las malas noticias, pero piense que en los siguientes dos capítulos encontrará mucha ayuda al examinar los efectos de esta doble dosis de estrés. Piense que dentro de poco se sentirá mucho mejor.

2

El estrés y el cuerpo femenino

La naturaleza ha dotado a las mujeres de unos procesos fisiológicos complejos que no tienen comparación en los hombres: menstruación, embarazo y menopausia. Estos cambios se deben a un maravilloso regalo, la posibilidad de reproducirse, pero también son un área en la que suelen producirse muchos problemas relacionados con el estrés. Una vez más, podemos ver la importancia de la conexión cuerpo-mente en el desarrollo del Síndrome del Estrés Femenino.

El riesgo del síndrome premenstrual/fuertes dolores de cabeza

Los estudios médicos han documentado, por fin, algo que las mujeres siempre han sabido: que el síndrome premenstrual es real. Entre los 14 y los 7 días precedentes a la menstruación (y a veces inmediatamente antes o después de ésta) 9 de cada 10 mujeres en edad reproductiva experimentan alguno de estos síntomas:

Dolores de cabeza
Ansiedad y nerviosismo
Fatiga/letargo
Depresión y/o ataques de llanto
Sofocaciones
Pérdida de concentración
hinchazón de estómago,
    con o sin dolor

Irritabilidad
Migraña
Molestias y sensibilidad
    en el pecho
Cambios de temperatura
Menor deseo sexual
Cambio de humor
    (altibajos)

Dolor de espalda y/o dolor pélvico	Aumento de accidentes y errores
Anhelo de alimentos (normalmente caramelos, pasteles y chocolate)	Acné, puntos negros
	Aparición de reacciones alérgicas
Sudoración	Brotes de agresividad
Hinchazón en las piernas	Sed
	Cambios en el ritmo intestinal

Entre el 10 y el 20% de estas mujeres manifiestan síntomas lo suficientemente graves como para que sus familias digan que están en una «semana mala». El 5% se ven tan afectadas por estos síntomas que afirman que les cuesta mucho seguir su vida normal. Este «trastorno premenstrual disfórico» se incluyó por vez primera en el *Diagnóstico y Manual de Estadísticas de Trastornos Mentales* en la cuarta edición, de 1994. Puesto que los síntomas son tan generales, hasta hace poco la mayoría de los médicos no prestaban atención y pensaban que se trataba de una enfermedad imaginaria que las excusaba durante unos días de sus responsabilidades cotidianas. Se basaban en que era muy difícil que estos síntomas (y otros cincuenta que no hemos listado) estuviesen relacionados.

No obstante, las investigaciones realizadas en los últimos treinta años han demostrado que más de la mitad de las mujeres encuestadas en tres países (Estados Unidos, Gran Bretaña y Francia) manifestaban sufrir cambios menstruales psicológicos y/o físicos. De hecho, lo más probable es que estas mujeres estén padeciendo distintos subtipos de tensión premenstrual. Katharina Dalton, la doctora británica pionera en los estudios de este ámbito, encontró relaciones entre la fase premenstrual y los delitos violentos, las muertes por accidente, los suicidios y los ingresos en los hospitales psiquiátricos por parte de mujeres. L. Rees concluyó que había una relación entre ansiedad y fase premenstrual. M. Abramson y J. R. Torghele advirtieron que los dolores de cabeza eran el síntoma premenstrual que las mujeres afirmaban tener con mayor frecuencia y Gail Keith, del Centro Médico de la Universidad de Illinois, considera que sentirse fuera de control es el síntoma más habitual.

El caso de Daria es bastante frecuente, tal y como ella nos cuenta:

Cuando me tiene que bajar la regla, empiezo a sentirme malhumorada e irritable. Me molestan el ruido, el calor o las peleas de los niños. Ni siquiera soporto que me toquen o me acaricien. Encuentro cualquier excusa para enfadarme con mi familia para encerrarme sola un rato apartada de todo. Además, tengo muchos dolores de cabeza. Normalmente empiezan tres días antes del período y duran dos días. Aparte de comer chocolate y dormir, no encuentro ningún otro alivio.

¿Podrían explicarse los problemas de Daria? ¿Por qué padece dolores de cabeza antes de la menstruación? ¿Por qué se sienten hinchadas las mujeres? ¿Por qué sienten tensión? ¿Y depresión? ¿Por qué les apetece tanto comer azúcar y se sienten como la bruja mala?

Aunque las explicaciones psicológicas parezcan bastar, no son suficientes para encajar todas las piezas del rompecabezas. Por ejemplo, muchas mujeres que no padecen tensión premenstrual han crecido oyendo los mismos mensajes negativos sobre la menstruación que las mujeres que tienen problemas en esa época del mes. Muchas mujeres empiezan a padecer los síntomas menstruales sólo después del nacimiento de su primer hijo. Los síntomas fluctúan con el ciclo menstrual, aumentan cuando la mujer llega a los treinta y los cuarenta y parecen ser hereditarios. Además, las mujeres que no ovulan, *casi nunca* tienen síntomas de estrés premenstrual.

Ahora se puede sospechar, con fundamento, que los desencadenantes están dentro del propio cuerpo. El ciclo menstrual es altamente complejo y poderoso y requiere la activación de todo el sistema reproductivo. Puesto que es un sistema endocrino/activado por hormonas, dichas hormonas van hasta el sistema sanguíneo al igual que las hormonas del estrés, llegando hasta todos los tejidos del cuerpo. Asimismo, al igual que las hormonas del estrés, las hormonas menstruales desencadenan varias reacciones químicas y metabólicas, además de llegar hasta los órganos que tienen como objetivo.

El ciclo está regido por esas dos glándulas principales, el hipotálamo y la pituitaria. En el ciclo normal, el hipotálamo le señala a la pituitaria que libere la hormona estimuladora de folículos (FSH) que hace que varios nuevos folículos de los ovarios empiecen a crecer y a segregar la principal hormona femenina, el estrógeno.

Esta poderosa hormona empieza a cambiar el organismo para prepararlo para la fertilización del óvulo. Así, las células de la pared uterina se multiplican y aumentan el riego sanguíneo. También hay cambios en las trompas de Falopio, en la musculatura del útero, en el cuello del mismo y en la vagina.

Además de estos cambios en los órganos reproductivos, el estrógeno afecta al sistema conductivo de las mamas, las hormonas de las glándulas tiroides y suprarrenales y el páncreas, los vasos sanguíneos, la química del colesterol y las proteínas de la sangre y el metabolismo óseo.

Después de nueve o diez días, el alto nivel de estrógeno en la sangre hace que el hipotálamo le dé a la pituitaria la señal de disminuir la producción de FSH y de liberar hormona luteinizante. Así se produce la ovulación y el subsiguiente surgimiento de la segunda hormona femenina, la progesterona, en el folículo (también denominado *corpus luteum*).

La progesterona *se opone* al estrógeno. Es decir, tiene un efecto inhibidor o reversible sobre los cambios que ha producido el estrógeno. La progesterona detiene el crecimiento de la pared uterina y la prepara para recibir al óvulo fertilizado. Si el óvulo se fertiliza y se implanta en el útero, la progesterona continuará segregándose para reforzar el entorno del óvulo hasta que la placenta retome esa función. La progesterona también empieza a revertir los cambios en el útero, el cuello del útero y las trompas de Falopio.

A pesar de que el nivel de estrógeno haya ido disminuyendo a la vez que el de progesterona ha aumentado, llegado el vigésimo primer día del ciclo ambas hormonas están presentes a un alto nivel y en la mayoría de las mujeres también crean mucha tensión. Entonces, si no hay embarazo, el mecanismo de respuesta negativa del sistema endocrino provoque que se cierre de golpe la secreción de ambas hormonas: los altos niveles de progesterona le mandan al hipotálamo la señal de que detenga la segregación de la pituitaria de LH, lo que, a su vez, conlleva que los ovarios dejen de secretar progesterona y estrógeno.

A medida que el recubrimiento uterino se descompone y es expulsado (menstruación), las hormonas están en su punto más bajo. Sin embargo, la falta de progesterona provoca que el hipotálamo dé de nuevo la señal a la glándula pituitaria para que libere FSH, comenzando así un nuevo ciclo.

Como puede ver, si se altera una parte de este ciclo, el resto del mismo también se verá afectado. Por lo tanto, hay muchas posibles fuentes de síndrome premenstrual.

1. Más que los cambios en los niveles hormonales, los cambios en la sensibilidad de algunas mujeres frente a las hormonas podrían explicar los síntomas premenstruales.
2. Puede que haya reacciones de retirada ante las hormonas cuando su nivel baja antes del flujo menstrual.
3. Puesto que los desequilibrios hormonales y los cambios alimentarios pueden influir en la retención de líquidos y la concentración de electrolitos, esta área también sería objeto de estudio.
4. Las fluctuaciones de las sustancias químicas que participan en la actividad cerebral, también deben examinarse para determinar la sensibilidad a los cambios de estrógeno y progesterona.
5. Los expertos sostienen que los cambios en la utilización de la vitamina B_6 en el cuerpo durante el período premenstrual pueden provocar que se produzca un aumento de la progesterona en el ciclo medioluteal. La progesterona puede afectar a la retención de líquidos, creando irritación e hinchazón en las mamas.
6. Los cambios en la actividad B_6 pueden disminuir los niveles de una sustancia química cerebral llamada serotonina, que, a su vez, puede desencadenar depresión, anhelo de ciertos alimentos y cambios de humor. Aun así, los estudios que se han hecho hasta ahora no han sabido mostrar ningún alivio de los síntomas premenstruales con la ingestión de B_6 frente al placebo.

¿Puede influir el estrés en los síntomas premenstruales? Hay quien dice que sí. Según la ginecóloga Sharon B. Diamond, de la Facultad de Medicina Monte Sinaí en Nueva York, el estrés influye en el hipotálamo cerebral, lo que, a su vez, actúa sobre la pituitaria anterior y, por lo tanto, los ovarios, que son la fuente de la progesterona y el estrógeno que tanto tienen que ver con el síndrome premenstrual. Esto significa que el estrés agrava la mayoría de los síntomas premenstruales, desde el acné hasta las alergias. Además, también puede agravar los síntomas premenstruales de fiebre y sudoración y puede alterar la tolerancia al cansancio, dolor y situaciones sociales. Según el doctor Peter J. Schmidt, del Instituto Nacional Estadounidense de Salud Mental, también es posible que el síndrome premenstrual *empeore el estrés*. El doctor nos aporta un ejemplo: si alguien nos da un golpe en el brazo, lo sentimos, pero si alguien nos golpea en un brazo roto, *nos duele de verdad*. En un estudio que él realizó, junto a sus compañeros, en 1990, advirtió que las mujeres que estaban en la fase premenstrual se sentían estresadas por acontecimientos en sus vidas que no les molestaban lo más mínimo en otros períodos del mes. En otras palabras, los síntomas premenstruales se agravan y van a peor cuando una mujer está sometida a estrés. Si encima debe enfrentarse al escepticismo sobre el síndrome premenstrual y a la falta de comprensión, aún padecerá más estrés.

Afortunadamente, tanto la ciencia médica como los remedios caseros, cuentan al menos con soluciones parciales para combatir el síndrome premenstrual. Empecemos por lo que nos ofrece la ciencia médica:

- Los médicos pueden recetar antiprostaglandinas para contrarrestar los dolores premenstruales y menstruales.
- Los tranquilizantes y antidepresivos como Prozac y otros inhibidores selectivos de la recaptación de serotonina, pueden prescribirse para tratar los cambios de humor, pero, en este caso, ser consciente de que los cambios de humor son temporales y de que se deben a un ciclo menstrual puede ser tan efectivo como la medicación, contando además con la ventaja de no tener efectos secundarios.
- El calcio puede ser una solución sorprendentemente sencilla para muchas mujeres. Cuando Susan Thys-Jacobs, de la Universidad Columbia en Nueva York, les recetó a las pacientes del síndrome premenstrual 600 mg de carbonato de calcio a diario, los cambios de humor, la retención de líquidos y demás síntomas mejoraron en un 48%. No obstante, antes de intentar esta solución debería consultarlo con su médico.
- Para el dolor o la excesiva sensibilidad en las mamas, algunos médicos recetan bromocriptina, que inhibe la hormona prolactina. En un principio se pensaba que la prolactina producía los síntomas premensturales en algunas pacientes, provocándoles dolores en las mamas y reduciendo la capacidad de los riñones para excretar agua. A pesar de que numerosos investigadores a través de sus estudios prácticos con bromocriptina han demostrado que la prolactina por sí sola no parece ser la causa del síndrome premenstrual, su tratamiento es efectivo en el caso del dolor de mamas.

Sin embargo, la progesterona, que ha sido extensivamente recetada para combatir el síndrome premenstrual ya que los niveles de progesterona decaen espectacularmente con la ovulación, no ha demostrado ser más efectiva que el placebo, según la doctora Ellen W. Freeman, del Hospital de la Universidad de Pennsylvania en Filadelfia. Así que, si está tomando progesterona para combatir el síndrome premenstrual, considere de nuevo esta alternativa con su médico y obtenga una segunda opinión de otro facultativo.

- Tenga en cuenta que, si bien las píldoras anticonceptivas deberían aliviar los síntomas premenstruales al suprimir la mayoría de hormonas que parecen contribuir a los síntomas premenstruales, ningún estudio ha probado su efectividad.
- Tenga también en cuenta que los diuréticos para reducir la retención de líquidos sólo deberían utilizarse bajo supervisión médica. La deshidratación crea desequilibrios de electrolitos que pueden ser letales para el buen funcionamiento cardíaco.
- Algunas mujeres ingieren bajas dosis diarias de vitamina B_6, empezando diez días antes de la menstruación, con el objetivo de controlar el síndrome premenstrual. Si quiere intentarlo, hable antes con su médico y siga bajo su supervisión mientras tome la vitamina porque una sobredosis podría provocar lesiones nerviosas.

Ahora hablemos sobre remedios caseros, entre los que se incluyen la reducción de la ingestión de sal para disminuir la retención de agua (en verano no es conveniente pasarse con este sistema), el ejercicio aeróbico durante 30 minutos diarios, que puede ayudar a combatir la depresión premenstrual y elimina el líquido adicional corporal, y los cambios alimentarios.

Muchas mujeres advierten que al introducir pequeños cambios en su dieta logran grandes diferencias. Entre estos cambios pueden incluirse la eliminación del alcohol y la cafeína, que, sin duda, reduce los brotes de irritabilidad. Un aumento de carbohidratos también podría ayudar a aumentar la serotonina cerebral, lo que, a su vez, podría reducir la depresión, la tensión, el enfado, la confusión, la tristeza y la fatiga y aumentar la atención y tranquilidad. Quizás este hecho podría explicar por qué a muchas de nosotras nos apetecen los carbohidratos en el período premenstrual. Podría consistir en una especie de automedicación a base de patatas, pan, pasta, pasteles y caramelos para sentirnos mejor. Asimismo, es muy positivo consumir seis pequeñas comidas, en vez de tres copiosas, para reducir el hambre y evitar caer en los dulces carbohidratos que tanto se anhelan.

Si no puede apaciguar sus ansias de carbohidratos, al menos puede sustituir los carbohidratos simples, como el azúcar, los caramelos y las frutas dulces, por carbohidratos complejos, como los cereales, las legumbres y muchas de las frutas que tienen un valor nutricional más bajo. El primer grupo puede agravar los síntomas premenstruales al estimular demasiado azúcar en el metabolismo después de una breve situación de euforia, dejándonos después con poca energía y bajo ánimo.

Puesto que el síndrome premenstrual puede contribuir al Síndrome del Estrés Femenino, todas las técnicas de autoayuda y control del estrés que se describen en los capítulos posteriores de este libro pueden significar una diferencia notable. Pruébelas este mes para ver cómo se siente y cómo se sienten quienes la rodean.

Los riesgos de estrés presentes en el embarazo

El embarazo significa cambio y el estrés del cambio puede acarrear consigo síntomas de estrés femenino. Si usted ya es madre, piense en todos los cambios que se produjeron durante su embarazo. Lo más obvio fueron las alteraciones de su cuerpo y quizá sus incesantes dudas sobre su atractivo. Las responsabilidades de cuidado de su salud se ampliaron y tuvo que controlar mucho la ingestión de alcohol, nicotina y medicamentos. Probablemente, su nivel de actividad también se vio modificado debido a los mareos matutinos, que entre el 60 y el 85% de las mujeres experimentan a medida que sube su nivel de estrógenos. Si su compañero le dijo que esos mareos eran «psicológicos» y usted sabía que lo que le pasaba era real, este hecho debió de añadir aún más tensión a la situación. Puede que su nivel de actividad se ralentizara aún más a medida que su volumen y peso iban subiendo, y que, después del parto, la conciencia de que no iba a poder sentarse para descansar nunca más, supusiera una pesada losa.

Recuerde también los cambios que tuvieron lugar en su economía: quizá facturas médicas y hospitalarias, quizá la suspensión del salario durante un tiempo o el principio de apertura de seguros de vida y depósitos de ahorro. ¡Y esos gastos no son más que el principio!

Las mujeres perciben a menudo que hay serias modificaciones en su percepción del tiempo durante el embarazo. Para muchas mujeres, todos los planes se hacen según la fecha prevista del parto y las experiencias se recuerdan todas en relación al mismo, antes o después, cercanas o lejanas a él. Aún es incluso más importante para el entendimiento del Síndrome del Estrés Femenino advertir que muchas mujeres no hacen planes o no tienen mayor expectativa que el día del parto.

La mayoría de las mujeres han estudiado el sistema reproductivo en el colegio, la genética y la concepción, y muchas asisten a cursillos de parto natural o preparación para el mismo, pero ninguna ha estudiado cómo ser madre. Las expectativas de la maternidad, muchas veces son tan distintas de la realidad como lo puede ser un dibujo animado, y las exigencias y decepciones que conlleva pueden contribuir al Síndrome del Estrés Femenino.

Preparación para la maternidad

El período previo a la maternidad es un lapso de tiempo psicológico que no tiene que ver con el tiempo real. Puede empezar antes de la concepción, durante el embarazo o incluso después del parto. El tiempo de espera hacia la maternidad puede ser un momento entrañable de «me muero de ganas de ser madre», pero también puede conllevar mucha tensión, mucho consumo de energía al anticipar el momento feliz y puede agravar los síntomas del Síndrome del Estrés Femenino después del parto.

Los casos de Sarah, Sandy y Melanie reflejan algunos tipos de estrés que pueden asociarse a la concepción.

> Sarah trabajaba como ayudante de producción en una agencia publicitaria de Chicago. Llevaba tiempo saliendo con un chico llamado Ray y se sentía bien con el estilo de vida que llevaba. Aunque ella afirmaba que, en un principio, el control de la natalidad era responsabilidad de ambos miembros de la pareja, ella prefería la espontaneidad sexual de los medios intrauterinos, en vez de la «torpeza» del preservativo (ambos se habían hecho pruebas del virus del SIDA resultando negativo). Puesto que ella había tomado la responsabilidad de la anticoncepción, sintió bastante presión cuando descubrió que se había quedado embarazada. Aunque decidió que quería tener el niño, se sentía bastante afectada por no haber podido controlar esa área de decisiones en su vida y temía los cambios que este hecho provocaría en su vivencia. Su resentimiento hacía que también sintiese culpabilidad.

En el caso de Sarah, el estrés empezó antes de la maternidad, cuando experimentó una fractura en la predicción de su vida. El embarazo representaba para ella tanto deseo como temor, y esa ambivalencia de sentimientos siempre está asociada con cierto grado de incomodidad o estrés.

> Aunque el embarazo de Sandy fue inesperado, fue una grata sorpresa. Sandy se preocupaba por no estar preparados para ser padres y pensaba que tenían que centrarse más antes de sentar cabeza y cargar con las responsabilidades de una familia. Sin embargo, también

sabía que nunca estarían listos para tomar una decisión consciente sobre la paternidad y temía que esa prórroga fuese demasiado larga. Así que decidió dejar de lado todas sus preocupaciones y prepararse para el parto con gran ilusión. Sin embargo, a medida que se iba acercando el momento, la realidad de ser padres empezó a asustar tanto a Sandy como a su marido. Saltaban emocionalmente por la menor tontería y empezaron a sentirse culpables de la situación en la que se veían inmersos.

Para Sandy el estrés empezó a aparecer a medida que se aproximaba el parto. Admitía que su destino estaba fijado y que ya no tenía escapatoria. Además se sentía muy culpable por haber dejado la concepción de su hijo en manos del azar.

Melanie sopesó consideraciones temporales, económicas y preparación emocional antes de intentar concebir un hijo con su marido. Cuando el momento pareció el apropiado Melanie lo intentó. Por desgracia, casi el 15% de los embarazos acaban en abortos espontáneos antes de la octava semana y esa fue la experiencia de Melanie. Después de su aborto, los esfuerzos de Melanie por volver a concebir no dieron frutos durante muchos meses. Cuando por fin logró quedar encinta, su nivel de ansiedad era muy alto y su mente estaba puesta sólo en la maternidad, lo que consumía toda su energía. Incluso la relación con su marido se resintió debido a la futura conexión madre-hijo.

La combinación de miedo y las expectativas irreales produjeron un alto nivel de estrés en el caso del embarazo de Melanie. Una vez más, el estrés de la maternidad empezó durante el período previo al parto.

Los casos de Sarah, Sandy y Melanie no son raros. Las preocupaciones antes de la maternidad pueden ser un factor muy importante en el Síndrome del Estrés Femenino. Algunos miedos que se sufren durante el embarazo son sintomáticos de una ansiedad generalizada sobre las exigencias que recaen sobre las madres, como fue el caso de Sandy. Por el contrario, otros temores son más literales (miedo al aborto, a tener un hijo con algún defecto, a un parto doloroso o incluso a la cesárea). De cualquier modo, la maternidad se asocia con el miedo.

Para una mujer que se enfrenta a problemas de fertilidad, esta etapa previa a la maternidad puede ser una auténtica pesadilla. Puede pasarse años acudiendo a especialistas en fertilidad, intentando laparoscopias, operaciones, fertilización in vitro, procedimientos de transferencia intratubaria de gametos (GIFT), inyecciones de hormonas y donación de óvulos. Invertirá tiempo, dinero y esperanza. Modificará su rutina diaria, su vida sexual y sus planes de vida, esperando durante meses y meses cualquier indicio de gravidez y después de la feliz noticia sufrirá y rezará para que no se produzca ningún aborto. Estará preocupada por los efectos de la medicación sobre su cuerpo y el del futuro bebé, y se preguntará los efectos que tendrá la infertilidad en su matrimonio y en su libido. Dejará de explicar a los demás su problema porque estará cansada de las preguntas. No podrá ver a un niño sin llorar o preguntarse cómo hubiese educado ella al suyo. Para una mujer que no esté embarazada, la fase previa a la maternidad puede ser el primer brote de circunstancias incontrolables, y sus problemas de fertilidad sin duda agravarán los síntomas de estrés. La mayoría de los programas de fertilidad cuentan con personal experto en parejas y grupos para intentar encontrar soluciones. Si usted tiene un problema de infertilidad, por favor, acuda a un experto en el tema y así mostrará su fortaleza.

Depresión posparto

Según el estudio que lea, hallará que entre el 20 y el 65% de las mujeres padecen tristeza posparto. Puesto que la depresión posparto casi nunca se da antes del tercer día tras el parto, parece claro que hay cambios hormonales y sustancias químicas implicadas. Aun así, el estrés psicológico también desempeña un papel importante.

Empecemos a hablar del parto. A la mujer la separan de su marido y su familia, a excepción de las horas de visita. Muchas veces, a no ser que sea durante las horas de amamantamiento, también está separada del bebé. La madre se siente aislada, vulnerable e incapacitada. Estos sentimientos empeoran aún más cuando vuelve a casa con el pequeño. Melinda recuerda su experiencia:

> No estaba preparada para un parto natural y, desde luego, menos todavía para cuidar de un bebé. A pesar de mi formación no sabía cómo esterilizar un biberón sin derretir la tetina. Al final de la primera semana, cada vez que lloraba el bebé yo también lloraba.

Las madres adolescentes se enfrentan a un estrés mayor después del parto. Ser madre puede haber solucionado una crisis de identidad, pero seguramente también habrá creado nuevos problemas: pérdida de libertad, de movilidad, de elección y sentimientos encontrados sobre ser madre y sus responsabilidades.

Algunas mujeres no sufren la melancolía posparto hasta que tienen su segundo o tercer hijo. Deborah, que tiene cuatro hijos, nos lo explicó con estas palabras: «Me resulta muy difícil verme como una mujer guapa, inteligente y atractiva, cuando me siento como una vieja dentro de una caja de cerillas con una ristra de niños tras de mí».

La depresión posparto suele controlarse cuando la madre acude a un grupo de apoyo, comprueba que puede apañárselas bien y advierte el reajuste de su cuerpo. A veces, el cuerpo de la madre tarda en volver al aspecto anterior y entonces es necesario recurrir a la intervención profesional para romper la cadena mental-corporal que produce la depresión.

Los riesgos del estrés presentes en la menopausia

Incluso los médicos más escépticos creen en la depresión durante la menopausia. De hecho, ese es el momento en la vida de una mujer en el que recibe más comprensión y entendimiento, mucho más que en su fase premenstrual o en la depresión posparto.

Al fin y al cabo, ¿quién puede negar la existencia de las sofocaciones que experimentan la mayoría de las mujeres en la etapa menopáusica? ¿Quién puede negar la evidencia del cese de la menstruación como resultado del fin de la actividad ovárica? Estos síntomas no pueden ser ni imaginarios ni psicosomáticos y, por lo tanto, todo el mundo estará de acuerdo en la existencia de la menopausia.

Además, la menopausia coincide con la fase de envejecimiento de la mujer, por lo que es normal que se sienta deprimida. ¿A quién le extraña que la pérdida de la fertilidad haga que una mujer esté a la defensiva y se sienta irritable? ¿Quién puede argumentar que cuando una mujer se siente mayor, su deseo sexual no disminuye?

Pues muchos investigadores sostienen esta teoría y *yo también la defiendo*.

En realidad, las investigaciones más recientes apuntan que la mayoría de las mujeres *no* experimentan una depresión más aguda o ningún tipo de enfermedad mental durante la menopausia. Por el contrario, muchas mujeres se sienten liberadas sexualmente al no poder quedar ya embarazadas. Con la menopausia se inicia un rito de paso hacia un período de elecciones personales y un estilo de vida deseado. La mujer se siente ya liberada de la tensión premenstrual, muy lejos de la depresión posparto, alejada de la ansiedad de ser madre y llena de relajación posparental.

Según Lena, una mujer de 60 años, para ella la diversión acaba de comenzar. Ya con 38 soñaba con planificar su vida después de cuidar a los hijos. Se apuntó a un programa de auxiliar en psicología que impartía por las tardes una escuela de adultos. Cuando le llegó la menopausia ya había completado un máster en trabajo social y acabado con sus responsabilidades de madre a tiempo completo, así que ante ella se abría una nueva etapa de su vida. Ya han pasado cinco años desde que abrió su consulta privada y está muy satisfecha de haber sabido cumplir sus sueños poco a poco, en vez de intentar hacerlo todo a la vez.

Desde luego, con esto no se está afirmando que la menopausia sea una fase libre de tristeza y de estrés. Incluso las mujeres que están preparadas para los cambios vitales, pueden sentir nostalgia de vez en cuando por épocas pasadas, vivir un sentimiento de pérdida de su capacidad para concebir y sentir frustración por el envejecimiento del cuerpo, de modo que la ansiedad también puede estar asociada con entrar en esta última etapa de la vida. Además, la menopausia también suele coincidir con una época de importantes cambios sociales, ya que los padres, amigos y compañeros de trabajo también están envejeciendo. Los cambios sociales y los físicos se entremezclan, una vez más. Por eso, es normal que puedan reaparecer los síntomas de estrés femenino.

Cambios físicos

Como el propio Síndrome de Adaptación General, la menopausia afecta a prácticamente la totalidad de los órganos corporales.

Empieza gradualmente, a medida que en los ovarios se reduce el número de óvulos que contienen folículos, de modo que la cantidad de estrógeno producida cuando la pituitaria envía FSH cae por debajo de los niveles normales. Con el tiempo, el delicado sistema de respuesta hormonal se descontrola. La pituitaria envía más y más FSH y LH porque no llega el suficiente estrógeno y progesterona de los ovarios como para paralizarlos.

Puesto que los folículos restantes se desarrollan con mayor rapidez, el ciclo puede verse abreviado un par de días. En un ciclo determinado, un folículo podría no ovular o formar un *corpus luteum* y, sin la cantidad de progesterona adecuada en esta fase del ciclo, la pared uterina se ensancha sin haber madurado como era debido. El resultado es que puede desprenderse poco a poco, provocando manchas. Cuando se produce muy poco estrógeno de modo que el recubrimiento uterino no llega a crearse lo suficiente como para fluir, cesa la menstruación.

Así que la retirada de estrógeno y progesterona de los tejidos que durante meses habían estado inundados de estas hormonas tiene también sus efectos. La composición química de la sangre y los vasos sanguíneos deben ajustarse a los cambios. El ajuste del hipotálamo, un área cerebral que controla la temperatura del cuerpo, a la pérdida de estrógeno, podría ser el causante de las sofocaciones que experimentan dos tercios de las mujeres menopáusicas (las sofocaciones cesan si hay una sustitución de estrógeno). Los tejidos del tracto vaginal y uterino se suelen secar y afinar de modo que son más vulnerables a la ruptura o a las infecciones. En ocasiones, eso se manifiesta en un acto sexual doloroso o problemas urinarios.

El metabolismo óseo pierde un importante refuerzo con la retirada de estrógeno y progesterona. Todos los seres, incluyendo los hombres, pierden masa ósea con la edad, pero las mujeres posmenopáusicas la disminuyen a un índice mucho mayor del normal. De hecho, la osteoporosis (huesos quebradizos por falta de minerales) se produce en un 40% de las mujeres. Por eso, muchas de ellas recurren a una terapia de sustitución de estrógenos para prevenir la osteoporosis.

Por último, algunas mujeres experimentan ansiedad y depresión, lo que parece estar relacionado también con la reducción de los niveles hormonales (al igual que sucedía en el estado premenstrual y en la fase posparto).

Diferencias individuales

Tal y como sucede en todos los aspectos del Síndrome del Estrés Femenino, las diferencias individuales determinan en gran medida los síntomas. Nathan Kase, doctor y profesor de obstetricia, ginecología y ciencias reproductivas en la Facultad de Medicina Monte Sinaí, ha resumido las influencias de los síntomas de una mujer menopáusica.

1. *Veloces cambios hormonales.* Normalmente, los cambios menopáusicos empiezan unos cuantos años antes de que cese la menstruación y el cuerpo tiene tiempo para hacer la transición natural entre los 50 y los 52 años, la edad media en que las mujeres entran en la menopausia. En algunas se producen sofocaciones y amenorrea (cese de la menstruación), pero en otras se producen otros síntomas. La mayoría de las mujeres que experimentan sofocaciones suelen padecerlas durante un año aproximadamente, si bien hay mujeres que han afirmado padecerlas durante más de 10 años. En realidad, para el 30% de las mujeres la menopausia es difícil y prolongada, pero para otras muchas es difícil y breve. Si la respuesta hormonal del hipotálamo es la retirada repentina, tal y como sucede con una histerectomía total, que incluye la extracción de los ovarios, los síntomas de la menopausia pueden ser más graves y numerosos. La «menopausia instantánea» puede producir síntomas repentinos como fatiga, insomnio, palpitaciones cardíacas, dolor de espalda y cambios de humor. Además, cualquier intervención quirúrgica puede producir ansiedad. La extracción quirúrgica de los órganos reproductivos puede desembocar en un grave sentimiento de pérdida. Puesto que los mensajes de ansiedad y pérdida pueden afectar al funcionamiento hormonal mediante la compleja conexión con el hipotálamo, tanto los síntomas de la menopausia natural como «instantánea» pueden agravarse con el estrés.

2. *Cantidad de reducción hormonal.* Entre los 12 y los 6 meses anteriores a la menopausia, los niveles de estrógenos descienden drásticamente a medida que los ovarios empiezan a disminuir su actividad. Puesto que los cambios en la pared vaginal y el sistema nervioso autónomo están relacionados con la reducción de estrógenos, los síntomas de la menopausia como la dispareunia (dolor durante el acto sexual), la menor lubricación vaginal y las sofocaciones, serán más fuertes entre las mujeres que padecen mayor reducción de estrógenos. La pérdida de estrógeno también tiene un impacto en el corazón, los huesos y el cerebro, lo que puede disminuir la esperanza de vida. La terapia sustitutiva de estrógeno/progesterona puede aliviar los síntomas y prevenir la osteoporosis y las enfermedades cardíacas. A veces, no es conveniente que determinadas mujeres se sometan a tera-

pias de sustitución hormonal, por ejemplo, mujeres con antecedentes de coagulación, enfermedades hepáticas activas, pérdidas de sangre vaginal sin diagnosticar, o cáncer de mama. Estas mujeres podrían beneficiarse de gelatinas solubles en agua, especiales para aliviar la sequedad vaginal con menos riesgos, un ventilador y sentido del humor para combatir las sofocaciones.

3. *Genética.* Si una mujer quiere saber cómo será su menopausia, lo único que tiene que hacer es preguntárselo a su madre. Las mujeres lo han sabido por intuición durante siglos y ahora los estudios empiezan a corroborarlo. Hay dos estudios que demuestran que las hijas de madres que tuvieron la menopausia a edad temprana (antes de los 46), también pasarán la menopausia alrededor de la misma edad.

4. *Estilo de vida.* Aunque la menopausia tiene parámetros genéticos, la alimentación también tiene su influencia. Los cambios hormonales pueden disminuir la resistencia ante las infecciones en la vagina y la uretra; la nutrición y el ejercicio pueden ayudar a restaurar esta resistencia. Los cambios en el metabolismo del calcio y la grasa, también participan en la menopausia; una vez más, el ejercicio y la nutrición pueden ayudar a compensar algunos de los efectos de estos cambios. De hecho, a la vez que la conciencia de la importancia de la nutrición y las vitaminas ha aumentado en los últimos años, la edad media del inicio de la menopausia cada vez se retrasa más, y el inicio de la menstruación cada vez se adelanta más.

5. *El significado de envejecer.* Al igual que ocurre con todos los síndromes mentales-corporales, la menopausia tiene un componente del sistema nervioso autónomo, un componente hormonal y un componente del córtex cerebral, contando con el hipotálamo como el centro de procesamiento de la información. Si la idea de envejecer preocupa a la persona, este mensaje pasará del cerebro al hipotálamo y de ahí al sistema nervioso autónomo y a los sistemas hormonales, de modo que el Síndrome de Adaptación General se preparará para una situación de estrés prolongado. Los cambios menopáusicos también influyen en estos mecanismos y así una mujer puede experimentar una *multiplicación* de síntomas, debidos tanto al estrés como a la menopausia. Si, además de este cuadro, los síntomas provocan que la mujer sienta más ansiedad, estamos ante un círculo vicioso en el que la sucesión de cambios autónomos hacen que existan más sofocaciones y así sucesivamente.

Muchas veces, cuando se producen cambios corporales también está presente el estrés, ya que sentimos que el control que poseemos sobre nuestro organismo se ve amenazado. Los cambios asociados a la menopausia, tal y como ocurre con la menstruación y el embarazo, están programados; nosotras podemos llevarlos mejor o peor, pero no podemos eliminarlos. Este hecho puede aumentar la ansiedad y provocar que muchas mujeres se sientan inútiles o víctimas de su cuerpo.

Marilyn siempre había practicado mucho ejercicio, dieta y vestido de forma informal y juvenil. Controlaba bien su apariencia y su salud, y la disciplina era el secreto de su gran atractivo. Aunque pensaba que se había preparado bien para la inevitable menopausia, cuando se produjo sintió que podía perder el control sobre su cuerpo. Estaba obsesionada por las arrugas y las manchas que le salían y le preocupaba inmensamente no poder controlar los cambios que se producían en su cuerpo, de modo que su nivel de estrés aumentó considerablemente. Al sentir que luchaba una batalla perdida, también dejó de prestarle atención a su dieta, al ejercicio y de interesarse por la moda y la ropa. Cada vez se sentía más deprimida y pronto aparecieron los síntomas del Síndrome del Estrés Femenino, del que culpaba a la menopausia.

¿Le resulta familiar la historia de Marilyn? Aunque los, propiamente, síntomas menopáusicos no puedan controlarse al cien por cien, hay otras áreas que sí pueden mantenerse a raya. A diferencia de Marilyn, las mujeres que mantienen su peso, siguen realizando ejercicio y sus actividades cotidianas, reducen el sentimiento de sobrecarga que desencadena los inevitables cambios físicos. Intente controlar las áreas que pueda mientras esté en la fase menopáusica y lea con atención el capítulo 13 para obtener más información sobre el control del estrés menopáusico.

La depresión y el estrés no son exclusivos de los cambios en fases corporales como la menstruación, el embarazo y la menopausia. La verdad es que, a menudo, estos sentimientos coinciden con los cambios corporales únicamente porque llegan en el mismo momento de la vida y no porque uno provoque el otro. Por ejemplo, la jubilación del cónyuge, el divorcio de una hija o la pérdida de un padre, pueden desencadenar una depresión que equívocamente puede achacarse a la «melancolía menopáusica». La pérdida de un compañero de trabajo o de autonomía, también puede coincidir con el período posparto. Por ello, para entender bien el Síndrome del Estrés Femenino, necesitamos leer con detenimiento el siguiente capítulo, que trata del estrés independiente de los cambios corporales preprogramados y de los cambios corporales que acompañan a este tipo de estrés.

Es cierto que no podemos darle a nuestro cuerpo la orden de menstruar, de concebir o de entrar en la menopausia en el momento que nos plazca, pero podemos modelar y modificar nuestras reacciones cuando nuestro cuerpo nos empiece a indicar pistas. Detener el estrés antes de que se apodere de usted es vital, tal y como demuestra el siguiente capítulo.

3

Síntomas de estrés femenino

Muchos de estos síntomas de estrés son comunes y otros lo son menos. Muchos son específicamente femeninos y otros sencillamente se dan con más frecuencia en las mujeres que en los hombres. Algunos implican una predisposición física y otros no. Sin embargo, todos forman parte del Síndrome del Estrés Femenino.

Anorexia nerviosa

Donna corta la comida en trocitos diminutos y los remueve alrededor del plato. Bebe café y se come la lechuga de la ensalada, pero no puede tragar el trocito de carne que se ha metido en la boca. Tose, se pone la servilleta sobre la boca y lo escupe. Dona tiene 20 años, mide 1,62 m y pesa 39,6 kg. Aunque tiené bastante energía para realizar actividades físicas, dentro de dos semanas su malnutrición pondrá en peligro su vida. Incluso entonces, ella se negará a buscar ayuda voluntariamente. Se siente gorda y no quiere que nadie interfiera en su dieta.

El síndrome de Donna se llama «anorexia nerviosa» y es uno de los muchos síntomas relacionados con el estrés que se da con mucha mayor frecuencia en las mujeres que en los hombres.

Bajo el estrés de las crecientes responsabilidades del mundo adulto, la ansiedad sexual o la preocupación por la propia conciencia de la apariencia física, muchas jóvenes empiezan a controlar su alimentación y también sus impulsos. Pronto se ve alterado su apetito, pero su imagen corporal no. A medida que jóvenes, como Donna, se quedan más y más consumidas, se obsesionan más por su imagen y siguen creyendo que deben proseguir haciendo régimen.

¿Por qué es este trastorno mucho más común en las mujeres que en los hombres? La respuesta no está clara, pero seguramente tenga que ver con la fisiología femenina. Por ejemplo, los cambios de apetito suelen acompañar al ciclo menstrual. En la fase premenstrual suelen existir anhelos de azúcar, chocolate y comidas contundentes o picantes. Las extrañas preferencias alimentarias y antojos que ocurren durante el embarazo son ya legendarias.

Incluso suponiendo que las mujeres no tengan mayor predisposición fisiológica a la anorexia nerviosa, los mensajes culturales seguramente animan a las mujeres a controlar el estrés simbólicamente mediante la anorexia.

> Cindy era la mayor de sus hermanos y se sentía como una segunda madre para ellos. Siempre se esperaba más de ella y hacía todo lo posible para estar a la altura de las expectativas. Sus calificaciones escolares eran excelentes, sus amigos eran «majos» y su familia estaba muy orgullosa de ella. Sin embargo, en los últimos años de bachillerato Cindy sufrió anorexia.

Si bien Cindy se había «tragado» las expectativas y exigencias de los demás durante toda su vida, en esa fase ya no «tragaba» nada. En la etapa final de su adolescencia tuvo que enfrentarse a las responsabilidades adicionales de ser adulto. Cindy, que no tenía una personalidad muy definida, empezó a controlarse a sí misma de un modo pasivo. Su rebeldía era simbólica.

> Theresa utilizaba su anorexia para gestionar su ansiedad sexual. Intentaba retrasar su desarrollo sexual manteniéndose delgada y sin formas. Desde que empezó a alterar la relación de grasa/músculo con su dieta, incluso tenía serios retrasos en su período. Ella le echaba toda la culpa a sus impulsos sexuales al negar sus «apetitos», y su miedo a quedarse embarazada era disipado con un estómago perpetuamente plano.

A pesar de que la madre de Theresa pensó que la chica se cansaría de estar siempre a dieta, los psicólogos advirtieron que la joven era hiperactiva, si bien sospechaban que este síntoma era sólo un intento más de dominar sus impulsos «inaceptables» manteniéndose ocupada.

No hay ningún misterio en cuanto al reflejo de las obsesiones físicas en la anorexia nerviosa. Las anoréxicas muchas veces desean únicamente la aprobación de los demás e intentan vivir gracias al amor y la aceptación, en vez de la comida. Si ya están delgadas, querrán estarlo aún más. La grasa significa para ellas la ausencia de voluntad personal y evitarán estar gordas a toda costa (muriéndose de hambre, vomitando, con enemas y diuréticos, por mencionar sólo algunos métodos).

¿En qué momento debería empezarse a preocupar la familia y los amigos de una joven por su dieta? En cuanto vean que come excesivamente poco sin supervisión médica. En cuanto adviertan ayunos, dietas de agua u obsesión con un único alimento. También deben preocuparse cuando perciban que la imagen que la joven tiene de su físico no coincide con la realidad, o en cuanto la dieta interfiera con su ciclo menstrual normal. Asimismo es señal de alarma cualquier evidencia de vómitos forzados, laxantes o diuréticos para controlar el peso. La psicoterapia, la terapia de familia, la terapia de grupo e incluso la hipnoterapia, pueden ayudar a solucionar el problema si se trata en una fase temprana. Si se deja que la anorexia pase a una fase severa, ésta puede amenazar la vida. De hecho, algunos informes declaran que hasta el 20% de las pacientes de anorexia grave, mueren debido a la malnutrición o complicaciones relacionadas.

Bulimia

¿Cuántas mujeres piensan que, pese a estas aterradoras estadísticas, les gustaría cambiar su alimentación compulsiva por un «caso suave» de anorexia? Indudablemente hay muchas más mujeres que se alimentan bien que las que deciden comer poco al someterse a estrés. La mayoría llenamos nuestra vida de sabores, masticamos, bebemos y la endulzamos bien. Cuando el picoteo y la comida se vuelven demasiado copiosas y compulsivas, el resultante síntoma de estrés se denomina «bulimia». Su origen puede variar, desde contar con insuficientes hormonas de saciedad (colecistocinina o CCK) hasta una serie de complicados factores emocionales, ya que la comida puede tener distintas correspondencias y significados. Los alimentos pueden estar vinculados a un recuerdo del nacimiento. También pueden tener reminiscencias del hogar o pueden significar una recompensa o un intento para ganar fuerza. Pueden ser un sustituto del placer sexual, de los halagos o del amor que necesitamos de los demás. También pueden ser una forma de apaciguar nuestra rabia (podemos masticar la comida, morderla o cortarla) o un refugio de nuestras necesidades de dependencia (podemos esconderla, almacenarla y racionarla). La lista puede ser interminable, pero los síntomas serán los mismos: comer descontroladamente.

Gloria come compulsivamente a escondidas. Ante los demás se queja de que su metabolismo es el culpable de su elevado peso. En la intimidad culpa a su obesidad de su falta de popularidad. De vez en cuando intenta hacer dieta, pero no tiene fuerza de voluntad. Cuando está tensa no imagina ningún otro alivio que comer un poco. Su obsesión por la comida es la combinación de un mal hábito y una gran destreza cocinando.

Gloria es una adicta a la comida y, como ocurre con muchas otras dependencias, la gestión de su síntoma será un problema para toda la vida. En primer lugar, tendrá que reconocer que ya no es una niña indefensa cuyo único refugio es ponerse un bocado en la boca. Deberá entender que después de comer, la fuente de estrés no habrá quedado eliminada. Tendrá que enfrentarse a ella y admitir su bulimia. Los desencadenantes del estrés tendrán que ser identificados y deberán buscarse estrategias alternativas.

Las bulímicas corren muchos de los mismos riesgos sanitarios que las anoréxicas. Su dieta está nutricionalmente desequilibrada, ya que sólo «pican» a su antojo comida durante todo el día, para compensar la ingestión masiva de sus postres preferidos o comida basura. Su equilibrio bioquímico se ve amenazado si se provocan vómitos o recurren a laxantes y/o diuréticos para deshacer la pérdida de su control alimentario. Si se esconden en su bulimia manteniendo un peso normal, el trastorno será mucho más difícil de identificar y la ayuda mucho más difícil de ofrecer. Hay mujeres que alternan la anorexia y la bulimia, enfrentándose a un peligro doble.

Síndrome del intestino irritable

¿Cómo es su vida amorosa? ¿Y su vida laboral? ¿Y su hogar y su familia? Si usted es una de las muchísimas mujeres occidentales que sufre el síndrome del intestino irritable, su sistema digestivo puede que encuentre la respuesta antes de que lo haga su cerebro. En este trastorno intestinal, los nervios que recubren el colon están aparentemente más sensibilizados de lo normal a las contracciones del intestino y al paso del gas y de los líquidos, por lo que la persona puede sufrir dolor, escalofríos, diarrea o estreñimiento. ¿Los posibles desencadenantes? La menstruación, los alimentos como el chocolate, los productos lácteos, los productos ricos en grasas y, a veces, el estrés. Jane nos describe su caso:

> Sé que soy tímida, pero incluso si quisiese hablar en público o hacer largas llamadas de ventas con mi jefe, no podría debido a mi intestino. Primero, mi estómago se hincha como un globo y después empiezan los dolores. Por temor a que «mi estómago haga de las suyas» tengo controlados todos los lavabos que hay entre mi casa y la oficina. Mi marido ya está acostumbrado a mis saltos y mis prisas sin explicación, sobre todo cuando estamos atendiendo alguna actividad estresante como la contabilidad, las emergencias familiares o cenamos fuera.

El síndrome del intestino irritable es tres veces más común en las mujeres que en los hombres y al igual que el síndrome premenstrual, las migrañas y otras quejas *femeninas,* ha sido muy mal entendido y poco diagnosticado. Lo digo por experiencia propia. Cuando tenía 17 años me diagnosticaron colitis y me mandaron de vuelta a casa sin más. Cuando mi madre tenía 28 años le dijeron que tenía un colon espástico y también la enviaron a casa con la receta de un analgésico. A mi abuela, cuando tenía alrededor de 50 años le dijeron que tenía un estómago que sufría nervios, y volvió a casa con una preocupación añadida ya que el doctor le había advertido: «Deje de preocuparse tanto. Usted misma se está provocando enfermedades».

En la encuesta femenina norteamericana American Woman Landmark Survey, aparecía que de más de mil mujeres diagnosticadas con el síndrome del intestino irritable, una de cada cinco pensaba que se trataba principalmente de un problema psicológico, al igual que el 33% de los médicos de familia y el 19% de los gastroenterólogos. Sin embargo, no es así. A pesar de que los expertos todavía no han dado con la causa exacta, las investigaciones sugieren que radica en una anomalía química o física. Al igual que el síndrome premenstrual y las migrañas, este síndrome es un trastorno subyacente que puede empeorar con la preocupación, pero ésta no es la causa. Así que si usted padece este síndrome y se ha estado culpando a sí misma ¡deje de hacerlo inmediatamente! Y dígales a los demás que dejen de culparla también.

La encuesta sobre el síndrome del intestino irritable desveló que los doctores y los pacientes están de acuerdo (89 y 64%) en que modificar la alimentación es clave en el tratamiento del trastorno y que liberar el estrés también es importante. Aun así, la mayoría de los médicos y pacientes también están de acuerdo en que la medicación existente para combatir la diarrea y el estreñimiento no funciona muy bien. El síndrome del intestino irritable es una afección que puede controlarse, pero todavía no puede curarse.

En la actualidad, este síndrome se encuentra en el mismo punto que el síndrome premenstrual hace 10 años: está empezando a ser aceptado como una enfermedad física y no psicológica, como una enfermedad con dolor real y con síntomas que empeoran cuando la mujer sufre estrés.

No obstante, si bien es cierto que hay una necesidad de educar más, tanto a las mujeres como a los médicos en esta área, es el momento de abrir un nuevo diálogo con los responsables de salud. Además de modificar su dieta y liberar el estrés, las investigaciones están conduciendo a nuevos tratamientos que pueden ser mucho más ventajosos que las terapias realizadas hasta ahora.

Depresión

¿Sabía que el índice de depresión entre mujeres es el doble que entre hombres? ¿Sabía que el doble de mujeres se someten a psicoterapia? ¿Sabía que el índice de mujeres ingresadas en hospitales mentales por depresión es el doble en relación con los hombres?

Hay quien dice que estas estadísticas sólo indican que las mujeres admiten mejor su depresión y están dispuestas a hablar más de ella con los terapeutas. Pero incluso cuando los estudios más cautelosos confirman que el 8% de las mujeres encajan en este patrón, sólo el 4% de los hombres sufren este tipo de sobrecarga de estrés.

¿Por qué responden tantas mujeres al estrés cayendo en la depresión? Podría ser que algunas estén socialmente programadas para la depresión. A los chicos les enseñan a luchar cuando algo va mal, mientras que a las chicas les enseñan a controlar su mal genio o sus rabietas. A los chicos les enseñan a lograr metas, mientras que a las chicas les enseñan a ganarse la aprobación de los demás. A los chicos les dicen que el fracaso es parte del juego, mientras que a las chicas les dicen que es algo de lo que avergonzarse. Todo esto significa que muchas mujeres tendrán miedo ante la posibilidad de controlar el estrés en sus vidas. Según el psicólogo Martin Seligman, actualmente presidente de la Asociación Estadounidenses de Psicología, se trata de una «inutilidad aprendida», que conduce directamente a la depresión.

¿Y qué ocurre entonces con la mujer moderna que toma las riendas de su vida y se enfrenta a la adversidad? Trabajar fuera de casa parece estar relacionado con un riesgo menor de padecer depresión que el ama de casa a tiempo completo, porque hay más adultos con los que hablar y reír. Por su lado, las mujeres trabajadoras caen en los mismos tipos de estrés que los hombres, más algunos añadidos. Una mujer que trabaje fuera puede descubrir que gana menos que un compañero, sólo por ser mujer. Una mujer que dedica muchos años a estudiar y formarse, puede darse cuenta de que su edad, a medida que se va haciendo mayor, actúa en su contra. También puede cargar con el peso de trabajar fuera de casa y no estar con su familia, de modo que cuando tropiece con cualquier obstáculo tendrá más posibilidades de caer en una depresión.

Aunque muchos insisten en que las mujeres suelen responder ante el estrés con la depresión debido a la educación sexista, hay quienes sugieren que ellas están biológicamente predispuestas a la depresión. Es decir, el estrés puede alterar la transmisión de nuestros impulsos nerviosos, suprimir el funcionamiento del centro de placer del cerebro (el hipotálamo), utilizar hormonas de la energía llamadas «catecolaminas» (dopamina y norepinefrina) o reprimir la producción de serotonina e histamínicos que ayudan a regular el funcionamiento cerebral: siendo la depresión uno de los principales síntomas de cada uno de estos cambios.

Tanto si la depresión es un intento de mantener nuestro cuerpo a un nivel de funcionamiento mínimo mientras estamos amenazados por el estrés, como si se descubre que la depresión es un desafortunado producto derivado de nuestra biogenética, de cualquier modo forma parte del Síndrome del Estrés Femenino. Si cree que puede padecer depresión, seguramente contestará afirmativamente a la mayoría de las siguientes afirmaciones, según el doctor Aaron Beck, pionero en terapia contra la depresión:

- Cuando pienso en el futuro me siento desalentada.
- Ya no disfruto de las cosas como antes.
- Estoy decepcionada conmigo misma.
- Lloro más que antes.
- Necesito un esfuerzo extra para empezar a hacer algo.
- No duermo tan bien como solía hacerlo.

- Tengo menos interés en el sexo que antes.
- Casi siempre me siento culpable.

No hay que clasificar por un igual todas las depresiones, ya que la depresión puede incluir incluso pensamientos de suicidio y esta es una de las diez causas principales de muerte en los países occidentales. La mayoría de las personas que se suicidan no son psicóticos en ese momento, ni se encuentran, tampoco, en el momento más bajo de su depresión. La mayoría de los suicidios ocurren durante los tres meses posteriores a que la depresión empieza a remitir y la persona recobra fuerzas. Lo mejor es asumir que las depresiones son llamadas para amor y ayuda.

Hay que intervenir fomentando la conversación y escuchando con atención a la persona depresiva. Intente advertir cualquier sentimiento de pérdida, culpabilidad o frustración. Una mujer deprimida, normalmente generalizará el estrés que siente y lo representará como una derrota interminable, tal y como declara el doctor Beck. Se tomará los inconvenientes de la vida como torturas y castigos personales, seguramente filtrará cualquier aspecto positivo y se obsesionará con cualquier pequeña situación negativa. En vez de discutir con ella estas distorsiones de la realidad, hay que ayudarla a entender que estos sentimientos son síntomas de su depresión inducida por el estrés. También deberá ayudarla a sobreponerse, ya que quizá no tenga la suficiente energía como para buscar una terapia adecuada por sí misma. La terapia cognitiva, combinada con la medicación, en algunos casos parece ser el método más rápido y con resultados a más largo plazo para las depresiones leves y moderadas.

Alcoholismo

Las estadísticas nos dicen que, en Estados Unidos, los hombres alcohólicos superan a las mujeres alcohólicas en un porcentaje de tres a uno, pero esta correlación está cayendo. Cada vez hay más mujeres que trabajan fuera de casa y sus problemas con el alcohol cada vez son más obvios. A medida que las mujeres se van introduciendo más y enfrentándose al estrés del que solía ser un «mundo de hombres» ascienden sus problemas de alcoholismo. Ahora bien, también aumenta el número de amas de casa alcohólicas, ya que sienten que su elección y función como cuidadoras no está lo suficientemente reconocida. Cada vez hay más mujeres que acuden a tratamiento por alcoholismo, así que, si bien no se trata de un síntoma de estrés únicamente femenino, las mujeres deben tenerlo en cuenta como una respuesta potencial frente al estrés.

El alcohol puede actuar tanto como sedante como desinhibidor. Ambas funciones pueden reducir temporalmente el sentido de estrés. Como sedante, el alcohol funciona como un barbitúrico líquido. En niveles bajos reduce la respuesta muscular e induce un sentimiento de relajación. Como desinhibidor afecta al centro cerebral de la conducta emocional y deja que el bebedor actúe por sus impulsos, sin sentir culpabilidad. El efecto varía, dependiendo de cuáles de los impulsos del bebedor estén más asociados con la culpabilidad. Si, por ejemplo, son los impulsos agresivos los que hacen que una mujer se sienta más culpable y estresada, tomarse unos cuantos cócteles puede provocar que hable sin tapujos y sin pensárselo dos veces. Con unos cuantos cócteles más ya estará hablando de cualquier cosa, habiendo perdido la discreción. Por otro lado, si son los impulsos sexuales los que una mujer determinada suele reprimir, después de unas bebidas no le importará ni bailar encima de un piano. Una mujer estoica puede convertirse en una bebedora llorona, y una madraza puede desmelenarse como una adolescente.

El problema que tiene este elixir de la relajación y la desinhibición es que la moderación es muy difícil. Puesto que los efectos del alcohol alteran el juicio, es fácil abusar de esta sustancia. Pensamos que si una bebida nos ha hecho sentir tan bien, entonces dos nos harán sentir mejor. ¿No es cierto? En realidad, a medida que aumenta el consumo de alcohol, la coordinación motora se descontrola, el sentido de somnolencia deja paso al de embriaguez y la memoria empieza a pasar a un segundo plano. Al final, acabamos durmiendo, pero no es un sueño reparador y nuestros intestinos también se ven afectados. La resaca que tendremos al día siguiente, casi nunca compensará la diversión de la noche anterior. El estrés no se ha eliminado y además, nuestra capacidad para luchar contra él se ha visto golpeada.

¿En qué momento pasa el consumo de alcohol a ser abuso del mismo? El siguiente resumen está extraído de las definiciones establecidas en la cuarta edición del Manual de diagnóstico y estadística de trastornos mentales (*Diagnostic and Statistical Manual of Mental Disorders*) de la Asociación Estadounidense de Psiquiatría.

1. Desatender el puesto de trabajo y los amigos por la bebida.
2. Continuar bebiendo a pesar de los riesgos físicos relacionados, como conducir mientras se está bajo los efectos del alcohol.

3. Continuar bebiendo a pesar de los problemas sociales o personales, como discusiones con la pareja por beber en demasía, o las peleas físicas.

La dependencia del alcohol incluye todas estas características, más la tolerancia (cada vez se necesita más y más alcohol para conseguir el mismo efecto) y síntomas de abstinencia como temblores, desorientación o alucinaciones. Cuando estos signos están presentes, el bebedor se enfrenta a dos problemas: el estrés inicial y el abuso de alcohol que ha desencadenado. Ambos problemas deben tratarse y, por ello, es vital recurrir a especialistas. La terapia en grupo, de familia o individual, con psiquiatras, psicólogos, trabajadores sociales, enfermeras o grupos de Alcohólicos Anónimos funcionan bien si el paciente está motivado y el experto le ofrece apoyo y atención.

Tabaquismo

Para algunas mujeres, los cigarrillos son sus mejores amigos, ya que ofrecen compañía durante las pausas matutinas para tomar un café y durante las cenas solitarias. Cuando queremos celebrar algo, un cigarrillo nos brinda la oportunidad de saborear nuestra alegría. Cuando atravesamos malos momentos, siempre podemos hacer una pausa para fumar (irónicamente, las enfermeras son las profesionales que más fuman, quizás se deba a que es una de las pocas excusas «legítimas» para abandonar la planta).

Ahora bien, según el doctor Andy C. Parrott, de la Universidad de East London, fumar causa estrés, ya que los minisíntomas de abstinencia siempre están presentes en el tiempo que transcurre entre cigarrillos. Además, fumar provoca enfermedades cardíacas, cáncer de pulmón y enfisema. Menudo amigo nos hemos echado! Quizá, le sorprenda saber que las mujeres, que normalmente son bastante sensibles a aspectos de salud, no dejan de fumar más rápido que los hombres. Quizá, tengamos miedo a engordar si lo dejamos. Las chicas adolescentes no quieren dejar ese aspecto de sofisticación que creen que les da tener un cigarrillo entre los dedos. Preferimos no ver las enfermedades que pueden acecharnos más adelante en nuestras vidas. Somos víctimas de la nicotina, una droga adictiva.

Ayer, Fran se sometió a una operación para extirparle un cáncer de pulmón. Hoy, Fran lucha contra su deseo de fumar. Mientras está tumbada en la cama del hospital, agotada y con problemas para respirar, está aterrada al comprobar que la nicotina tiene un efecto tan fuerte sobre ella. A uno de sus visitantes, le pregunta si tiene un cigarro y cuando la respuesta es: «¿Estás loca?», se siente avergonzada.

Afortunadamente, la sociedad ya no confiere a los cigarrillos una connotación de sofisticación. A mucha gente le disgusta el olor a tabaco, que interfiere con el buen sabor de la comida y el aire limpio. Cada vez nos preocupa más tener dientes amarillentos, la piel arrugada y las consecuencias graves que el tabaco puede tener en nuestra salud. Estas señales negativas que emite la sociedad ayuda a que sea un poco más fácil que la gente deje de fumar o que muchos ni siquiera empiecen a hacerlo.

Aun así, la mayoría de los fumadores necesitan algo más que la desaprobación de la sociedad para dejar de fumar, ya que la nicotina es una sustancia altamente adictiva. Hay mucha ayuda disponible por parte de asociaciones, médicos y psicólogos clínicos. Gran parte de esta ayuda es gratuita y hay otros métodos disponibles que la persona debe costearse por sí misma. Mucha gente cree que, si tiene que pagar el programa de su propio bolsillo, se lo tomará más en serio. Si una de las razones que usted argumenta para seguir fumando es el control de peso, quizá tendría que echarle un vistazo a un programa que ofrezca consejos nutricionales, además de consejos para dejar de fumar.

Dolores de cabeza

Si los chistes sobre los dolores de cabeza fuesen ciertos, parecería que las migrañas las sufren sólo las mujeres casadas cuando sus maridos intentan hacer el amor con ellas y éstas no quieren. Aunque, desde luego, estos chistes no son ciertos, los dolores de cabeza debidos a la tensión son un 15% más comunes en las mujeres que en los hombres, y las migrañas son también un síntoma de estrés más común en las mujeres que en los hombres. La pregunta es ¿por qué?

Podría parecer que hay una predisposición para reaccionar así ante el estrés debido a la fisiología femenina. Las glándulas, varios vasos sanguíneos y los músculos del cuero cabelludo, pueden ser muy susceptibles al estrés cuando están bajo la influencia de determinadas hormonas femeninas. Los vasos sanguíneos que se contraen debido a la reacción espasmódica ante el estrés, pueden acabar dilatándose dolorosamente. Las paredes de los vasos están irritadas y la sangre que circula por ellos provoca dolor. Este tipo de dolor de cabeza se denomina «migraña». La contracción prolongada de los músculos de la cara, cuello y cuero cabelludo produce lo que generalmente se denomina «cefalea por tensión». Por último, las secreciones de varias glándulas para aumentar los niveles de energía cuando están sometidas a estrés, también pueden alterar la retención de líquidos y el equilibrio de electrolitos, provocando un tercer tipo de dolor de cabeza.

Aunque en los anuncios televisivos se exponen una infinidad de remedios para aliviar rápidamente este dolor, lo mejor es, en primer lugar, intentar apaciguar el estrés que provocó el dolor.

> Rosemary sabía que sus ataques de migraña siempre se producían después de situaciones en las que sentía rabia contenida. Ella afirmaba que había asistido durante años a cursos para controlar su rabia y tenía miedo de que desahogarse pudiese destruir su imagen de paciente esposa y madre. De hecho, estaba bastante segura de que su marido dejaría de quererla si supiese que, a menudo, sentía gran rabia interior al asumir todo el mundo su gran paciencia.

Imagínese la sorpresa de Rosemary cuando empezó a solicitar aprecio y comprensión por parte de su familia, y la obtuvo. Sus dolores de cabeza empezaron a desaparecer y aprendió que el desencadenante del estrés había sido su miedo automático a sus impulsos de rabia. Otras mujeres han averiguado que sus necesidades de dependencia o sus intereses sexuales les crean conflictos similares y activan sus dolores de cabeza.

Si el impulso «inaceptable» no puede ser identificado o evitado, la migraña puede mitigarse con medicaciones preventivas (como los antidepresivos tricíclicos o los betabloqueadores) o sumatriptán. Las técnicas de biorretroalimentación también pueden ser efectivas, ya que ayudan a las mujeres a reconocer los cambios de su sistema nervioso autónomo *antes* de que se produzca el dolor de cabeza y así pueden modular sus respuestas de miedo o lucha.

Amenorrea

Si una chica no ha empezado a menstruar con 18 años, el diagnóstico es «amenorrea primaria». Si ha menstruado, pero el período cesa, se denomina «amenorrea secundaria». Aunque ambos tipos de amenorrea pueden relacionarse con problemas orgánicos, el estrés es una de las causas más frecuentes de amenorrea secundaria.

La cadena de acontecimientos mentales/corporales funciona así: se percibe el estrés y se envían mensajes a través del sistema nervioso para activar los sistemas de emergencia de vida o lucha. Puesto que el sistema reproductivo no es un sistema de apoyo a la emergencia, sus niveles hormonales decaen y no se produce la menstruación.

Imagínese esta situación: un encuentro sexual ha provocado gran ansiedad, temor y culpabilidad en Sally. Tiene mucho miedo por si se ha quedado embarazada. Está muy preocupada y espera con ansiedad su próxima regla. Sin embargo, el estrés retrasa su período, de modo que su ansiedad aumenta aún más. Ya tenemos una situación propicia para que aparezca amenorrea temporal.

Imagínese ahora estas circunstancias: Layla está a punto de dejar su casa para irse a un internado. Se da cuenta de que estará sola por primera vez en su vida. Tiene mucho miedo, pero, a la vez, quiere marcharse. Siente nostalgia por no ver a su familia, pero también está emocionada. Está enfrentándose a un acercamiento/evitamiento del conflicto. Estos sentimientos contradictorios y confusos provocan que tenga estrés y, por lo tanto, es fácil que se produzca amenorrea.

Imagínese este otro caso: Carol ha decidido transformar su cuerpo para que se parezca lo máximo posible al de una modelo de la revista *Vogue*. Empieza a hacer una dieta drástica y elimina completamente los postres, el pan, las grasas y los dulces. Básicamente, su menú se ha reducido a lechuga y verduras. Se ha quedado en los huesos. Ha perdido la grasa de las caderas, los michelines en el estómago y también su regla. ¡Amenorrea!

Imagínese esta situación: Es el último verano de Lisa antes de ir a la universidad. Es su última oportunidad para decidir si quiere una vida académica o prefiere decantarse por el ballet profesional. Decide apuntarse a un grupo de ballet semiprofesional y empieza a asistir a las clases a las seis de la mañana, los ensayos a la una del mediodía y las actuaciones a las siete de la tarde. Exige cada vez más a su cuerpo y está satisfecha con la respuesta que obtiene. Aprende nuevas piruetas y pasos, pero pierde la regla. Una vez más, es un caso de amenorrea.

Imagínese otras muchas situaciones estresantes que pueden desembocar en amenorrea. La depresión, la tristeza prolongada o la ansiedad reprimida pueden provocar los mismos efectos. Aunque las mujeres maduras, normalmente no suelen perder el período, los ciclos menstruales de las jóvenes son mucho más vulnerables y, por ello, es muy normal que las chicas anoréxicas dejen de menstruar.

Un conocido estudio realizado a universitarias, muestra la alta respuesta del sistema reproductivo femenino a los factores psicológicos y sociales. M. K. McClintock concluyó que, pese a que las compañeras de habitación menstruaban en momentos distintos del mes, cuando llegaron a la universidad, al final del año académico sus períodos se habían sincronizado mucho más de lo que se podía esperar por la casualidad o coincidencia.

¿Qué se puede hacer para combatir la amenorrea? Normalmente basta con liberar el estrés acumulado, aunque, a veces, el ciclo menstrual vuelve a la normalidad aunque persista el estrés. Los investigadores nos informan de que algunas víctimas de campos de concentración que padecieron amenorrea cuando las sometieron al nuevo entorno, empezaron a menstruar de nuevo después de un par de meses de reclusión, a pesar de que las horribles circunstancias de vida eran las mismas. Al igual que la psique puede adaptarse a situaciones estresantes, los cuerpos también acaban acostumbrándose al estrés y el cambio.

En algunas ocasiones, esta adaptación no se produce. Cuando la amenorrea desencadenada por el estrés continúa y no vuelve a producirse una menstruación de forma natural, hay que acudir a un médico. Aunque el problema no haya empezado debido a un problema orgánico, el estrés crónico puede haberlo desatado. El médico quizá recomiende una terapia basada en hormonas o uno de los nuevos fármacos existentes en el mercado.

También puede ser que se decante por la psicoterapia, puesto que esta técnica puede ayudar a las pacientes a luchar contra el estrés causante de la amenorrea y previene el riesgo de síntomas de estrés futuros al fomentar el desarrollo de estrategias más efectivas para combatir las causas. La psicoterapia también puede ayudar a las mujeres a explorar los mensajes culturales que provocan el que la menstruación sea un objetivo con altos riesgos para el Síndrome del Estrés Femenino.

Menstruación y mensajes mixtos de la sociedad

Para muchas mujeres, el estrés sexual refleja asociaciones negativas con las funciones corporales femeninas. Tal y como hemos mencionado, sólo pueden menstruar, gestar y dar de mamar las mujeres. Por eso, deberían sentirse únicas, especiales y orgullosas, pero muchas veces se sienten avergonzadas y lo ven como un inconveniente. ¿Por qué? Porque cuando una mujer se enfrenta a todo el estrés que conlleva la adolescencia, tiene que enfrentarse, además, con la menstruación.

Jennifer estaba en el lavabo de chicas del colegio cuando vio una mancha rojiza en las bragas. «¡Tengo la regla!» se dijo a sí misma con ilusión. Ya había aprendido todo sobre la menstruación en clase de educación sexual y tenía compresas y *salva-slips* en la mochila que su madre le había puesto para el gran momento. Cuando Jennifer salió del lavabo, un pensamiento acechó su mente. Alguien le había dicho que el día en que le viniese la regla se haría mujer. Aunque ese pensamiento hacía que se sintiese orgullosa, también se sentía bastante incómoda. No sabía lo que significaba «convertirse en una mujer», ya que sólo tenía 11 años.

Además, los anuncios de tampones, compresas y *salva-slips* antiolor, enfatizan la necesidad de esconder cualquier signo de menstruación y de evitar cualquier «accidente» o modificación del día. Parecen querer decir: «Nadie, excepto tú, lo sabrá».

Como Jennifer, muchas adolescentes se preocupan por la menstruación. Se sienten extrañas cuando empiezan a menstruar en plena pubertad y también se sienten raras si les viene la regla más tarde. Además, parece ser que en las nuevas generaciones cada vez se adelanta más la edad de menstruar. Las chicas entran en la pubertad cada vez más pronto y según Marcia Herman-Giddens, investigadora en el Centro Médico de la Universidad Duke, más del 75% de las chicas negras y más del 33% de las chicas blancas tienen vello púbico y empiezan a desarrollar pecho con nueve años. La media de la edad para empezar a menstruar son los 12 años. Con estas cifras, no es de extrañar que los padres y los colegios impartan a una edad cada vez más temprana los conocimientos sobre educación sexual. Las chicas de hoy en día saben mucho más sobre la menstruación de lo que sabían sus abuelas a su edad. Entonces, la menstruación era algo de lo que la gente no hablaba a menos que la llamasen «la prima», «el malestar» o «el período rojo». Las chicas decían «ha venido mi prima» y los chicos lo entendían con vergüenza, bromeando con las chicas en el colegio. En la actualidad, en la mayoría de países se recibe buena educación sexual ya en la pubertad, por lo que el estrés causado por la menstruación debería disminuir considerablemente.

Excitación sexual inhibida

El término «frígida» está pasado de moda, aunque antes se utilizaba bastante al relacionarse con mujeres frías e insensibles que no respondían a las demostraciones de afecto físico. De hecho, la etiqueta intentaba describir una disfunción sexual en la que el estrés interfería con la lubricación de los genitales femeninos como respuesta a la estimulación sexual. Ese problema, en la actualidad recibe la denominación de «excitación sexual inhibida». ¿Significa esta respuesta inhibida que la mujer no está interesada en el sexo o el afecto físico? ¡Por supuesto que no! Lo normal es que disfrute del contacto físico y que no sea consciente de la razón de su reacción, miedo o lucha.

> Rhonda había estado esperando con ilusión su luna de miel y anhelaba esos momentos de romanticismo e intimidad. Había vivido en casa de sus padres hasta el día de la boda y estado «reservándose» para su marido. Cuando por fin llegó el momento de hacer el amor, Rhonda descubrió que «no pasaba nada». Le gustaba estar con su marido, pero era incapaz de compartir su excitación sexual. Lo único que sentía era un gran fracaso en el campo sexual, así que sus niveles de estrés aumentaron repentinamente.

En terapia sexual, el estrés de Rhonda se relacionó con sus miedos de pérdida de control. Le preocupaba qué reacciones eran «normales» y estaba tan obsesionada por lo que debía o no debía hacer, que no podía relajarse y dejarse llevar por el placer de compartir el amor con su marido. Saber que la lubricación, los movimientos espasmódicos, la erección de los pezones y la respiración entrecortada es lo normal, liberó gran parte de su estrés.

Vaginismo

Otro problema sexual menos común, pero también relacionado con el estrés, es el vaginismo. A las mujeres que padecen vaginismo les gustaría ser capaces de practicar sexo con normalidad, pero los músculos que rodean su vagina se contraen involuntariamente, provocando que la penetración sea dolorosa o imposible.

Wendy le explicó a su médico que pensaba que no tenía orificio vaginal. Aunque se había examinado a sí misma con la ayuda de un espejo, no había podido notar la apertura ella misma y era incapaz de ponerse un tampón. El doctor le hizo un reconocimiento pélvico y vio que los genitales eran normales y que las contracciones de los músculos que rodeaban el orificio vaginal de Wendy eran tan fuertes que ni siquiera podía dilatarla para proceder a un examen interno.

Multitud de tipos de estrés pueden originar vaginismo, incluyendo el temor al dolor, al embarazo, a la intimidad, al castigo, a la intrusión, al contagio, a la dependencia y a la violación. De hecho, el vaginismo es, en muchas ocasiones, el resultado de una violación temprana (por un extraño, una cita, un marido o incluso un familiar). Las contracciones que tienen la función de proteger a la víctima del estrés de una relación sexual indeseada, pueden continuar y evitar, también, las relaciones sexuales deseadas.

En estos casos, los síntomas y el estrés necesitan tratamiento. Helen Kaplan, experta en temas de sexualidad, recomienda la dilatación gradual y la adaptación de la vagina a los propios dedos de la paciente en la intimidad de su casa, así como ejercicios de conciencia muscular en los que la mujer pueda identificar los músculos que se contraen para poder después relajarlos. Si la inhibición parece ser incorregible, hay que acudir a psicólogos y psiquiatras clínicos y a terapeutas expertos en problemas sexuales, para encontrar una solución que elimine el estrés y el miedo subyacente.

Problemas orgásmicos

Quizá los síntomas más habituales de estrés sexual en las mujeres sean las disfunciones orgásmicas. Las estadísticas varían, pero éstas son algunas aproximaciones que nos aportan un panorama general.

- Entre el 5 y el 15% de la población femenina encuestada, afirma no haber conseguido nunca llegar al orgasmo. A este hecho se le denomina «disfunción orgásmica primaria». La mayoría de los investigadores, incluyendo William Masters y Virginia Johnson, asocian este trastorno con el estrés creado por la sensación de culpa. La educación represiva parece ser un denominador común entre las pacientes.
- Entre el 45 y el 60% de la población femenina encuestada declara tener dificultades en llegar al orgasmo en determinadas situaciones o

con determinadas parejas. Esto se denomina «disfunción orgásmica situacional» o «secundaria» y normalmente está relacionada con la falta de excitación sexual, debida al estrés provocado por los temores o luchas. Un orgasmo requiere dejarse llegar y dejar de controlar el cuerpo. No obstante, los temores o las luchas inician una guerra por la toma de control.

Hay muchos más tipos de estrés que pueden inhibir el orgasmo. Escuchemos a las mujeres de un grupo de terapia sexual de Westchester, en Nueva York, mientras charlan sobre este problema:

«Al final me di cuenta de que tenía miedo a parecer estúpida si tenía un orgasmo con mi novio. No sabía si haría demasiado ruido o doblaría los dedos del pie, como me ocurre cuando llego al orgasmo masturbándome. Entonces le miré a él mientras tenía el orgasmo. Tenía espasmos y gritaba, pero a mí me gustaba. Me encantaba saber que era también gracias a mí, así que me dejé llevar y ...¡bingo!»

«En realidad yo no *quería* que Eric me hiciese llegar al orgasmo. No quería que tuviese esa clase de poder sobre mí. El poder del placer.»

«Fred me critica por todo, así que esperaba que también me criticase en la cama. Ahora ya me da igual, pero yo no me critico a mí misma. Cuando empieza a echarme en cara cosas, le miro como si se hubiese vuelto majareta y deja de hacerlo. Desde que he empezado a pensar que yo también puedo disfrutar del sexo, todo va mucho mejor.»

«Os lo podéis creer o no, pero hasta los 30 años no intenté masturbarme y hasta los 33 no tuve un orgasmo. El miedo que tenía era que me gustase tanto que no pensase en hacer otra cosa. Al igual que les pasa a las mujeres que comen o beben compulsivamente, tenía miedo de perder el control sobre el sexo. Lo raro es que desde que llego al orgasmo siento lo contrario. Ahora me siento mucho más relajada por todo.»

El temor al castigo, a las críticas, al abandono, la preocupación por parecer agresiva o egoísta, la reticencia a ofrecerle a un compañero el poder del placer, la ansiedad que provocan los tabúes religiosos, la falta de información, la culpabilidad, el enfado y los temas de control, pueden hacer aumentar los niveles de estrés e inhibir la respuesta orgásmica. Al fin y al cabo, el centro del estrés y de la estimulación sexual es el mismo: la mente.

Los índices de éxito para el tratamiento de las disfunciones orgásmicas primarias y secundarias suelen ser del 80%. Este gran éxito refleja el logro de un orgasmo mediante cualquier medio: estimulación genital, estimulación del clítoris, masturbación y vibración, además de la penetración. Para muchas mujeres, llegar al orgasmo únicamente con la penetración, sin estimulación directa del clítoris, es poco probable, así que ¿por qué vamos a ir contra natura?

Infertilidad

Buddy y Miriam estaban ansiosos por tener descendencia y llevaban más de un año intentándolo sin éxito. Miriam, a quien habían diagnosticado «funcionalmente infértil», cada vez estaba más frustrada. Empezaba a sentirse inútil e incompleta y acudía sin cesar a distintos expertos, que no le encontraban ningún problema orgánico. Su preocupación por su infertilidad también empezó a hacerla pensar en el abandono. Se sentía obligada a hacer algo, a controlar su vida.

Parecía que la adopción era el siguiente paso lógico. Le dio un nuevo sentido de determinación y actividad. Era una meta que ella y su marido podrían compartir.

Al final, la pareja adoptó a una niña y empezaron a ejercer sus funciones de padres. Al cabo de un año, ¡Miriam se quedó embarazada!

Muchos psicólogos conocen casos como los de Buddy y Miriam. ¿Cómo explican que una mujer que parece infértil, a pesar de no haber razones orgánicas presentes, se quede embarazada después de haber adoptado a un niño? La respuesta podría estar en el Síndrome del Estrés Femenino. Los temores y conflictos sobre la maternidad pueden producir estrés, lo que, a su vez, significa que las mujeres recurren al uso de tranquilizantes, otros fármacos, alcohol y tabaco. Además, el estrés también interrumpe y altera su funcionamiento hormonal, lo que afectará a su ovulación y planteará una solución al conflicto: la ausencia de embarazo. Los investigadores de ciencias reproductivas humanas, Sloban D. Harlow, de la Universidad de Michigan, y Ann Arbor y Sarah A. Ephross, de Family Health International en Research Triangle Park, California del Norte, nos explican que el mecanismo de ovulación puede verse alterado en el hipotálamo y en la glándula pituitaria, debido a alguna disfunción hipotalámica secundaria relacionada con el estrés, la obesidad, la anorexia y las enfermedades anabólicas. Las anomalías ováricas o en las glándulas suprarrenales, también pueden modificar los niveles de esteroides. Sin embargo, la incidencia de infertilidad debida a factores psicogénicos, nutricionales o metabólicos sólo es del 5%. Puesto que más de un factor puede contribuir a la infertilidad de una pareja determinada, todas las causas posibles deberían considerarse e investigarse antes de atribuir la infertilidad únicamente al estrés. Entre estos factores pueden incluirse:

1. Factores de infertilidad masculina, que suponen un 40% de los casos. Los factores masculinos incluyen la exposición prenatal a DES (dietilestilbestrol); exposición a la radiación, pesticidas o metales pesados como el plomo o el mercurio; enfermedades como las paperas después de la pubertad, que pueden dañar la capacidad corporal para producir esperma.

2. Factores femeninos que suponen el 40% de los casos. Los factores femeninos incluyen irregularidades en las trompas de Falopio, factores peritoneales (cavidad abdominal) como endometriosis y adherencias, problemas de ovulación y anomalías uterinas y del cuello cervical.

3. Una combinación de factores masculinos y femeninos suponen el 15% de los casos.

4. Entre el 5 y el 10% se debe a causas no aparentes.

Nuestras bisabuelas creían que sabían mucho sobre este síntoma del Síndrome del Estrés Femenino. Pensaban que la tensión podía crear infertilidad temporal y, por eso, su consejo a una pareja como Buddy y Miriam hubiese sido: «Id de vacaciones juntos». Desde luego, todavía vale la pena intentar este método.

Reacciones de ansiedad

Sylvia estaba esperando el autobús en un caluroso día de verano. Los autobuses estaban a tope y ella esperaba a ver si venía alguno más vacío. Sin embargo, el tiempo y los autobuses iban pasando y Sylvia se preguntaba si llegaría a casa a la vez que advertía una respiración rápida y superficial. Sentía que tenía que controlar cada respiración o quizá su cuerpo dejaría de funcionar. Las palmas de las manos estaban frías y sudorosas y, aunque el aire era espeso y caliente, estaba empezando a temblar. Un tanto alarmada, empezó a caminar hacia casa en vez de esperar un poco más al autobús. Cuando iba, medio corriendo medio andando, un sentimiento de pánico invadió su ser. Su corazón dio un vuelco mientras ella temía no llegar ni a casa. El terror venía a ráfagas, dejándola agotada. Consiguió llegar a casa, pero sus manos temblaban tanto que ni siquiera podía encajar la llave en la cerradura. Esperó al lado de la puerta con desesperación. Al final, al cabo de unos minutos, su pánico empezó a desaparecer y Sylvia pudo entrar en su piso.

Sylvia sufrió un ataque de pánico. Su reacción de huida o lucha parecía no tener un porqué lógico. Al igual que con los dolores de cabeza de Rosemary, el estrés que había desatado la reacción de Sylvia era también un conflicto interno entre un deseo y un miedo. Ella quería liberarse al final de la jornada laboral, pero, a la vez, le daba miedo ese impulso. Nunca había seguido sus impulsos y tenía miedo de conocer hasta dónde la llevarían. Con ayuda profesional llegó a aceptar sus impulsos y a darles una respuesta realista, de modo que sus ataques de pánico se redujeron notablemente.

La correlación de trastornos por ansiedad en mujeres y hombres es de tres a dos. La razón no está clara, pero parece que reside en la educación social que reciben las chicas. En un estudio clásico de principios de la década de los setenta, los padres con cultura occidental subrayaban la importancia de los logros profesionales, del poder de decisión, la agresividad y el orgullo de sus hijos, pero esperaban que sus hijas ejerciesen el control de estas mismas cualidades. En 1987, los psicólogos sociales M. Lewin y L. M. Tragos concluyeron que los estereotipos adolescentes para los papeles sexuales de chicos y chicas, prácticamente no habían cambiado en los 25 años anteriores. Ante esta evidencia, ¿le sorprende a alguien que las mujeres piensen que la mayoría de sus impulsos son «peligrosos»? ¿Y que se vean a sí mismas como seres más frágiles y vulnerables que los hombres?

Los profesionales (psiquiatras, psicólogos y trabajadores sociales especializados en psiquiatría) son quienes mejor pueden tratar los ataques de ansiedad. Antes, durante y después del tratamiento, es vital contar con otros sistemas de apoyo. También es importante conocer bien los procedimientos de intervención de las crisis, que pueden ayudar hasta que se encuentre un buen profesional. Puede hallar más información sobre estos procedimientos en el último capítulo de esta obra.

Además de ataques de ansiedad agudos, las mujeres parecen experimentar, en términos generales, más ansiedad que los hombres. ¿Por qué? Quizá se deba a que las mujeres suelen responder con menor agresividad a situaciones estresantes. Quizá se deba a que las mujeres se someten a situaciones que generan más ansiedad y a los mensajes culturales que reducen su sentido de control. También podría deberse a que las mujeres tienen más aptitudes para percibir y etiquetar reacciones de «huida o lucha» como situaciones de ansiedad. También podría achacarse a que hasta hace poco, las mujeres y las chicas practicaban menos deportes que los hombres, por lo que liberaban menos tensión, o puede ser que los hombres estén menos dispuestos a admitir que sienten ansiedad o a todas las presiones que forman el Síndrome del Estrés Femenino.

Puesto que los síntomas de los ataques de pánico pueden imitar un ataque cardíaco leve, las mujeres a menudo temen por sus vidas. Esto hace que el nivel de adrenalina aún aumente más y los síntomas femeninos empeoren. De hecho, se estima que entre el 25 y el 30% de las pacientes en las salas de emergencia, confunden las reacciones de ansiedad con episodios cardíacos. Si todo esto le resulta familiar, intente estos fáciles remedios:

- Recuerde que, si bien lo que siente puede ser aterrador, no es peligroso.
- Intente respirar con lentitud, rítmicamente y desde el diafragma en vez del pecho. Después de coger aire, intente contener un poco la respiración para imitar el tipo de respiración que efectuamos durante el sueño. Esta técnica detiene la hiperventilación en menos de un minuto. Además, cuando dejamos de exhalar demasiado dióxido de carbono, cesan los ataques de pánico.
- La Sociedad Estadounidense de Fobia, aconseja a los pacientes de ansiedad que cuenten hacia atrás desde 100, de tres en tres, para mantener activo el hemisferio cerebral izquierdo. Si logra mucha práctica en este acto, pase a contar hacia atrás de cuatro en cuatro o de siete en siete. Los juegos de palabras o números, también pueden ayudarle a superar esos momentos delicados.
- Aún más importante es no dejar la situación a la que está reaccionando hasta que haya cesado el pánico. Si abandona durante el ataque y el pánico cesa, lo único que habrá hecho es «recompensarse» a sí misma por haber huido, y lo más probable es que se repitan los ataques de pánico.
- Si tiene que irse del lugar, vuelva lo antes posible, ya que, de otra forma, la ansiedad de anticipación crecerá y complicará su problema.

Si ninguna de estas medidas le resulta efectiva para calmar los ataques, no se desanime. Hay muchos enfoques terapéuticos para gestionar los ataques de ansiedad. Los tranquilizantes se recetan a veces para tratar temporalmente los síntomas de ansiedad, pero para un resultado a largo plazo lo mejor es la psicoterapia.

La terapia conductista emplea técnicas de exposición gradual. El objetivo es ayudarle a tolerar el ataque y después extinguirlo. Esto se hace con técnicas que aportan al cuerpo y a la mente señales de que no está respondiendo a la urgencia de «huir o luchar». La terapia cognitiva recurre a la psicoeducación para ayudar al paciente a entender y reinterpretar los síntomas. La biorretroalimentación le ayuda a ajustar su respiración y ritmo cardíaco de un modo tan efectivo como lo haría un tranquilizante.

Las «cuatro D»

A los síntomas de estrés femenino más sutiles, pero también más frecuentes, los denomino las «Cuatro D». Se trata de síntomas cognitivos, cambios en la conducta de pensamiento. Estos síntomas nos hacen temer por un posible tumor cerebral o Alzheimer cuando, en realidad, no se trata más que de un cuadro de estrés. Estas son las «cuatro D»:

1. La *Desorganización* parece ser el primer síntoma. Sabe que tenía las llaves del coche en la mano, no ha salido de la habitación y, sin embargo, parece que se las ha tragado la tierra. Lo que más le preocupa cuando las encuentra es que estaban enfrente de sus narices. No es que se esté volviendo loca, sino que su capacidad para resolver problemas está saturada.

2. Las *Dificultades para tomar decisiones* aparecen después. Las grandes decisiones, las que tienen magnitud presidencial y tienen que ver con la política económica de Oriente Próximo no son un problema, pero qué pedir para comer puede convertirse en una verdadera obsesión. Si son las tres y todavía no ha decidido qué comer, debería pensar que tiene sobrecarga de estrés. Si se ha cambiado de blusa cuatro veces y vuelve en coche a casa de nuevo para cambiarse por quinta vez antes de acabar el día, debería ir directamente al capítulo sobre intervenciones ante estrés breve y, en vez de leer, debería intentar relajarse o respirar profundamente durante unos minutos.

3. Las *fantasías de dependencia* empiezan a aparecer si el estrés es crónico. Puesto que las necesidades de dependencia se incrementan bajo situaciones de estrés (a pesar de negarse) las mujeres empiezan a soñar con circunstancias en las que legítimamente cuiden de ellas. Una

mujer me dijo que soñaba con estar una semana en el hospital recuperándose de alguna enfermedad leve, sólo para descansar, recibir flores, ver la televisión, ignorar el teléfono y recibir muchos, muchos mimos.

4. La *Depresión* es la fase final del cambio cognitivo que se produce bajo estrés. No tiene que ser necesariamente una depresión clínica en la que la mujer no coma ni duerma, sino que puede tratarse del tipo de tristeza en la que lo único que queremos hacer es comer, dormir y cualquier cosa nos hace llorar. Las «Cuatro D» significa que los dolores se magnificarán y la capacidad para seguir adelante y sobreponerse se verá empequeñecida. También significa que su optimismo y energía se reducirán y, si sigue sin tratarse adecuadamente, los síntomas podrían ser casi permanentes. Ante cualquier signo de alguna o las «Cuatro D», lea y relea el capítulo 14 y practique las técnicas de superación del estrés.

Vínculos débiles y demás teorías

Quizá se pregunte cómo puede ser que una mujer desarrolle un síntoma de estrés concreto en un momento determinado.

Una teoría es que la ansiedad y el estrés agravan los problemas ya existentes debido a nuestros genes, nuestro entorno prenatal, la dieta o enfermedades, accidentes o daños anteriores. Estas vulnerabilidades son los vínculos débiles, y los síntomas no tienen más que esperar un poco para salir a la luz.

Otra teoría similar defiende que cada órgano y sistema tiene unos niveles de resistencia mermados cuando el cuerpo está sometido a un alto grado de ansiedad o estrés. Cuando esto ocurre, es más fácil que aparezca un virus, una enfermedad o un trastorno.

Una tercera teoría sostiene que una mujer en concreto, puede desarrollar un síntoma determinado porque lo ha recompensado o reforzado.

Cada vez que su marido la miraba con enfado, el estómago de Christine se revolvía, sus rodillas se debilitaban y su ritmo cardíaco se aceleraba. Sin darse cuenta, se apretaba el pecho y con la mano presionaba el corazón. Entonces sentía los cuatro síntomas, pero su marido sólo veía el último. Su mirada enfadada pasaba a ser de preocupación cuando veía que tenía la mano sobre el corazón y, por lo tanto, ella reforzaba la respuesta de este órgano. Al cabo de unas repeticiones de este hecho, Christine y su marido se preocupaban siempre del corazón de ella cuando había situaciones de estrés.

Quizás también se deba a que cada mujer tiene una serie de respuestas concretas para cada emoción. Por ejemplo, cinco mujeres podrían reaccionar fisiológicamente con cinco pautas de respuestas distintas al experimentar un estrés similar. Cada una podría llamar a sus síntomas «ansiedad» pero, desde luego, se trataría de síntomas distintos.

Aunque todavía no se cuenta con demasiadas investigaciones que la refuercen, hay una teoría que apoya que la respuesta de huir o luchar *no* es tan poco específica como la describió Selye. Esto sugiere que hay diferencias sutiles en las respuestas corporales ante los distintos tipos de estrés. Las situaciones de huida podrían ser estresantes para unos órganos o sistemas distintos a las situaciones de lucha, y así sucesivamente. Según esta teoría, los diferentes tipos de estrés conducirían a síntomas concretos.

Históricamente, muchas teorías han intentado asociar determinados tipos de estrés con unos marcados perfiles de personalidad. Incluso el padre del psicoanálisis, Sigmund Freud, estuvo de acuerdo con esta teoría. Pensaba que tanto el perfil de personalidad marcado como los síntomas de un tipo de estrés eran el resultado de las mismas experiencias en la infancia. Una mujer con necesidades de dependencia sin satisfacer, por poner un ejemplo, podría mostrar mayores trastornos de alimentación y gastrointestinales de lo normal, mientras que una mujer que tenga dificultades para expresar el enfado directamente, podría tener una tendencia a desarrollar disfunciones sexuales.

Dos mujeres muy reconocidas explican los síntomas del estrés femenino desde otro punto de vista. La psiquiatra Karen Horney y la antropóloga Margaret Mead, sitúan el origen de los síntomas particulares de la mujer en comunicaciones llenas de ansiedad entre madre e hijo (mensajes sutiles transmitidos durante el amamantamiento, la imposición de disciplina y las demostraciones emocionales).

La escuela psicoanalítica defiende que un órgano determinado de una mujer, se ve afectado en un momento particular de su vida porque simboliza un conflicto que está experimentando. En la siguiente historia, Robin experimentaba tanto un deseo como un temor, en lo referente al embarazo.

Aunque le preocupaba que ella y su marido no estuviesen prepara-dos para asumir las responsabilidades de ser padres, ambos decidie-ron formar una familia mientras él estaba en el ejército y disponía de una buena cobertura médica. Ella cada vez estaba más ilusionada con la idea de ser madre y pensó que nunca estaría preparada, así que ¿por qué esperar más? Poco después de la decisión, Robin dejó de menstruar. En un principio asumió que estaba embarazada, pero después se comprobó que no era así. El síntoma de amenorrea (au-sencia de menstruación) al estar sometida a condiciones de estrés, había borrado el conflicto al eliminar el temor y hacer que su deseo se mantuviese «intacto».

Muchas teorías que indagan en el porqué de estos síntomas femeninos se centran en la importancia de las diferencias individuales entre las muje-res al estar sometidas a estrés. Sostienen que cada mujer tiene su umbral propio de reacciones psicosomáticas y su propia combinación de variables que pueden llevarla a traspasar dicho umbral.

- La *cantidad* de estrés requerida para que un síntoma se produzca, puede variar.
- El *número de veces* que se experimenta un estrés similar, puede afectar a las mujeres de modo distinto.
- Las *condiciones* físicas de cada mujer y su *estado emocional* antes y duran-te la exposición a un hecho estresante, pueden influir en su umbral.
- La importancia de la *edad* en relación con los síntomas de estrés, puede variar en cada mujer al igual que su *predisposición* para solucio-nar los problemas.

Todas estas teorías intentan explicar por qué un síntoma de estrés con-creto aparece en una mujer en un momento determinado. No obstante, parece ser que lo más probable sea que todos estos factores mencionados *interactúen* y produzcan los diversos síntomas de estrés. Cuando empiece a entender sus propios patrones de estrés, deberá tener en cuenta la com-pleja naturaleza del Síndrome del Estrés Femenino. Usted puede aprender a reconocer sus propias vulnerabilidades físicas y psicológicas, sus expe-riencias pasadas de recuperación, sus áreas de conflicto tradicionales, sus pautas de reacción y su perfil de personalidad. También podrá separar los síntomas que tienen significados simbólicos, de los que reflejan una pre-disposición fisiológica, y podrá aprender a discernir entre los síntomas que ha aprendido y los que ha heredado.

Uno de los aspectos más alarmantes del Síndrome del Estrés Femenino es que empieza a cobrar forma casi desde nuestro nacimiento. En el siguiente capítulo nos sumergiremos en el mundo en el que nacen los niños y veremos que las semillas de nuestra temprana edad pueden dar como fruto futuros síntomas de estrés. Comprender nuestro estrés propio es el primer paso hacia una toma de control. (Si necesita liberarse del estrés *ahora mismo*, dé un salto hacia adelante en la lectura: el último capítulo, la gestión del Síndrome del Estrés Femenino, tiene las respuestas que necesita.)

4

¡Es una niña!

Lo cierto es que cada niño es un ser único, con una personalidad particular. Un bebé puede ser pasivo, tranquilo y dormilón o activo y movido. Es cierto que los adultos (incluyendo a las enfermeras) no pueden determinar el sexo de un bebé cuando está envuelto en la mantita. Sin embargo, hemos de reconocer que la educación que les damos a los chicos y a las chicas es muy distinta. ¡Basta con que le pregunte a cualquier padre o madre! La mayoría le dirán que, según su experiencia, las siguientes afirmaciones son ciertas:

- Las niñas son más complacientes que los niños (acceden a hacer recados y a ayudar más en casa).
- Las niñas parecen más sociales y les preocupa más su apariencia.
- Las niñas, a pesar de no ser pasivas, parecen menos agresivas que los niños.
- Las niñas muestran más ansiedad que los niños.
- Las niñas usan más su intuición.
- Las niñas hablan y leen antes que los niños.
- Las niñas son más emocionales y responden más ante las emociones.
- Las niñas tienen mejor coordinación motora.

¿Se trata de que las niñas demuestran diferencias genéticas en su cognición, sus capacidades físicas y/o su constitución emocional? ¿Podría deberse este hecho a que los modelos y conductas sociales refuerzan estas diferencias? ¿Acaso se trata de una interacción de ambos?

Puesto que las expectativas y percepciones de los padres y profesores son distintas para los niños y las niñas, los modelos que cada niño recibe en cuanto a recompensas y castigos hacen que esta cuestión de naturaleza frente a educación sea muy difícil de responder. Para complicar aún más la situación, los niños también moldean e influyen en sus padres tanto como los padres en los hijos. Por ello, si bien es cierto que los padres suelen mimar y tener un habla más infantil con las niñas que con los niños, con ello ¿están *enseñando* a las chicas a ser buenas oyentes o están *respondiendo* los padres a una diferencia de sexo? Veamos qué nos pueden aclarar las investigaciones.

Educación que no fomenta la seguridad en una misma

La socialización ya comienza en el momento del nacimiento. El hecho de que las chicas confíen menos en sí mismas tiene su origen en la temprana educación que reciben. De hecho, los estereotipos sexuales en los que creen los padres de una niña *preceden* su nacimiento.

Consideremos las siguientes estadísticas. Un estudio ya clásico realizado en 110 culturas, averiguó que el 82% de las personas encuestadas esperaban que las niñas fuesen *más educadas* que los niños, el 87% esperaban que las chicas *tuviesen un nivel de logros inferior* a los chicos y el 85% esperaban que las chicas *confiasen menos en ellas mismas* que los chicos. Otro equipo de investigación concluyó que los padres esperan que sus hijas sean guapas, dulces y frágiles, mientras que esperan que sus hijos sean agresivos y atléticos. ¿Se trata de expectativas válidas o de profecías para satisfacer a los adultos?

Parece ser que la forma en que los padres ven a sus hijos es coherente con lo que desean ver.

En otro experimento de campo, los investigadores les enseñaban a hombres vídeos de niños de 17 meses de edad. Cuando les decían que se trataba de niños, éstos los describían como activos, alerta y agresivos. Sin embargo, cuando les decían que eran niñas las describían como pasivas y delicadas.

La distinta percepción de los niños y las niñas, según las imágenes estereotipadas, es sólo un paso más que refleja que los padres crean *realidades distintas* para cada sexo. Las investigaciones han demostrado que:

- A la mayoría de las niñas se las trata de un modo mucho más protector que a los niños. Este hecho sugiere que las niñas *necesitan* más protección.
- A la mayoría de las niñas les dedican algún halago relacionado con su físico antes de resaltar cualquier otra característica. La gente dice «¡Qué niña más guapa!», pero dicen «¡Mira qué muchachote!». Por supuesto, las niñas crecen pensando que su apariencia es muy importante.

- A las niñas les hablan más que a los niños. Las madres de niñas de 12 semanas hablan y responden más a los balbuceos de sus niñas que las madres de niños. Y lo mismo les ocurre a los padres. Por lo tanto, en el caso de las niñas se fomenta lo «verbal».

Cuando se trata de educación en la que se fomenta poco la confianza en uno mismo, las madres y los padres parecen trabajar en tándem, reflejando, quizá, su propia educación recibida.

- Tal y como mencionamos anteriormente, un estudio multicultural concluyó que los padres subrayaban la firmeza, la agresión y los logros en la confianza en uno mismo en sus hijos, mientras que resaltaban el *control* de la agresión y la firmeza de sus hijas.
- La investigadora Eleanor Maccoby y sus colaboradores, de la Universidad de Stanford, hallaron que las madres de los niños de guardería toleran más la agresión hacia ambos padres y compañeros en sus hijos que en sus hijas.
- Otro equipo de investigadores llegó a la misma conclusión en cuanto a profesores de guardería.

Aunque sería difícil argumentar que no existen algunas diferencias de sexo en estas conclusiones, la influencia de la socialización sobre la conducta femenina es evidente. Los varones manifiestan un nivel de actividad más alto en general, y las hembras, por su lado, demuestran mayor facilidad verbal, quizá debido a diferencias hormonales prenatales que producen diferencias de dominio de los hemisferios cerebrales, tal y como sugieren las investigaciones. Así pues, la *dirección* que toman estas diferencias relacionadas con el sexo, también forma parte del Síndrome del Estrés Femenino.

Ansiedad temprana

Los resultados de la naturaleza y/o la educación se entremezclan. Con sólo 18 meses, las niñas ya demuestran más control sobre sus brotes de genio que los niños, a pesar de que este tipo de control puede pagarse a un alto precio.

La ansiedad que no está directamente relacionada con una causa externa concreta, a menudo radica en el temor por los impulsos internos inaceptables que uno siente. Si se trata a las niñas de forma que su agresividad, firmeza e impulsos de logro no son bienvenidos y deberían evitarse, lógicamente ya se puede anticipar un alto nivel de estrés en las jóvenes al intentar controlar esos impulsos naturales.

De hecho, las niñas experimentan más ansiedad que los niños. Hay evidencias irrefutables en un gran número de estudios realizados por distintos grupos (citados por E. Maccoby). Para mencionar tan sólo unos ejemplos, podríamos decir que la ansiedad logró índices más altos que en los grupos comparables de niños en:

132 niñas francesas de 9 años.
470 niñas, tanto de raza blanca como negra, de 9 a 11 años .
64 niñas norteamericanas de 9 años.
1.249 niñas de secundaria.
2.559 chicas entre los 13 años y la edad adulta.
149 chicas universitarias.

Maccoby también cita estudios que indican que tanto las evaluaciones de los profesores como los informes personales, demuestran que las niñas obtienen un resultado más alto en los índices de ansiedad.

Aunque el autocontrol puede ser un ingrediente importante en el desarrollo de estrategias para alcanzar la madurez, la represión de fuertes impulsos consume energía y contribuye a la frustración, depresión y Síndrome del Estrés Femenino.

En el instituto, Lea había sido muy popular. Era redactora de la revista del instituto, presidenta del club de inglés y capitana del equipo de baloncesto femenino. Sus amigas, padres y profesores le decían constantemente que era especial: muy trabajadora, muy sociable y guapa.

Las cosas cambiaron cuando fue a la universidad, puesto que Lea pronto se dio cuenta de que toda su clase era especial. Cada uno de los miembros destacaba. Sin el apoyo de sus compañeros, padres o profesores, Lea empezó a perder confianza en sí misma y su capacidad para superarse se vio mermada. Notaba que perdía el control que tenía antes para conseguir más logros y concentrarse. El resultado de altas exigencias, poco control y falta de apoyo positivo es, sin duda, el estrés.

Lea pasó un año muy malo. Tenía tanto miedo que se obsesionó con que le ocurría algo a su cuerpo. Al cabo de poco tiempo empezó a desarrollar mononucleosis y se vio obligada a dejar de asistir a las clases durante una temporada. Durante un tiempo se vio liberada de la causa de su ansiedad, ya que sentía que le prestaban atención y la cuidaban. Sus impulsos para dejar la universidad, que la prestasen atención o, al final, cesar de dedicar su energía en intentar ser especial, estaban de nuevo bajo control. Cuando era más pequeña estaba acostumbrada a esforzarse y tener un alto rendimiento para los demás y ahora que estaba sola se sentía pasiva y sin objetivos.

El caso de Lea no es extraño. La sociedad sigue enviando a las chicas fuertes mensajes del tipo: «controlaos» y, desde luego, no se ven amortiguados con el paso del tiempo. No compitas con los hombres, nos dicen, ya que está mal visto. No grites, puesto que es un signo de premenstruación. No te alegres por tus logros, ya que es muy competitivo.

El temor al fracaso frente a la necesidad de superarse

El temor al fracaso, al igual que el miedo al éxito, es el legado de una educación que no fomenta la confianza en una misma. El miedo al fracaso es el resultado de muchos años de vergüenza o miedo a que los demás (niños, hermanos, padres, madres, profesores, etc.) se rían de nosotras en cualquier carrera o partido deportivo, ejercicio mecánico o combativo. El miedo al éxito es el resultado de muchos años de recomendaciones y advertencias contra ser «demasiado lista», «demasiado fuerte» o «demasiado independiente». Por último, también cabe citar que existen algunos modelos de mujeres fuertes y firmes en nuestra cultura. Algunas las encontramos en las páginas deportivas de los periódicos y también hay algunas mujeres políticas o con altos cargos gubernamentales. De vez en cuando, también se oye hablar de alguna buena directiva como Andrea Jung, de la empresa Avon, profesionales de los medios de comunicación como Kay Koplovitz, de la compañía USA Network, científicas como Susan Love o incluso astronautas como Sally Ride. No obstante, estas grandes mujeres siguen siendo una excepción y muchas veces son noticia precisamente por lo *extraño* que resultan sus logros (de hecho, nos transmiten un mensaje mixto).

Aun así, todos llevamos dentro la necesidad de conseguir metas y logros. Es una extensión de nuestros primeros deseos de explorar, gatear, caminar y correr. Es un reflejo de nuestra capacidad para procesar información, formular planes y resolver problemas. Además, también es una expresión adulta de nuestra necesidad de recobrar el control sobre nuestro entorno y resolver parte de sus problemas. No es extraño que las mujeres sientan una mezcla de miedo al fracaso y necesidad de logros. La colisión de estos deseos opuestos es lo que agrava el Síndrome del Estrés Femenino.

La necesidad de logros consigue que las mujeres se muevan y se acerquen a sus objetivos. Aunque si echamos la vista atrás pueda parecer que esta necesidad no estaba explícita en las expectativas que había en cuanto al desarrollo de las funciones femeninas durante las últimas generaciones, estaba presente. Las mujeres de clase media conseguían saciar esa necesidad de logro mediante el trabajo voluntario en organizaciones sin ánimo de lucro y se enorgullecían de la educación que daban a sus hijos, de sus grandes éxitos y también de los de sus maridos. Las mujeres de las clases más populares se ganaban una buena reputación al cuidar de sus hogares y de su familia, y otras muchas estaban dispuestas a aceptar trabajos a cambio de una paga injusta y baja, con la finalidad de aumentar el nivel de vida de su familia. Las mujeres de clase alta intentaban aumentar el poder, prestigio y exclusividad de su familia trabajando en organizaciones caritativas y haciendo importantes donativos a varias causas, además de orquestar acontecimientos sociales. La necesidad de logro siempre ha estado presente en las motivaciones femeninas.

Por otro lado, el temor al fracaso aparta a las mujeres de sus objetivos. Este temor está alimentado por muchos estereotipos de cuáles deben ser las funciones femeninas, además de por muchos mitos y expectativas. Según una encuesta de Prodigy, llevada a cabo en 1995 para un estudio que elaboré sobre la mujer (basado en 14.000 encuestadas), muchas de nosotras todavía creemos que:

> Las mujeres son el sexo débil y, por lo tanto, no están preparadas para ser políticas o desempeñar un cargo en el ejército.
>
> Las mujeres no son buenas directivas, ya que son demasiado emocionales para estar en el mundo de los negocios y acaban llorando en la oficina (sobre todo los hombres, lo creen así).
>
> Las mujeres acabarán abandonando su carrera profesional para ser madres y no se reincorporarán a sus puestos.
>
> Las mujeres tienen una autoestima más baja que los hombres.
>
> Las mujeres son menos lógicas que los hombres; trabajan sólo por intuición.

Aunque las investigaciones demuestran que **ninguno de estos estereotipos es cierto,** a veces incluso las mujeres caemos en estas generalizaciones y entonces el miedo al fracaso nos aleja de nuestros objetivos y hace que nos preocupemos excesivamente por el qué dirán. El fracaso significa vergüenza, en vez de decepción personal. El miedo al fracaso requiere recapitular constantemente excusas y afirmaciones defensivas generales que van consumiendo la energía y la desvían de la meta deseada.

El clásico juego de acertar con los aros en un palo ha sido utilizado para demostrar cómo funciona el miedo al fracaso. Se les dijo a los participantes que se situasen donde quisiesen para lanzar los aros e intentar acertar. Algunos se pusieron casi al lado del palo, mientras otros retrocedieron para hacer que el juego fuese más difícil. Los investigadores concluyeron que retroceder era una característica de las personas que experimentaban miedo al fracaso. Hacían que el juego fuese más difícil para disponer de una excusa por sus fallos y disfrazarlos bajo la apariencia de un posible logro con más mérito.

Las mujeres con un alto miedo al fracaso siempre se pondrán limitaciones y aumentarán su propio estrés, con tal de defenderse con excusas ante un posible fracaso. Por ejemplo, pueden programar hacer demasiadas cosas a la vez o empezar una tarea en el último minuto.

Hoy día, más y más mujeres *expresan* la necesidad de conseguir logros. No obstante, por desgracia, el miedo al fracaso que procede de sus años infantiles hace que se muevan entre la lucha por conseguir sus objetivos y el alejamiento de situaciones que les planteen retos o riesgos ante el fracaso. Esta situación puede generar estrés constante en cualquier mujer del nuevo milenio.

Polly se veía dividida por su necesidad de conseguir metas y su miedo al fracaso. Quería avanzar en su profesión dentro del ámbito de las inmobiliarias, así que decidió apuntarse a un curso de formación relacionado, pero lo dejó poco antes de hacer el examen final. Ella decía que, con tanto trabajo en casa, le era imposible estudiar y que, además, el sector estaba atravesando una recesión económica, así que tampoco había demasiados nuevos clientes que captar. Sin embargo, estaba decidida a seguir con su profesión. Rellenó candidaturas para agencias inmobiliarias, pero se limitó a localidades cercanas a su domicilio y a un horario que coincidiese con el horario escolar de sus hijos adolescentes. Empezó a hacer unas prácticas, pero después vio que las vacaciones de la familia, las visitas médicas y las actividades voluntarias, interferían con la preparación del examen que debía aprobar para poder acceder al puesto de trabajo. Siguió con las prácticas y, como no aprobó el examen, siguió trabajando a cambio de una baja remuneración, quejándose incesantemente de sus frustraciones laborales. ¿Debería seguir en el ámbito inmobiliario o intentar otro ámbito? Se preguntaba constantemente.

A veces, las mujeres no son conscientes de sus ambivalencias y del estrés que se autoimponen. Su falta de firmeza en sus objetivos se ha convertido ya en un rasgo de su personalidad y de su imagen, de modo que ni siquiera se dan cuenta de sus vacilaciones y contradicciones. Como mucho, se preguntan por qué tienen tantas dudas y por qué les cuesta tanto tomar decisiones.

Volver a educarse a uno mismo

Al igual que en otras áreas del Síndrome del Estrés Femenino, entender el origen de un tipo de estrés determinado supone sólo ganar la mitad de la batalla. Reducir el estrés constituye la otra mitad, que es aún mucho más importante. Si usted considera que se está debatiendo entre la necesidad de conseguir sus metas y el temor al fracaso o el temor al éxito y que es una lucha a largo plazo que le crea mucha tensión, intente controlar el problema utilizando estas técnicas de supervivencia.

1. Recopile *información,* en vez de opiniones, sobre un problema o situación. Así aumentará su capacidad para evaluar los problemas con realismo y disminuirá la ansiedad anticipatoria que puede experimentar. La única opinión importante será la que usted misma decida después de haber procesado toda la información que pueda.
2. De forma similar, debe tener en cuenta todas las situaciones que formen parte de sus objetivos desde su propio punto de vista. Olvide lo que los demás puedan pensar. Intentar verse con ojos ajenos, sólo mermará su capacidad para conseguir sus metas y hará que procese la información inadecuadamente.
3. Intente concebir el hecho de no lograr su objetivo como una experiencia de aprendizaje o como una decepción, en vez de un fracaso. Esto significa que debe *describir* su conducta sin juzgarla.

4. Evite autoculpabilizarse. Esfuércese al máximo, pero no se ponga en situación de juicio. Intente ser su propio abogado defensor y no el abogado de la acusación.

5. Sea una persona orientada a las tareas, en vez de una persona adicta a los halagos. Céntrese en terminar su trabajo, en lugar de buscar la aprobación de los demás, y reduzca su ansiedad ante el rendimiento y el miedo al fracaso.

Hacerse con el control

A medida que su miedo al fracaso vaya desvaneciéndose, podrá controlar mucho mejor su vida y alejarla del juicio de los demás al:

Confiar más en sí misma. Esta no es la única respuesta para controlar su vida, pero en las áreas de tiempo y dinero supondrá un gran avance. No deje que los demás tengan control sobre su tiempo o su dinero a menos que usted se beneficie con ello. Cada vez que ceda un poder, se sentirá menos autosuficiente y más dependiente.

Practicar, practicar y practicar. Estos pasos demostrarán a todos los que la rodeen que puede tomar sus propias decisiones. Deje de decir, «me da igual» cuando le digan que elija una película o un restaurante y ¡aprenda a decidirse! Si la velada no resulta ideal, así aprenderá que ser la responsable de elegir una mala película o un restaurante mediocre no es el fin del mundo, sino que es el principio del final de la educación pasiva. De ahora en adelante, sus errores serán sólo responsabilidad suya, al igual que sus éxitos.

Ceder el control

Hacerse con el control no tiene que ser una meta en cualquier momento o situación. Para poseer en todo momento un sentido de control, debemos también aprender a ceder. Tenemos que ser un poco flexibles con nuestras listas y planes ilimitados y reorganizarlos; hemos de limitar nuestras expectativas de logros en un momento determinado; tenemos que dejar un espacio de tiempo para la relajación y el ocio, en vez de sacrificar los días de descanso con incesantes tareas.

Tenemos que dejar de responsabilizarnos de los cambios de humor de los demás. Si se pregunta a sí misma: «¿Qué he hecho?» o «¿Qué puedo hacer?» siempre que alguien de su entorno está un poco bajo de moral, debería contar hasta 10 antes de decir «Lo siento», ya que seguramente muchas de sus disculpas son innecesarias y no mejorarán la situación. En vez de hacer esa pregunta, debería inquirir a la persona en cuestión si desea hablar sobre lo que le preocupa y, si la persona no lo cree oportuno, dejarla sola.

Tenemos que dejar de buscar el control a toda costa cuando las circunstancias no están bajo nuestro control. ¿Acaso sigue acudiendo al médico cuando ya tiene resultados que afirman que no tiene nada? ¿Sigue llamando a un exnovio cuando la relación ya está terminada? Si lo hace, seguramente estará intentando mantener el control para evitar la culpa o la autorrecriminación que conlleva cesar una acción. Sustituya este pensamiento por conductas constructivas para aprovechar esa energía nerviosa: pinte las paredes, organice el armario, ordene las estanterías, tome fotografías, dibujos o practique deporte.

Tenemos que dejar de pensar en el futuro como más de lo mismo que el presente. Todo cambia y nosotros disponemos de poco control sobre estos procesos de modificación. Nuestros hijos se van de casa, los maridos se hacen más y más mayores y, a veces, también se marchan o mueren. Tampoco podemos controlar plenamente a quienes trabajan para nosotros, ya que nunca sabemos lo que piensan o planifican. Si intentamos basar nuestra vida en este conocimiento imposible, siempre tendremos un sentido de pérdida de control. Sí que puede tenerlo todo y hacerlo todo bien, pero poco a poco y no todo a la vez.

Cuando trabaje para superar la educación carente en confianza en una misma y los síntomas de estrés femeninos asociados, quizá le ayude saber que es una de las mujeres pioneras en emplear esta técnica. Usted está en la vanguardia del cambio social, pero recuerde que no está sola. Usted ayudará a la próxima generación de mujeres ofreciéndoles unas pautas y una guía para que expresen sus propias necesidades de logro. También ayudará a la siguiente generación de hombres a crear unas expectativas más realistas y flexibles para los logros femeninos.

5

El nuevo precio del azúcar y las especias

No es su imaginación: La vida **es** cada vez más compleja. Los hechos que siempre han sido «duros» en la vida, como la «muerte de la pareja», el «divorcio» o «un despido laboral», siguen siendo difíciles de superar, pero en la actualidad hechos que deberían vivirse con «felicidad» pueden conllevar también gran grado de estrés: las vacaciones de Navidad y otras fiestas señaladas, una boda o incluso una dieta sana. Esto se debe a que cualquier acontecimiento que suponga un cambio significativo en su vida puede amenazar a su sobrecargado sentido de control. Los sucesos de la vida (ya sean positivos o negativos) pueden alterar el delicado ejercicio de malabarismo que las mujeres realizamos para combinar todas nuestras funciones. El estrés de ser mujer es muy alto en la actualidad. Podemos aprender a superarlo y sobrellevarlo, pero primero hemos de conocer bien a nuestro enemigo y reconocer el estrés.

A finales de los sesenta, dos científicos sociales, Thomas Holmes y Richard Rahe, diseñaron una escala que evaluaba el estrés implicado en los acontecimientos de la vida, basándose en una encuesta que se hizo en Seattle y en un estudio de la Marina, que se realizó a 2.500 personas. Los participantes consideraban que la muerte de la pareja era el acontecimiento más estresante que podía sucederles, evaluándolo con 100 puntos. Los otros 41 acontecimientos de la vida fueron evaluados en relación con esa gran pérdida.

Escala de evaluación de los reajustes sociales*

Acontecimiento en la vida	Valor en puntos
Muerte de la pareja	100
Divorcio	73
Separación matrimonial	65
Ingreso en prisión	63
Muerte de un familiar próximo	63
Accidente o enfermedad personal	53
Matrimonio	50
Despido laboral	47
Reconciliación matrimonial	45
Jubilación	45
Cambio en el estado de salud de un familiar	44
Embarazo	40
Dificultades sexuales	39
Incorporación de un nuevo miembro a la familia	39
Reajustes laborales	39
Cambios en la situación financiera	38
Muerte de un amigo íntimo	37
Cambio a otro ámbito laboral	36
Cambio en las discusiones con la pareja	35
Una hipoteca superior a 120.000 euros	31
Ejecución de una hipoteca o préstamo	30
Cambio de responsabilidades laborales	29
Un hijo o hija que abandona el hogar familiar	29
Problemas con la familia política	29
Un logro personal importante	28
Inicio o cese laboral de la pareja	26
Inicio o final del colegio	26
Cambio en las condiciones de vida	25
Revisión de las costumbres personales	24
Problemas con un superior	23
Cambio del horario o condiciones laborales	20
Cambio de residencia	20
Cambio de colegio	20
Cambio en el ámbito de ocio	19
Cambio en las actividades religiosas	19
Cambio en las actividades sociales	18

Escala de evaluación de los reajustes sociales[*]

Hipoteca o préstamo por importe inferior a 12.000 euros	17
Cambio en los hábitos de sueño	16
Cambio en el número de habitantes del hogar	15
Cambio en los hábitos alimenticios	15
Vacaciones	13
Navidades	12
Violaciones menores de la ley	11

* Holmes T. H. y Rahe R. H. «The Social Readjustment Rating Scale». *Journal of Psychosomatic Research,* 1967; 11; pp. 213-218.

En la encuesta realizada a hombres y mujeres, Holmes y Rahe averiguaron que las personas con resultados de más de 300 puntos, durante un año tenían un 80% de riesgo de ponerse enfermos o caer en una depresión. Los que tenían puntuaciones entre 200 y 300 puntos todavía presentaban un impresionante factor de riesgo del 50%. Aunque estas estadísticas no pueden predecir el riesgo para un individuo concreto, confirman la relación entre el estrés provocado por los cambios en la vida y la salud, tanto física como emocional.

Ahora vuelva a mirar la escala de los acontecimientos de la vida y evalúe su propio nivel de estrés para cada posible cambio. Compare su puntuación con las puntuaciones originales. Puesto que es una mujer del nuevo siglo, lo normal es que sus resultados sean distintos. Además, puede que para usted haya acontecimientos importantes que no estén incluidos en la lista. Yo también realicé una encuesta en los ochenta y en el cambio de siglo.

La nueva encuesta del Síndrome del Estrés Femenino la llevó a cabo la empresa Fox News/Opinion Dynamics Poll y se realizó vía telefónica durante el 17 y el 18 de noviembre de 1999, por la tarde. La encuesta se realizó exclusivamente en Estados Unidos a 900 votantes registrados, con un margen de error de ±3 puntos porcentuales. Los participantes, tenían que evaluar cada uno de 10 acontecimientos que habían experimentado en los últimos 10 años en una escala de 1 a 100, siendo 100 el acontecimiento más estresante y 1 el menos estresante. De los 900 encuestados, 497 eran mujeres.

Así se comparan los resultados con los que obtuvieron Holmes y Rahe en su día:

Los 10 acontecimientos más estresantes

	1999-2000	década de los sesenta (hombres y mujeres)
Muerte de la pareja	88	100
Divorcio	78	73
Despido laboral	73	47
Problemas de embarazo	69	40
Revisión de las costumbres personales	64	24
Un hijo o hija que abandona el hogar familiar	58	9
Dificultades sexuales	58	39
Matrimonio	54	50
Jubilación	49	45
Navidades y fiestas señaladas	49	12

El panorama general

¿En qué sentido es distinto el estrés en el 2000? En los 36 años que han transcurrido desde la primera encuesta a la actualidad, la media de evaluación del estrés ha ascendido en 18 puntos. Parece ser que la vida en la actualidad es mucho más estresante que en los *días felices*. *La muerte de la pareja* y el *divorcio* eran los factores más estresantes hace ya 30 años y siguen liderando la lista. La puntuación del estrés por *despidos laborales, cambio de las costumbres personales* (dietas, dejar de fumar o hacer más ejercicio) y tener problemas de fertilidad o *problemas de embarazo* ha aumentado casi en un 60%. El estrés que conlleva que un *hijo o una hija abandone el hogar familiar* se ha incrementado en un 100%. También las *Navidades y fiestas señaladas* son prácticamente un 400% más estresantes en la actualidad que en la década de los sesenta (superan los 40 puntos de estrés) ¿Nos preocupa el *tiempo* que dedicamos a las vacaciones? ¿*El dinero*? ¿*La familia*? De hecho, nos preocupan las tres cosas.

Para las mujeres, el estrés se está propagando como si se tratase de una plaga. Aparecen nuevos tipos de estrés, como dominar el ordenador y sus programas y aprender a navegar en el ciberespacio, que no sustituyen a los tipos de estrés tradicionales, sino que los multiplican. Ahora obtenemos un nivel de estrés superior en relación con la jubilación, el despido laboral, el abandono del hogar familiar por parte de un hijo, dejar los malos hábitos, casarnos y prepararnos para las vacaciones. ¿Y no se ha dado cuenta de que a pesar de todas las peleas y discusiones, sus hijos siguen prefiriendo sus abrazos? ¿No se da cuenta de que antes de ir a la cama quieren que les preste atención durante cinco minutos? Las tareas de peinarles, comprarles zapatos, comprar la comida, la ropa y entretenerles, siguen siendo suyas, a pesar de que trabajen hasta tarde. Los profesores y las canguros siguen llamando a la oficina de la madre cuando hay algún problema en vez de a la del padre. Su amiga quiere que la acompañe cuando se hace una mamografía o alguna visita médica importante, e incluso cuando duerme está atenta a cualquier tos o estornudo que provenga de la habitación de los niños. No es que no haya nadie más que no pueda hacer estas tareas ni que no fomente la independencia de sus hijos o sus familiares. Lo que ocurre es que después de la liberación, de la incorporación de la mujer al trabajo, de la educación consciente de los hijos y de los acuerdos para compartir las tareas con el marido, seguimos siendo las que llevamos la carga de su educación y cuidado. A pesar de que el 62% de los hombres y el 55% de las mujeres de una encuesta realizada a 210 parejas declararon que pensaban que las responsabilidades del hogar deberían repartirse a partes iguales, según el científico social Ivan Nye, en la práctica las mujeres lo hacen casi todo.

Ahora veamos con mayor detenimiento las causas del estrés *femenino* actual:

Las 10 principales causas del estrés femenino en la actualidad

	Fuentes de estrés en el año 2000 (sólo mujeres)
1. Muerte de la pareja	89
2. Divorcio	78
3. Despido laboral	74
4. Problemas de embarazo	68
5. Revisión de las costumbres personales	65
6. Un hijo o hija que abandona el hogar familiar	60
7. Dificultades sexuales	56
8. Matrimonio	55
9. Jubilación	54
10. Navidades/fiestas señaladas	52

La muerte de la pareja

Este es un tipo de estrés que parece inalterable. Pese al desorbitado número de divorcios y segundos matrimonios, la *muerte de la pareja* sigue siendo el acontecimiento de la vida más estresante para las mujeres de todas las edades, niveles socioeconómicos y razas. Con una puntuación de 100 puntos de estrés en la década de los sesenta y una media de 99 puntos de estrés en la evaluación de las mujeres en la década de los ochenta, la *muerte de la pareja* recibe una media de casi 90 puntos de estrés en las mujeres del nuevo milenio. De hecho, el 70% de las mujeres que respondieron a esta pregunta le otorgaron 100 puntos. Al fin y al cabo, la pérdida de la pareja lleva implícita la baja probabilidad de un nuevo matrimonio para las mujeres y la alta probabilidad de que conlleve terribles consecuencias económicas y sociales. Lo que no ha cambiado casi nada desde los años sesenta son estas estadísticas:

- La viudedad es un «acontecimiento que conlleva altos riesgos económicos», afirman los investigadores de la Universidad de Wisconsin y de la Universidad de Utah. En Estados Unidos, sólo el 31% de las viudas reciben una pensión y sólo el 16% tienen trabajo remunerado. Un 80% de las viudas que viven en la pobreza no eran pobres antes de perder a sus maridos, según el Departamento Estadounidense de Economía.
- En Estados Unidos, la mayoría de viudas tienen problemas para heredar, ya que gran parte de los hombres mueren sin haber dejado un testamento.
- La mayoría de las viudas no reciben apoyo social, ya que la viudedad tiene ya unas proporciones epidémicas y, si su marido tenía más de 65 años, algunos incluso se preguntarán por qué añora a alguien tan «viejo».

No resulta sorprendente que el factor más estresante sea la pérdida (como verá, también están relacionados los números 2, 3 y 4). Las pérdidas nos afectan mucho más que cualquier otro tipo de estrés y, aun así, es una parte esencial de nuestra vida. Si está deprimida, verá la vida como una sucesión de pérdidas. Cuando uno nace sale del cómodo vientre de su madre. Al crecer se pierde la inocencia de la infancia y la protección de los padres. Si uno de los padres muere cuando todavía se está en la infancia, seguramente se pierda el sentido de seguridad. Si su matrimonio fracasa, puede perder la esperanza de encontrar el amor. Si tiene un aborto, pierde un hijo potencial. Si no puede quedarse embarazada, pierde su fantasía de tener un hijo. Cuando su pareja muere, pierde su compañía y seguridad y cuando un amigo íntimo muere, se pierde un importante grado de intimidad. Una de las formas en la que nos afectan las grandes tragedias (como la muerte inesperada o una catástrofe natural) es en la modificación de nuestra percepción de cómo debe ser el mundo. La mayoría pensamos que mañana será como hoy, y cuando encendemos el fuego para cocinar nadie se espera que haya una explosión.

Sin embargo, si recibimos una llamada telefónica por la noche diciendo que nuestro marido ha muerto en un accidente de coche, entonces la visión que teníamos del mundo como un lugar benigno se derrumba por completo. Hay gente que deja de creer en Dios, a otra le aterra salir de casa e incluso hay quien se consume por la rabia contenida. El dolor de que muera un hijo es tan grande que algunos terapeutas estiman que el 90% de las parejas que experimenta esta tragedia corren un alto riesgo de divorcio. Incluso las pérdidas más pequeñas, dicen algunos psicólogos, avivan los sentimientos dolorosos de pérdidas anteriores. Siguiendo esta línea de razonamiento, cuando uno llora el final de una relación, de algún modo también está llorando el final de todas las relaciones anteriores, puesto que las emociones crean ecos y rememoraciones del pasado.

El divorcio

Al igual que la *muerte de la pareja*, el divorcio no ha perdido su posición en el ranking. Sigue manteniendo el segundo puesto entre las causas de estrés más importantes para las mujeres de hoy en día y, como factor de estrés, comparte gran número de características con el puesto número uno, la *muerte de la pareja*. En ambos casos, la soledad es la consecuencia. Incluso si no le gustaba su pareja, era alguien que estaba en casa, alguien con quien podía compartir las tareas, alguien que permitía que tuviese una posición social, sexual y económica. También cabe considerar cuánto tiempo antes del divorcio empezó el estrés. Durante el proceso de toma de decisión, una mujer debe considerar un gran número de problemas que los hombres no tienen en cuenta. Si hay hijos, en la mayoría de los casos seguirán viviendo con la madre después del divorcio. Si se trata de una madre trabajadora, como suele ser el caso, tendrá que hacer malabarismos para ejercer su función como madre y trabajadora, y también como padre. Además, tiene que imaginarse compartir las funciones de educación con una pareja con la que le era imposible vivir, a la que puede que haya demandado o que le haya demandado.

Incluso cuando no hay niños de por medio, el divorcio puede crear mucho estrés al modificar su estilo de vida: esperando a que la llamen, luchando contra las estadísticas que nos informan de que hay más mujeres que hombres disponibles, compitiendo con mujeres más jóvenes para conseguir un hombre y reaccionando a los instintos primarios de la apariencia. También puede ser que decida renunciar a la compañía. Además, si una mujer considera que el romance o el matrimonio es un componente esencial en su felicidad, tendrá que enfrentarse a todos los factores mencionados, además de sobreponerse a una gran decepción (el reciente fracaso de su matrimonio).

Cabe mencionar, asimismo, que una de cada tres mujeres encuestadas que había pasado por un divorcio en la última década, le otorgaba 100 puntos en el nivel de estrés y, en comparación con el divorcio en la década de los sesenta, al principio del nuevo siglo su puntuación está cinco puntos por encima. De hecho, muchas mujeres afirman que preferirían tener que superar la muerte de la pareja que el divorcio, ya que el divorcio obliga a una lucha y un sufrimiento constante al discutir, librar batallas incesantes por la custodia de los hijos, volverse a casar, etcétera. No obstante, no debe verse desde un ángulo completamente negativo, ya que este tipo de estrés puede superarse y millones de mujeres han conseguido la felicidad tras el divorcio, así que usted también puede alcanzarla. Para más información sobre el divorcio lea los capítulos 8 («Amor, sexo y estrés») y 9 («Una nueva visión de la familia»).

El despido laboral

¿No resulta interesante que el despido laboral siga de cerca al *divorcio* en posición de estrés, pasando del octavo al tercer puesto desde los años sesenta? En realidad, junto con los *problemas de embarazo,* la *revisión de las costumbres personales* (como beber y fumar) y las *Navidades,* sufrir un *despido laboral* está entre los factores que más puntos de estrés ha aumentado en los últimos años. Las mujeres de hoy en día le asignan más puntos de estrés al despido laboral que los hombres.

Estos resultados no deberían suponer ningún misterio. Más del 85% de las mujeres, en la actualidad tienen que trabajar para conseguir dinero durante algún momento de su vida y, si nuestra muestra sirve de ejemplo, una de cada tres mujeres ha sido despedida al menos una vez en los últimos 10 años. Las mujeres con más de 35 años son las que sufren más la presión financiera, puesto que hay más probabilidad de que sean madres monoparentales o de que intenten darle a sus hijos una buena formación. Muchas mujeres son etiquetadas de «derrochadoras», pero la verdad es que, según los estudios realizados, las mujeres se preocupan más que los hombres por ahorrar para que sus hijos tengan una buena formación universitaria o para su propia jubilación, y:

- Una encuesta realizada por Roper informa de que en el 57% de los hogares, las mujeres son las que tienen la autoridad máxima sobre cómo se gasta el dinero.
- Prudential-Bache estima que el 60% de las facturas del hogar las pagan las mujeres.
- El 50% de las mujeres trabajadoras norteamericanas sólo disponen de 150 dólares al mes para gastarse aparte de las necesidades básicas.

No es de extrañar que las mujeres de más de 35 años le otorguen al *despido laboral* más puntos de estrés que las chicas jóvenes.

También hay que considerar que sufrir un despido laboral ya no es la interrupción temporal de liquidez que suponía hace unas décadas. En la actualidad, estar parado supone un desastre financiero. En la década de los setenta y los ochenta se conseguía y se gastaba el dinero con rapidez, pero ahora (a pesar de que el volátil mercado financiero haya hecho multimillonarios a unos pocos) la gente trabaja duro para mantener su nivel de vida. El salario medio por hora para los trabajadores cualificados, medido en dólares, descendió de 7,78 dólares a 7,40 dólares entre 1980 y 1995. Según el U.S. Census Bureau, de 1990 a 1994 los ingresos medios familiares, ajustados con la inflación, cayeron de 40.087 a 38.782 dólares, a pesar de que cada vez hay más esposas que trabajan. Los costes de muchas de las «necesidades» de la clase media se han disparado. En los últimos 25 años, en dólares reales, el precio medio de las casas ha pasado de 23.000 a 112.000 dólares y los colegios privados también han duplicado su matrícula y costes mensuales. El Congressional Joint Economic Committee, sostiene que un hombre de 30 años que compraba una casa de calidad media en 1973 incurría en unos costes que sobrepasaban un 21% su salario. En 1987, estos costes se habían incrementado hasta el 40%.

No quedan, pues, dudas de que el dinero es muy importante para las mujeres y es un tema que les preocupa mucho y que, por consiguiente, les provoca mucho estrés, puesto que suele ir acompañado por problemas familiares. Pese a que las mujeres que entrevisté consideraban que llevar a cabo su trabajo podía provocarles estrés (si tenían problemas con sus superiores o les cambiaban de responsabilidades), puntuaban los cambios financieros (sobre todo los negativos) como un factor más estresante.

Problemas de embarazo

El embarazo, ese maravilloso acontecimiento, ha subido unos 10 puntos de estrés *durante cada década* en los últimos 30 años. Esto ha hecho que el embarazo y los problemas relacionados pasen del duodécimo al cuarto puesto en la lista de hechos estresantes.

Sin embargo, las nuevas puntuaciones, probablemente reflejen los problemas que existen para *quedarse* embarazada incluso más que los dilemas que conlleva *estar* embarazada, ya que las puntuaciones más altas de estrés provenían de encuestadas que tenían 35 años o más. En general, las mujeres intentan tener su primer hijo cada vez más tarde y ya han batido el récord histórico. En junio de 1990, por poner un ejemplo, el U.S. Census Bureau nos informó de que la mitad de las mujeres casadas sin hijos, de entre 30 a 35 años, todavía pensaban en tener una familia, en comparación con sólo un tercio en 1975, y los ginecólogos afirman que cada vez es más normal que mujeres que superan los 40 años deseen ser madres por vez primera. Todo el mundo conoce a alguien que tuvo un hijo con más de 40 años, pero se trataba de una «sorpresa» o de algo «inesperado». Sin embargo, en la actualidad muchas mujeres que se quedan embarazadas por vez primera a una edad madura se han gastado mucho dinero en programas de fertilización in vitro, en clínicas de fertilización o en programas de donación de óvulos. Muchas veces se trata de la «última oportunidad» para quedarse embarazada y el siguiente paso sería una cara y complicada adopción.

Descansar un poco de la presión para concebir puede ayudar a liberar parte del estrés que conlleva este acto. El reloj biológico puede ser ignorado durante un par de meses y quizá esta pausa le ayude a ver todo el tema desde la perspectiva adecuada. Además, tal y como he afirmado en el capítulo anterior, hay evidencias que demuestran que el estrés puede ser un factor que contribuya a la infertilidad. Reducir sus niveles de estrés podría ayudarle a quedarse embarazada.

Aunque el embarazo idealizado en la década de los cincuenta con un orgulloso futuro padre, y las imágenes tiernas de los baños de bebé todavía aparecen constantemente en los anuncios televisivos, en la actualidad el embarazo es normalmente el principio de una cadena de factores estresantes. La oficina de bienestar social del Estado de California informó, en 1991, de que menos de una cuarta parte de los hogares de Los Ángeles estaban compuestos por parejas casadas con hijos. Respecto a las mujeres con edades comprendidas entre los 15 y los 29 años, el U.S. Census Bureau informa de que el 40% conciben fuera del matrimonio, dos de cada cinco mujeres norteamericanas no están casadas pese a estar embarazadas y de éstas dos tercios siguen solteras después de dar a luz. Esto significa que casi un tercio de las madres primerizas dependerán de sus familias, trabajo o del gobierno, para conseguir apoyo y se preocuparán por las dificultades financieras durante el embarazo. Si la madre vive en un área urbana, también tendrá que enfrentarse al alto coste de la vida, a los altos costes de la sanidad privada y a la posibilidad de que surjan crisis laborales. Tanto si se es madre en un medio rural como urbano, si se es soltera o casada, el embarazo es, desde luego, un período de cambio.

Revisión de los hábitos personales

Tradicionalmente, *la revisión de los hábitos personales* (hacer dieta, dejar de fumar, practicar ejercicio o dejar de hacerlo, modificar el consumo de alcohol o drogas, etcétera) era puntuado muy *por debajo* del abandono del hogar por parte de un hijo, de las dificultades sexuales, matrimonio y jubilación en la escala de evaluación de reajustes sociales. No obstante, hoy en día es evaluado como un gran factor de estrés que supera estos cuatro grandes cambios en la vida.

Con la información sobre los peligros de la nicotina y otras drogas de ocio, los beneficios del ejercicio, las advertencias sobre el alcohol durante el embarazo y el gran aumento de peso, también ha llegado la presión para resistirse a las tentaciones, dejar pronto los vicios y cambiar los hábitos personales. El conocimiento puede significar poder, pero también resultar muy estresante cuando nos obliga a cambiar. Hay que tener presente que las personas mayores de 50 años quizá sean las que tienen que cambiar más sus hábitos, ya que la edad es un factor de riesgo añadido por los efectos acumulativos de los malos hábitos, pero también por los efectos acumulativos del estrés. Así que, normalmente, su pareja y el médico estarán muy encima para que cambie sus costumbres y, por lo tanto, quizá también estén colaborando para que aumente el estrés.

Un hijo o hija que abandona el hogar familiar

Aquí hay una sorpresa en cuestión de cifras. Las mujeres le otorgan al factor «hijo o hija que abandona el hogar familiar» 60 puntos de estrés, y los hombres 56. La sorpresa no es que las madres encuentren este acontecimiento más estresante que los padres, sino que para tantos padres signifique, en la actualidad, un hecho que provoque tanto estrés.

Hace tan sólo una década, nuestra investigación demostró que «el síndrome del nido vacío» era una amenaza ya prácticamente inexistente. De hecho, el factor «hijo o hija que abandona el hogar» había caído 9 puntos en comparación con la evaluación de la década de los sesenta y, según un informe del Consejo estadounidense sobre práctica familiar, los padres veían ese acontecimiento como un momento en el que podrían dedicarse más a sí mismos, a su pareja o a sus propios padres.

Puede que el alto índice de divorcios, la alta tasa de movilidad laboral, el bajo índice de natalidad y la baja incidencia de familias amplias provoque que la emancipación de nuestros hijos sea vista más como una pérdida que como una liberación. No es que nos sintamos mayores. Podemos tener hijos entradas en los cuarenta, cirugía plástica en los cincuenta y casi una de cada tres mujeres con 75 años sigue sintiéndose joven. Quizá necesitemos más constancia y más apoyo social, más rutinas y responsabilidades de lo que pensamos y, desde luego, ser padres implica todas esas tareas. A pesar de todo, no conviene alarmarse, ya que la tendencia anticipada del nuevo milenio es que los hijos vuelvan cada vez más a casa después de la universidad o de un divorcio y, a menudo, también con hijos.

Una nota que tener en cuenta: cuanto más alto es el nivel económico, menos estrés supone la marcha de los hijos, según resalta nuestra encuesta. ¿Se debe este hecho a que los padres con más recursos económicos están acostumbrados a enviar a sus hijos de vacaciones al extranjero, a lujosos internados o a pasar temporadas fuera y, por lo tanto, tienen más práctica en estar separados de ellos? O ¿se debe acaso a que al tener más recursos pueden mantener más contacto telefónico, por correo electrónico y visitarles más, incluso si se trasladan lejos? Seguramente ambas respuestas sean afirmativas.

Dificultades sexuales

Si cree que los hombres que cuentan chistes verdes en los vestuarios y tras la barra de un bar están listos y dispuestos siempre para el sexo, mientras que las mujeres siempre tienen dolores de cabeza, «problemas femeninos» y bajo deseo sexual, está muy equivocada. La verdad es bastante diferente. Según el informe de Janus Report, el 85% de las mujeres creen que el sexo es un acto «deliciosamente sensual». De acuerdo con la revista *Parade*, de 1994, la encuesta «Sexo en Estados Unidos» reveló que a las mujeres (al igual que a los hombres) les gustaría practicar el sexo el doble de veces. Además, según la encuesta realizada con ocasión de revelar nuevos datos para el Síndrome del Estrés Femenino de 1999, las mujeres dan a las «dificultades sexuales» una puntuación de estrés más baja que los hombres.

El punto negativo es que las «dificultades sexuales» estresan a una de cada tres mujeres y hacen que se convierta en un factor de los 10 más estresantes de la lista del año 2000. Cuando las mujeres suman el tiempo del que disponen y el tiempo que necesitan, obtienen de media un déficit de tiempo diario de unos 20 minutos, según los investigadores del Programa de Estrés de la Facultad de Medicina Monte Sinaí. Esto significa que prácticamente no queda tiempo para mantener una conversación como es debido con la pareja.

Ahora ha llegado el momento de conseguir ese tiempo. Yo siempre recomiendo «como mínimo» 10 minutos de conversación por la noche cara a cara y mano con mano. Cuanto más acaricie a su pareja, más se miren a los ojos y se escuchen, más deseará hacer el amor. ¿Qué tiene que ver el sexo con el estrés? Hacer el amor nos ofrece un ejercicio cardiovascular comparable a hacer *footing* flojo, puede estimular el tranquilizante natural del cuerpo llamado «oxitocina», puede estimular los neurotransmisores cerebrales que actúan como antidepresivos, analgésicos y estimulantes, puede fomentar la producción de cortisol, que puede aliviar algunas alergias y el dolor artrítico y suele ayudar a prevenir las migrañas. Así que hacer el amor no sólo es placentero, sino que también puede ofrecer una liberación magnífica del estrés.

El matrimonio

El matrimonio, además de ser estresante, sigue con la misma puntuación que tenía en la década de los sesenta. Entonces, el matrimonio conseguía una media de 50 puntos de estrés, y en la actualidad las mujeres le otorgan 55. La nota más alta en la lista de estrés relacionada con el matrimonio la obtuvieron los estados suratlánticos, quizá porque son los estados más tradicionales y las parejas se ven más presionadas que en la parte central del sur u oeste de Estados Unidos donde el matrimonio obtuvo un índice más bajo de estrés.

La buena noticia es que el matrimonio tenía un índice de estrés de 85 puntos hace tan sólo una década y su cifra es bastante menor en la actualidad. Sin embargo, el lado negativo es que todavía no ha desaparecido de la lista de los 10 factores principales de estrés. Es normal, ya que cualquier cambio es estresante y el matrimonio está repleto de cambios, desde llevarse bien con la familia política hasta vivir en un nuevo hogar. Por eso, ese ansiado momento para la mayoría de las mujeres puede ser también muy estresante. ¡Casarse se sitúa como un factor de estrés por encima de un ingreso en prisión! Aparentemente, pasar una temporadita entre rejas es menos complicado que superar los contratiempos del evento nupcial.

Durante la víspera de su segundo matrimonio, Rose-Marie recordaba cómo había sido el primero. Hacía 12 años, su madre se había encargado de todo: de ponerse en contacto con el cura, alquilar un salón de fiestas para la cena, contratar a los músicos, encargar las flores y todo lo demás, y su padre había asumido todos los costes sin protestar.

Ahora, en el 2000, 12 años después, la situación era distinta. Rose-Marie tenía un buen empleo, bien remunerado, en el que trabajaba entre 50 y 60 horas semanales y vivía a 300 kilómetros de su madre. Los padres de Rose-Marie se había divorciado, así que ella y su prometido, Mark, tenían que hacerse cargo de todo. Mark, que nunca había estado casado, quería una ceremonia por todo lo alto. Sin embargo, Rose-Marie prefería mantener cierto grado de intimidad, una celebración con pocos invitados y no deseaba que su boda se convirtiese en un acto social.

Las semanas precedentes al gran día, el jefe de Rose-Marie se quejó de su bajo rendimiento, y sus hermanas temían que hubiese fricción entre su madre y la nueva esposa del padre.

La boda transcurrió según lo previsto, pese a que hubo un par de leves incidentes (se entregó un número equivocado de ramos de flores, los camareros olvidaron servir una ensalada y los padres se mostraron fríos, aunque no hubo una hostilidad evidente). Agotada antes del gran momento, Rose-Marie logró ser una novia radiante. Ella y Mark dejaron de preocuparse por todo antes de decir «Sí quiero» y consiguieron disfrutar de una luna de miel de ensueño: un regalo de dos semanas de vacaciones en Irlanda que corrieron a cargo de la madre de ella.

Aun así, debido al alto coste de la boda, la pareja empezó su nuevo matrimonio con 20.000 dólares en deudas.

La realidad es que a menos que uno corra con todos los gastos o haya estado casado antes, no se da cuenta de todas las elecciones y compromisos que hay que tomar de modo compartido. Esto puede significar que uno se sienta fuera de control justo en el momento en que quiere parecer más adulto frente a la pareja. También significa que pueden surgir importantes desacuerdos cuando se supone que ambos deberían mirar hacia una misma dirección. Está claro que controlar completamente las decisiones de la boda no es realista y, por lo tanto, lo mejor es no gastar la energía emocional discutiendo y peleando. Intente pensar en la boda como la reunión de un clan en su honor y deje que todo el mundo participe en darle forma al día.

Al fin y al cabo, la ceremonia de boda tiene también un importante significado social. Una boda es un «rito de paso» y, a diferencia del primer beso, es un paso público, al igual que lo es la elección de la pareja. Quizá usted se ha imaginado toda la vida caminando hacia el altar, pero no puede habérselo imaginado con el novio, ya que probablemente no le conocía. ¿Qué pensarán sus amigos y familiares de él? ¿Qué pensará la familia de él de usted? ¿Le sigue sorprendiendo que algunas novias reaccionen tan cohibidamente durante la celebración?

Si advierte que usted se está convirtiendo en una mera espectadora en vez de una protagonista, deje de actuar así. Cierre los ojos e intente divertirse sin importar el qué dirán. Vuelva a abrir los ojos e intente ser el centro de la boda, el papel que se merece.

Recuerde que las bodas, al igual que la vida matrimonial, tienen de todo: un poco de diversión, un poco de frustración, determinadas elecciones y compromisos. Si percibe bastante estrés el día de su boda, no piense que es una premonición de que ocurrirá algo malo, sino que, sencillamente, se trata de la consecuencia de una situación única: un acto público que marca una decisión privada de modificar el estado civil mediante una ceremonia formal a la que asisten dos familias que todavía no se conocen, pero que estarán relacionadas puede que para siempre. Con ese panorama, lo más normal es que haya tensión mezclada con emoción.

Lo que puede hacer:

- Tener siempre una visión general, aun cuando ocurra algún pequeño desastre. No vale la pena arruinar su boda sólo porque su cuñada no soporta el segundo plato del convite.
- Mantenga el contacto con sus amigas, sobre todo las que ya han pasado por el torbellino que significa una boda, para que la ayuden cuando se sienta estresada.
- Mantenga siempre el sentido del humor. Recuerde que las lágrimas le enrojecerán los ojos mientras que la carcajada hará que se iluminen.

El secreto para divertirse con los preparativos es recordar que se está planeando una celebración. Deje de lado la tradición o la presión familiar y prepárese para *la fiesta*.

La jubilación

Bienvenida al nuevo milenio. En la actualidad, las mujeres perciben la jubilación con más estrés que los hombres. Cuando la población de hombres y mujeres de Seattle, Estados Unidos, calificó este acontecimiento en la década de los sesenta, ambos estarían pensando seguramente en la jubilación del hombre de la casa. Ahora las cosas ya no son así y las mujeres piensan en su propia jubilación, al igual que en la de su pareja. Durante las entrevistas, muchas mujeres diferenciaban entre la jubilación obligatoria y la voluntaria. La voluntaria estaba asociada con la realización de otras actividades útiles, mientras que la jubilación obligatoria se relacionaba con dejar a los compañeros de trabajo, ganar menos y dejar de hacer muchas tareas que eran satisfactorias. Además, la jubilación obligatoria estaba asociada con la pérdida de control, de elecciones y de predicción de la vida, ingredientes que avivan el estrés. ¿Y cuándo las mujeres piensan en la jubilación de sus maridos? Voluntaria u obligatoria, la mayoría de ellas sonríen y la califican con 100 puntos de estrés ya que dicen que «No saben hacer nada por sí solos», «No deja de mirar como un pasmarote cuanto hago», «engorda y abandona las aficiones o intereses que tenía», por no contar las que dicen que «se deprime y se aburre y también me deprime a mí».

Las navidades y otras fiestas señaladas

Aquí *no* hay sorpresas. Las navidades y otras fiestas señaladas reciben mayor puntuación de estrés por parte de las mujeres, sobre todo las que superan los 50 años. ¿Por qué? El estudio, de 1999, de Roper Starch Worldwide, concluyó que, para empezar, las mujeres padecen más estrés cotidiano. Hoy en día, las mujeres trabajan, cuidan de sus padres, educan a sus hijos o ayudan a cuidar a sus nietos, se ofrecen como voluntarias en organizaciones, a veces están divorciadas, son viudas o mantienen citas y encima tienen que organizar las navidades. Hace 30 años la Navidad sólo entraba en la lista de los 43 acontecimientos más estresantes, con 12 puntos, pero en la actualidad, la Navidad, junto con otras fiestas señaladas, recibe 52 puntos de estrés por parte de las mujeres y 46 por parte de los hombres. Queda patente que este «feliz acto» ha sido el factor que más se ha incrementado en puntos en los últimos 30 años.

Ansiamos revivir las navidades de cuando éramos niñas, pero parece que se nos olvida que ahora las tenemos que preparar nosotras con tiempo prestado. Compramos después de salir del trabajo y antes de cenar; envolvemos los regalos mientras los demás duermen; cocinamos cuando estamos medio dormidas y devolvemos los regalos cuando los demás también los devuelven. Parece que ya no nos acordamos de las fricciones familiares o de lo poco que nos gusta ir a casa de esa tía política.

> El año pasado, Jackie perdió los nervios en Navidad y estaba aterrada. Dos semanas antes de la celebración, su marido, representante de ventas, fue despedido. Durante las pausas para desayunar, Jackie miraba en los escaparates los juguetes que sus hijos querían petrificada por su precio. Por primera vez en la vida, Jackie deseaba que no hubiera navidades. Era la primera vez que no percibía ese sentimiento de optimismo en su interior. Sabía que nadie les iba a ayudar a resolver los problemas financieros.

Si las navidades u otras fiestas son los momentos que más teme, intente estas estrategias para combatir el estrés:

1. No deje que esas fiestas le asusten como si nunca antes las hubiese vivido. Planee con antelación el trabajo y el estrés que conllevarán. Sepa delegar tareas y mantenga su rutina habitual al máximo. Sobre todo, no escatime en sueño o ejercicio (sobre todo ejercicio) y no em-

piece a beber o comer más de lo habitual, o lo pagará a lo largo de las fiestas.

2. Si está sola, ¡planifique esas fiestas con antelación! No espere invitaciones o cancelaciones de última hora. Haga su propia cena íntima y acérquese a los demás para distraerse. Si no le agrada el plan, tiene todo el derecho del mundo a odiar las fiestas.

3. No espere que su familia sea perfecta ni que haya una atmósfera de rememoración de los días felices de la infancia o de las peleas tradicionales. Impóngales unos límites (número de invitados y también el tiempo que destinará con cada uno) y, si está casada por segunda vez, no haga comparaciones con navidades anteriores.

4. Planee algunas pausas alejada de las garras de los familiares y aleje también a sus hijos. Las siestas, los baños e incluso las viejas películas, son una forma genial de romper la tensión y hacer pausas.

5. Tómese el tiempo necesario para recoger y limpiar. Una encuesta de la revista *Parents,* de 1991, revela que el 56% de las mujeres afirman que quitar la decoración navideña es la tarea que más odia en las navidades. Las compras también son una fuente de estrés, al igual que pagar las facturas en enero. Lo mejor es ser lista: pagar en efectivo o ir comprando poco a poco a lo largo del año. Además, puesto que el 71% de los padres afirman que lo mejor de las navidades es recibir regalos, no olvide incluirse en la lista de la compra.

¿Qué nivel de estrés tiene en su vida?

Como hemos visto, los acontecimientos de la vida siempre conllevan estrés. Esto es obvio si se trata de un evento inesperado como la muerte, un divorcio no deseado o una enfermedad incapacitante. No obstante, es menos obvio si se trata de un cambio que en principio es favorable. Sin embargo, como habrá podido observar, incluso los acontecimientos positivos como mudarse a una casa más grande, incorporarse a un trabajo mejor remunerado o tener ese bebé tan ansiado, pueden crear estrés ya que requieren una reorganización del tiempo, la energía y las expectativas.

Recuerde que en la escala originaria de los acontecimientos de la vida, Holmes y Rahe advirtieron que las personas que durante un año mostraban una puntuación por encima de los 300 puntos tenían un 90% más en concepto de riesgo de enfermar o de caer en la depresión. Quienes tenían una puntuación entre los 200 y 300 puntos presentaban un 50% más de riesgo. Aunque estas estadísticas no pueden predecir el riesgo de una persona en concreto, confirman la relación que existe entre el estrés provocado por los cambios de la vida y la salud física y emocional.

Evidentemente, la lista de los tipos de estrés que deben combatir las mujeres de hoy en día no termina aquí. Los factores que hemos mostrado eran los que experimentaban con más frecuencia las mujeres encuestadas o entrevistadas, pero seguramente, en su caso concreto, habrá pensado en un par de tipos de estrés que no hemos mencionado. Si quiere completar la lista de los tipos de estrés femeninos de hoy en día añádalos usted misma. Ahora indicaremos unos cuantos factores que, si bien no se mencionaban con tanta frecuencia, parecen igual de estresantes:

La muerte de un familiar cercano

Aunque tanto los hombres como las mujeres pueden sentir compasión (es decir, se sienten tristes cuando alguien se siente triste), las mujeres suelen sentir con más frecuencia empatía (percibir el sentimiento de tristeza que otra persona está experimentando). Esto significa que las mujeres no sólo sienten la pérdida de un familiar cercano de la familia, sino que también sienten la pena de sus hijos, pareja o padres que quedan desamparados. Entonces se imaginan cómo sería su propia pérdida si se tratase de la muerte de un miembro inmediato de la familia. Intentan anticipar la necesidad que tienen quienes lloran la muerte de un ser querido e intentan ayudarles en la medida de lo posible.

Separación matrimonial

Hace una generación, la separación matrimonial era el tercer factor de estrés en la escala, pero ahora el matrimonio se sitúa en el octavo puesto y la separación matrimonial está muy por debajo. ¿Por qué? Las mujeres encuestadas afirmaron que la separación matrimonial suele ocasionar menos trastornos que el matrimonio, la muerte de alguien cercano o un despido. Los otros tres factores de estrés mencionados requieren una reorganización permanente de nuestros mundos emocionales y financieros, mientras que la separación es sólo temporal. Además, durante una separación el estado financiero no suele variar. Sin embargo, al igual que la población que encuestamos para nuestro estudio, usted seguramente otorgaría a la separación una serie de puntos de estrés, por lo que queda patente que sigue siendo un factor de estrés para las mujeres del nuevo milenio. Al fin y al cabo, suele ser el principio de muchos cambios, ya sean a mejor o peor.

La muerte de una amiga íntima

Quizá las mujeres se necesitan ahora más entre sí, ya que las familias son muy pequeñas o desaparecen por completo y se necesitan entre ellas para compartir chistes, sugerencias, información, contactos de trabajo, recomendación de médicos, consejos para el cuidado de los hijos, recreación, permiso y apoyo. La muerte de una amiga íntima nos recuerda nuestra propia mortalidad y, cuando llega fuera del ciclo temporal esperado, supone un golpe agravado.

Estrés familiar

Tal y como hemos advertido anteriormente, las mujeres del nuevo siglo puede que estén muy centradas en su trabajo, pero siguen responsabilizándose del bienestar de los demás. La enfermedad en cualquier miembro de la familia (tanto si le llega a un hijo, la pareja o un padre) es vista como una crisis muy estresante entre las mujeres que fueron objeto de nuestro estudio. Otras investigaciones han demostrado que las mujeres tienen más predisposición que los hombres a verse afectadas por los problemas que les ocurren a quienes se encuentran dentro de su círculo social. Quizá usted no está atravesando un divorcio, pero si su mejor amiga se encuentra en esa situación, seguramente usted también vivirá parte de su dolor y ansiedad. Quizá no se metan con usted cuando pasea por la calle, pero si lo hacen con su hijo, seguramente se preocupará mucho por él.

En el reino familiar, sólo hay un aspecto que distingue a las familias del nuevo milenio de las de la década de los sesenta: los hijos mayores vuelven al «nido». Antes la gente se preocupaba por las mujeres de mediana edad que tenían que enfrentarse al «nido vacío» cuando sus hijos crecían y se marchaban de casa. Se pensaba que esas mujeres se sentían solas y sin rumbo, ya que habían perdido la principal función de su vida. No obstante, en la actualidad, tal y como muestra mi encuesta, muchas mujeres afirman sin reparo que el abandono del hogar por parte de un hijo o hija supone un alto nivel de estrés. Ya retomaremos más adelante el «síndrome del nido vacío» y «el síndrome del nido reocupado».

Víctimas de delitos

Hace cinco años, después de que Sally rompiese con su novio, con el que vivía, se trasladó a un estudio barato en un barrio un poco conflictivo. El primer sábado por la mañana después de su traslado fue a comprar fruta y verdura. Cuando volvía a su edificio, cargada de bolsas, se dio cuenta de que había un hombre detrás de ella. Educadamente (y también estúpidamente, añade cuando lo piensa ahora) le sostuvo la puerta abierta para que pasase. Al entrar ambos en el vestíbulo del edificio, el hombre sacó un arma, le apuntó a la cabeza y le dijo que «le volaría los sesos» si no le daba todo el dinero que tenía. Con manos temblorosas cogió todo el dinero que llevaba en el monedero y se lo dio.

Cuando la policía llegó le recomendó que se mudase a otro edificio y fueron muy comprensivos con ella. Sus amigos y familiares la regañaron por el poco cuidado que había tenido y le contaron sus propias experiencias para que se sintiese mejor.

El estrés de ser víctima de un delito no termina con el incidente, ya que muchas víctimas sufren un trastorno de estrés postraumático, una grave agitación emocional que salió a la luz asociada a los veteranos de la guerra de Vietnam. Esta agitación, que puede durar años, implica una serie de síntomas que incluyen rememoraciones del acto violento, problemas para dormir, brotes de enfado y sentimiento de distanciamiento con la gente. El trastorno de estrés postraumático sigue afectando a más de la mitad de las víctimas de violaciones pasados tres meses del delito y al 15% de las personas que han sido atracadas, según un estudio de víctimas de delitos realizado por la Facultad de Medicina de la Universidad de Pennsylvania. Un estudio de la Universidad de Michigan halló que un tercio de las víctimas seguía padeciendo trastorno de estrés postraumático *años* después del incidente.

Las víctimas de cualquier delito violento tienen mayor predisposición a padecer el trastorno de estrés postraumático si el delito ocurre en un lugar que generalmente se considera seguro, como el hogar o el vecindario, o si considera que su vida corrió peligro. Al igual que ocurre con las muertes inesperadas o las catástrofes naturales se derrumba el sentido que uno le había dado al mundo.

Edna Foa, psicóloga que participó en el estudio de Pennsylvania, afirma: «Las personas que han tenido que enfrentarse a acontecimientos traumáticos y que hablan sobre el tema con los demás, se enfadan y lloran, suelen padecer menos trastorno de estrés postraumático». Cuando uno presiona el acontecimiento y lo esconde en la mente, sin enfrentarse a él, tendrá ecos emocionales mucho más fuertes y perdurables. Por ello, si usted ha sido víctima de una violación o de cualquier otro delito, acuda a un especialista.

Ingreso en prisión

El ingreso en prisión ha quedado fuera de los diez principales factores de estrés, seguramente porque los encuestados no lo han vivido y no saben cómo evaluarlo, si bien muchos dijeron que si realmente hubiesen estado en la cárcel le otorgarían el máximo número de puntos. Para las mujeres, tener que ingresar en la cárcel significa separarse de sus hijos, algunos pequeños. A veces, también significa la separación permanente de los pequeños si éstos pasan a la tutela del estado o los acoge otra familia. A diferencia de los hombres, que muchas veces están orgullosos de haberse convertido en auténticos «machos» y «tipos duros» en la cárcel, las mujeres que han estado en la cárcel reciben críticas de ser poco femeninas. Sea como sea, lo que está claro es que pierden tiempo, posición social, económica y control de sus vidas.

Y más estrés...

Todos los tipos de estrés que hemos mencionado hasta ahora son sólo el principio. Las mujeres que han participado en encuestas y estudios mencionan un amplio abanico de acontecimientos estresantes. Quizá algunos le resulten familiares:

Ejecución de una hipoteca.
Pérdida del trabajo de la pareja.
Importantes logros personales.
Problemas con la familia política.
Cambio del número de discusiones con la pareja.

Accidente automovilístico o fallo del automóvil en carretera.

Problemas de infracción de la ley por parte de un hijo adolescente.

Encontrar un terapeuta y empezar la terapia.

Necesidad de llevar gafas, comprar gafas y perderlas.

Dejar de fumar.

Encontrar una residencia de la tercera edad para internar a un padre o abuelo.

Unirse a un grupo de recuperación.

Conflictos con los compañeros de trabajo.

Alto coste de la universidad, préstamos, pagos, matrículas y posibles rechazos.

Separaciones forzadas debido a obligaciones militares.

Enfermedades de transmisión sexual.

Engordar, hacer dieta, volver a engordar, hacer dieta.

Adquisición de un coche por parte de un hijo adolescente, carné de conducir.

Principio o fin de una aventura amorosa.

Violación: violación por parte del novio, violación en estado de embriaguez, violación marital, violación anónima.

Convivir con hijastros, tener a los hijos sólo el fin de semana, vacaciones con hijos de varias familias, familia política.

Un amigo que se marche de la ciudad.

Facturas: llevar la contabilidad, pagarlas y enviar comprobantes.

Edad sexualmente activa de los hijos.

Catástrofes naturales.

Divorcio de los padres y/o segundo matrimonio.

Preparar comidas, limpiar después de trabajar en la oficina.

Problemas de alojamiento: mudanzas.

Robo de la radio del coche, llantas e incluso el automóvil entero.

Dificultades sexuales del marido.

Enfermedad de un nieto.

Buscar una persona que cuide a los niños; cambio de cuidador.

Ayudar económicamente a los hijos; ayudarles para que puedan adquirir una casa.

Embarazo antes de la boda.

Relaciones poco convencionales: mujer madura con hombre joven; relaciones internacionales; relaciones entre personas de distinta religión; hombre maduro con mujer joven.

Celibato.

El último factor, pero no por ello menos importante: la sobrecarga

No siempre es más estresante el mayor acontecimiento de la vida ni los actos más mencionados. «Normalmente es la variedad de estrés la que daña la salud mental de la mayoría de la gente, día a día, debido a las enormes presiones cotidianas», afirma Ronald Kessler, doctor y profesor universitario de política sanitaria en la Facultad de Medicina de Harvard, en Cambridge, Massachusetts. Por ejemplo, si una trabaja a jornada completa y además tiene que hacer una mudanza, verá que no le queda tiempo para hacerlo todo, pero tiene que hacerlo. También puede ser que tenga que preparar la boda y que la tensión entre usted y su prometido vaya ascendiendo a un ritmo vertiginoso. Esto se debe a que uno de los hechos cotidianos que más trastornos origina en el sentido del bienestar, según Kessler, es la sobrecarga, es decir, cuando hay que hacer demasiadas cosas en muy poco tiempo. Para muchas mujeres la vida siempre es así:

> Cynthia había terminado un importante informe que debía redactar y optó por relajarse un poco en el trabajo. Decidió pedir hora para ir al dentista y hacerse esa cirugía dental que tanto había pospuesto y también empezó a planear una fiesta sorpresa para celebrar el trigésimo cumpleaños de su hermana. Como tenía tiempo, pasó también por el taller mecánico para que le echaran un vistazo al carburador y, en ese mismo instante, recibió una llamada en el móvil. Era su jefe. «¡Felicidades!», le dijo. Le había encantado el informe y quería que hiciese otro trabajo, pero tenía que solventarlo en cinco días. Cuando oyó esas palabras, todos los músculos de su cuerpo, desde el cuero cabelludo hasta la punta de los dedos del pie, empezaron a tensarse.

Cynthia había entrado en el conocido reino de la sobrecarga. Para la mayoría de la gente, la sobrecarga llega de repente, como una ola. Lo raro es que al segundo día de sobrecarga, según la investigación de Kessler, ya estamos habituados a ella.

¿Le parece que este hecho es positivo? Pues no lo es. Una vez nos habituamos a este alto nivel de ocupación y trabajo, entonces permitimos que nos sobrecarguen aún más. Incluso si nos gusta estar muy ocupados, nuestro cuerpo se agota cuando está sometido a una situación que desprende demasiada adrenalina. De pronto advertimos que no nos queda tiempo para atender nuestra larga lista de tareas cotidianas, no tenemos tiempo para las emergencias ni para hacer pausas. Basta con que tengamos la mala suerte de acabar en un atasco matutino para que ya no podamos predecir ni anticipar la marcha del día. Nuestro sentido de control se evapora, nuestra digestión es lenta y el Síndrome del Estrés Femenino está en pleno auge. Desde luego, enseguida aparecerán las cuatro D: Desorganización, Dificultades de toma de decisiones, sentimientos de Dependencia y, con el tiempo, la Depresión.

En el caso de Cynthia, ella había asistido a un curso de gestión del estrés hacía un año, así que sabía qué hacer para superar esa sobrecarga. Sabía que tenía que quitarse de encima algunas tareas para poder terminar el informe a tiempo. En consecuencia, canceló (una vez más) la visita con el dentista y delegó el trabajo de organizar la fiesta de su hermana en su mejor amiga, pero durante esa semana siguió yendo al gimnasio.

Con un poco de ayuda, la mayoría de nosotras podemos sobrellevar la excesiva carga de trabajo, pero la sobrecarga crónica (la que no tiene un fin previsto) es un asunto muy distinto. Las mujeres a las que entrevisté le otorgaron una alta puntuación de estrés a una serie de situaciones en las que el estrés crónico está garantizado: tener un hijo inválido o ser familia monoparental. La infertilidad también puede verse como una sobrecarga crónica si se convierte en una preocupación constante que requiere visitas frecuentes al médico, operaciones, planear el sexo y controlarlo todo constantemente. Todas estas situaciones, no sólo provocan presión temporal sino que normalmente llaman a sentimientos de culpabilidad y/o inadecuación.

Las mujeres que entrevisté y que tenían un hijo minusválido calificaban este hecho como una de las situaciones más estresantes que pueden ocurrir en la vida. A diferencia de los niños normales, los niños minusválidos nunca serán totalmente independientes cuando crezcan. Una madre puede dedicar gran parte de su tiempo (y su dinero) a llevar al niño a los mejores especialistas y colegios. Quizá se sienta culpable por ignorar al resto de sus hijos debido a las necesidades «especiales» de éste. Una forma para llevar lo mejor posible esta situación es planear pausas, conocer a otros padres en situaciones similares y formar un grupo de apoyo. Ayude a los demás, solicite también ayuda y permita a todo el mundo que dedique algunos momentos a su propia persona. Tenga en cuenta que también hay centros donde puede dejar a sus hijos un par de días. Es increíble lo bien que puede uno llegar a sentirse cuando se libera del estrés.

El mismo consejo puede aplicarse a las familias monoparentales y a quienes cuidan a sus padres. En mi estudio, las familias monoparentales recibían una alta puntuación del grado de estrés, y otros estudios que se han encargado de evaluar el estrés en las distintas ocupaciones, casi siempre han colocado a una «madre soltera» en los 10 primeros puestos, junto con los controladores aéreos y los editores de periódicos.

Las presiones del día a día forman parte de nuestra vida y, por eso, he decidido dedicarle todo un capítulo a la mujer del nuevo milenio. Podrá saberlo todo sobre la mujer moderna si lee el siguiente capítulo.

6

Mujeres del nuevo milenio, tipos de estrés del nuevo milenio

En la década de los ochenta, nos preocupaba el estereotipo de mujer 10 que se creó. En los noventa nos preocupaban las crecientes exigencias que se imponían sobre la mujer y en la actualidad nos preocupa la mujer sin tiempo. Ya sabe a qué me refiero: se depila las piernas mientras habla por teléfono, devora un bocadillo mientras espera que un documento se cargue en el ordenador, echa un vistazo a las noticias más relevantes de la noche mientras plancha a toda prisa y conduce hasta el trabajo mientras escucha una cinta de «cómo organizarse». Nunca aceptaría un módem con velocidad inferior a 56 K, nunca hace largas colas en el supermercado, aunque eso signifique caminar más hasta el más próximo.

La mujer sin tiempo

Siempre tiene prisa y va corriendo, pero nunca se pone al día. De hecho, en el estudio de 1991, realizado por Bristol-Myers, se les pidió a las mujeres que sumasen el tiempo que *tenían* cada día y el tiempo que *necesitaban* y que comparasen las cifras. ¿La conclusión? La media de las mujeres estadounidenses necesitaban *20 minutos más* al día. Y eso fue hace ya bastantes años... antes de que los teléfonos móviles conllevaran que estuviésemos disponibles para solucionar emergencias, consultas e hiciésemos recados extra las 24 horas del día, y antes de que el correo electrónico empezase a comer el tiempo que el ordenador suponía que nos tenía que ahorrar.

¿Es acaso un complot masculino? ¡Claro que no! Muchas veces, la culpa la tienen las madres, que nos enseñan con su propio ejemplo a cuidar de todo el mundo y de todo antes de preocuparnos por nosotras mismas. Pero ya no nos queda tiempo libre y el único «momento especial» para muchas mujeres es por la noche cuando todo el mundo se ha ido a dormir. ¿Qué significa esto? Según el estudio de Bristol-Myers:

- Sólo una de cada tres mujeres (33%) afirma tener suficiente energía para pasar el día sin sentirse agotada.
- Aunque, como media, las mujeres dedican seis horas al día a cuidar de los demás (pareja, hijos, padres y/o amigos), sólo una de cada cuatro anteponía su propio ejercicio al cuidado de los demás y menos de la mitad de las mujeres encuestadas se preocupaban por su nutrición.
- Las mujeres con hijos menores de 18 años, sólo tenían 78 minutos de tiempo personal de las dos horas que todas las mujeres afirmaban que necesitaban al día.
- Aunque más de la mitad de las mujeres encuestadas afirmaron que destinar tiempo a sí mismas era muy importante, dos de cada tres (el 67%) todavía no lo veía como una prioridad.

Sin embargo, el estudio también concluyó que las mujeres que consiguen destinar suficiente tiempo a hacer ejercicio, arreglarse y comer adecuadamente, sienten más control sobre el resto de parcelas de su vida. ¿Y el tiempo extra que necesitan para todo esto? Unos 20 minutos al día, ¡el déficit temporal que ha acumulado la mujer actual!

Es muy fácil decir «hay que establecer unas prioridades», pero es mucho más difícil hacerlo, ya que muchas veces tenemos que cuidar de los padres y de los hijos a la vez, llevar la casa, a pesar de trabajar fuera y, desde luego, mantener el contacto con los amigos y compañeros de trabajo. Nadie está sugiriendo que dejemos de llevar a cabo nuestra función como cuidadoras, que tanto nos llena, ni que eludamos nuestras responsabilidades, sino que lo conveniente es que la mujer se ponga en la lista de los seres queridos a los que hay que dedicar tiempo. No espere a estar enferma o exhausta para dedicarse tiempo a sí misma. Programe una cita consigo misma antes de que sea demasiado tarde.

Tómese las cosas con más calma... no de vez en cuando, sino todos los días. Mi madre me enseñó que una cama por hacer también es una cama que se «está aireando». Me enseñó que los niños nunca se acordarían de si llevaban la ropa bien planchada o no, pero nunca olvidarían los momentos que pasaron con su madre jugando al Monopoly o a Pokemon o jugando con la consola. Quizá mi madre nos pueda dar a todas una lección importante si conseguimos dedicarnos tiempo también a nosotras.

Las mujeres que se hacen el regalo del tiempo para sí mismas, poseen también una importante herramienta para gestionar el estrés. El tiempo aumenta la capacidad para programar las tareas del día, la semana y la vida; aumenta la capacidad para enfrentarse a acontecimientos inesperados; aumenta las oportunidades para descansar cinco minutos y hacer esa llamada a esa amiga que tanto nos hace reír. Regálese un poco de tiempo y pídales unos minutos a quienes la quieren. Así podrá enseñarle a los que la rodean que tiene derecho a dedicarse un poco de tiempo cada día, y que se lo merece.

El dilema de la mujer del nuevo milenio

¿Por qué estamos siempre corriendo, sin aliento, sin tiempo? Porque no estábamos preparadas para la vida del segundo milenio. Hay muy pocas mujeres que sean conscientes de que ahora tienen la vida que esperaban tener. Muchas de nosotras pensábamos que nuestra familia sería como la de *La tribu de los Brady* o que, al menos, tendríamos esa opción: el padre trabajaría y ganaría dinero, la madre se dedicaría al hogar y cuidaría a los hijos, haciendo que la familia estuviese muy unida, y así se acabarían todos los problemas.

Sin embargo, el milenio nos ha empujado a ser mujeres:

- Trabajadoras. En Estados Unidos, por elección o necesidad, en 1998 trabajaban un total del 60% de las mujeres mayores de 16 años. Durante la edad clave de participación en el trabajo (de 35 a 44 años) lo hacían el 78% de las mujeres.
- Con puestos más altos que las mujeres de las generaciones anteriores. En 1999 las mujeres poseían el 44% de los puestos de gestión, dirección y administración. En 1978 la cifra era tan sólo del 26%.
- Que contemplan su puesto de trabajo como parte de su carrera profesional y no como un simple trabajo. En 1990 por primera vez, la mayoría de las mujeres con trabajos a jornada completa consideraban que estaban desarrollando una carrera profesional.
- Con alta tasa de divorcio. Más de la mitad de los matrimonios acaban en divorcio.

- Que quizá nunca se hayan casado. Se estima que el 20% de las mujeres de la década de los setenta nunca se casarán. En generaciones previas esa cifra era sólo del 6%.
- Que quizá no tengan hijos. Con 40 años, cada vez hay más mujeres que, tanto casadas como solteras, no tienen hijos.
- Que son menos dependientes de los hombres. En 1970, el 66% de las mujeres creían que para que una mujer fuese verdaderamente feliz tenía que estar con un hombre. En 1990, esa cifra cayó hasta el 31% y ahora seguramente sea más baja.

A pesar de las expectativas que tengamos de nuestra vida, las cosas pueden cambiar inesperadamente. Una mujer puede levantarse con 38 años y pensar que jamás tendrá hijos. Una mujer que quiere quedarse en casa con sus hijos puede descubrir que las exigencias económicas del nuevo milenio hacen que eso sea imposible y la empujan inevitablemente a trabajar. Una mujer con una buena carrera profesional puede darse cuenta de que no puede trabajar a jornada completa *y* ser esposa *y* ser madre; cuando abandona su trabajo, quizá tema no volver nunca a ser tan buena profesional como lo era. Una mujer soltera de 35 años puede decidir que prefiere seguir soltera. Una madre de 26 años que nunca había estado interesada en una carrera profesional puede verse obligada a trabajar cuando se divorcia. Parafraseando a la historiadora social Barbara Dafoe Whitehead: «Una día, la pareja de la *Tribu de los Brady* está disfrutando de una comida familiar y al día siguiente está determinando la custodia compartida de los hijos».

El dilema de la mujer del nuevo milenio es que la vida ahora es más impredecible y, por lo tanto, más estresante. Eso es aplicable a la mujer soltera, casada, de nuevo soltera, trabajadora fuera del hogar, ama de casa, trabajadora y ama de casa. Empecemos por la madre con un trabajo.

Aunque las mujeres trabajadoras han entrado en el mercado laboral con cifras récord, las investigaciones sostienen que se sigue esperando socialmente que ellas desempeñen también sus funciones tradicionales en casa, además de su trabajo fuera. Las mujeres trabajadoras llevan a cabo papeles duales en respuesta a sus propias expectativas y las de sus maridos. Nuestra cultura nos ha impuesto unas funciones, unos modelos que seguir y nosotras queremos estar a ese nivel. Vamos corriendo de reuniones del consejo de administración de la empresa a reuniones de padres, repasamos la cuenta del supermercado, rendimos al máximo en nuestro trabajo y casi nunca cuestionamos nuestras responsabilidades duales. Estamos estresadas y agotadas, poseídas por la culpa y convencidas de que no hay otra forma de vida.

Las mujeres trabajadoras que son esposas y/o madres, a menudo viven un conflicto entre sus funciones fuera y dentro del hogar. Muchas madres trabajadoras se sienten culpables por estar fuera de casa durante el día. Cuando llegan al hogar empiezan a compensar esa ausencia, en vez de relajarse. De este modo, se esfuerzan en realizar actividades en la casa como si no hubiesen trabajado ya bastante.

Desde luego, es normal que al llegar a casa después de haberse pasado todo el día en la oficina, las mujeres se sientan agotadas por las exigencias de sus hijos y sus maridos y después se sientan culpables por sus sentimientos. Además, si usted trabaja *en* casa, seguramente esas exigencias y demandas serán continuas a lo largo del día.

El nuevo milenio ha supuesto un desencanto de la idea de que la mujer «puede tenerlo todo», a menos que «todo» signifique todos los síntomas del estrés.

Amortiguadores del estrés dual

Aunque hacer malabarismos entre las múltiples funciones que tiene que desempeñar una mujer siempre provoca tensión, parece que a algunas les gusta estar muy ocupadas. En el informe de 1990, *Mujeres y Depresión,* elaborado por la Asociación Estadounidense de Psicología sobre Mujeres y Depresión, los autores declaran que la calidad de las funciones es tan importante como su cantidad. Es decir, tanto un buen trabajo como un matrimonio feliz (preferiblemente ambos) puede proteger a la mujer del estrés. El informe cita un estudio que evaluó a las mujeres desde las menos depresivas a las más depresivas, empezando con las que menos:

1. Esposas trabajadoras con una combinación de baja tensión matrimonial y baja tensión laboral.
2. Esposas trabajadoras con baja tensión matrimonial, pero alta tensión laboral.
3. Mujeres solteras con baja tensión laboral.
4. Mujeres desempleadas con baja tensión matrimonial.
5. Mujeres trabajadoras solteras con alta tensión laboral.

6. Esposas trabajadoras con alta tensión matrimonial y baja tensión laboral.
7. Mujeres solteras y desempleadas.
8. Esposas trabajadoras con alta tensión matrimonial y alta tensión laboral.
9. Esposas desempleadas con alta tensión matrimonial.

Las mujeres más felices son las que se sienten satisfechas con su trabajo y su matrimonio. Por el contrario, las mujeres más infelices (tienen 5,5 veces más riesgo de padecer depresión que el primer grupo) son amas de casa con problemas matrimoniales.

¿Qué significan estas cifras? Que el matrimonio puede proteger a una mujer del estrés o ser una gran fuente de estrés, dependiendo de su calidad. Las mujeres con matrimonios felices se ven menos afectadas por las tensiones laborales que las que viven matrimonios infelices o las que no están casadas. Por otro lado, el trabajo (sea o no satisfactorio) puede ayudar a proteger a una mujer de la depresión. Desde luego, es mejor tener un trabajo satisfactorio, y en el próximo capítulo le contaremos cómo puede mejorar su vida laboral.

Lo que resulta evidente es que trabajar y un bajo riesgo de padecer depresión está relacionado. ¿Podríamos sostener, por lo tanto, que una mujer que está menos predispuesta a caer en la depresión, seguramente es trabajadora? Desde luego, pero cualquier terapeuta también le dirá que trabajar reduce la depresión. ¿Por qué? Porque a pesar del gran estrés que conlleva el trabajo, sus beneficios son enormes. Un importante antídoto para el Síndrome del Estrés Femenino es el tipo de sistema de apoyo que ofrecen la mayoría de los entornos laborales, el conjunto de trabajadores. Este sistema de apoyo ayuda a reducir los niveles de estrés descritos en el capítulo 7, «El estrés y la mujer trabajadora».

La guerra de las mamás

Si la década de los sesenta y principios de los setenta fue definida por las disputas entre los hippies y los reaccionarios, el conflicto que define el nuevo milenio es el de las madres trabajadoras y las madres amas de casa. Los vecinos, en vez de ofrecer apoyo para aliviar el estrés, pueden cerrarse en banda al creer que tienen que *demostrar* que su forma de vida es la ideal.

Al enfrentarse a los distintos tipos de estrés que generan sus situaciones de vida, los dos tipos de madres se miran con resentimiento y reticencia. Las madres trabajadoras se suelen preocupar por no pasar el tiempo suficiente con sus retoños y creen que las amas de casa lo tienen todo más fácil. «La gente se piensa que estás en casa tomando café y haciéndote la manicura todo el día», exclamaba con resentimiento una madre ama de casa en una revista norteamericana. «He tenido un bebé y no una lobotomía.»

Por su lado, las amas de casa, que a menudo han decidido dejar de lado ese salario que tan bien les iba para educar a sus hijos, sienten que las madres trabajadoras son egoístas. Intentan obtener alguna señal que les indique que los hijos de madres trabajadoras no están bien cuidados o que esas madres abandonan sus obligaciones prioritarias. Una madre trabajadora me contó que su vecina, ama de casa, lleva la cuenta de todos los partidos de fútbol a los que ella no puede asistir para animar a su hijo. Esto demuestra que hay una especie de confrontación entre los dos modelos de mujeres del siglo XXI.

Estas mujeres no se dan cuenta de que no hay un único modelo correcto de maternidad. Lo importante es encontrar el que encaje mejor para su situación. Numerosos estudios han concluido que las madres depresivas provocan que sus hijos sean más infelices y que esa infelicidad puede persistir a lo largo de la vida. La madre ideal es aquella que elige una vida que mantiene sus niveles de estrés a un nivel tolerable, que aprende a sobrevivir y a divertirse.

El estrés y la mujer soltera

«Un estudio afirma que las mujeres mayores de 40 años tienen más probabilidades de ser secuestradas por terroristas que de casarse», publicaban los titulares de una revista norteamericana hace tan sólo unos años. Desde entonces, el pánico se apoderó de las oficinas, los gimnasios, las cafeterías y todos aquellos lugares donde se reunían mujeres solteras. El estudio ha sido muy disputado y atacado desde entonces y, sin duda, creó una ola de terror entre las mujeres solteras entradas en los cuarenta que creían que su situación era desesperada. Las mujeres incluidas en la treintena veían cómo se les acababa el tiempo para encontrar pareja e incluso las jóvenes de veintitantos presagiaban un oscuro futuro.

En general, la sociedad considera que las mujeres solteras son infelices. Las perciben como fracasadas, ya que se sigue educando a las chicas para atraer a hombres y, si no lo han logrado, ¿qué valor tienen? Las gente asume que un hombre soltero se puede casar cuando quiera, pero que una mujer soltera, o no tiene pretendientes o es muy selectiva, muy fea o muy malhumorada.

A la vez, conviene tener en cuenta que los solteros, hombres o mujeres, son el segmento que está creciendo más rápido en la población estadounidense. La gente que vive sola (el conjunto de los solteros) representa ya más del 10% de la población, según el U.S. Census Bureau; el 57% de esta cifra son mujeres.

Las mujeres que superan los 30 años y quieren casarse están en desventaja. Hay menos hombres que mujeres en los países occidentales. En Estados Unidos, en 1999, había 160 hombres solteros de entre 25 y 34 años por cada 100 mujeres de la misma edad, pero pasados los 34 años, las probabilidades caen para las mujeres y entre los 45 y los 64 años el número de hombres solteros es muy pequeño.

Muchas mujeres reaccionan a esta falta de hombres obsesionándose con encontrar marido. La presión para casarse proviene tanto de su interior como del exterior.

> Con 32 años, Linda es una mujer soltera atractiva y activa. Centrada en su carrera profesional tiene un amplio círculo de amigos y está satisfecha al no sentirse atada. No obstante, cuando se reúne toda la familia, con primos, tíos y familiares más lejanos, se siente fuera de lugar. «Cualquier sentido de realización que pueda tener se evapora cuando veo a mis primas con sus hijos. Mi madre me pellizca y me dice: "¿No crees que tener una familia así sería mejor que tener una buena carrera profesional?". Ya no asisto a ese tipo de acontecimientos, que antes me gustaban tanto, porque no soporto los comentarios que hacen sobre mí».

Al igual que Linda, muchas mujeres solteras sienten la presión externa para actuar «de forma normal» y casarse. Como ella cuando tiene un mal día, muchas mujeres solteras sienten una presión interna para demostrar que son deseadas.

El mayor error que cometen las mujeres solteras es dejar de vivir su vida y esperar obsesivamente el momento de estar casadas. No se cambian de piso porque creen que no vale la pena, ya que pronto encontrarán una pareja y se mudarán a otro lugar. No se compran un sofá nuevo ya que temen que no encaje con el mobiliario que escoja en un futuro con su pareja. No hacen un viaje al extranjero porque no quieren viajar solas o porque preferirían ir con un novio que con una amiga. No hacen planes para el futuro con sus amigas porque están esperando que algún hombre les pida una cita. Mientras tanto, los años van pasando y viven en pisos minúsculos que no les gustan, no disfrutan de unas buenas vacaciones y se pasan la mayor parte del tiempo solas. Podrían haber disfrutado de la libertad que les aporta la soltería, pero en vez de hacerlo se amargan la existencia.

No espere encontrar a un hombre para hacer las cosas que le gustan. Vaya de viaje, cómprese ese sofá que le encantaría tener y cámbiese de piso si no le gusta donde vive ahora. Disfrute de la vida *ahora,* en vez de posponer los placeres para el futuro.

La mujer soltera con una carrera profesional

Hable con unas cuantas mujeres profesionales y seguramente comprobará que sus narraciones se asemejan bastante a la relatada por Mickie:

> Mickie estaba soltera, tenía gran éxito profesional y gozaba de una sexualidad activa. Sin embargo, tenía 29 años y empezaba a sentirse sola. Tenía ganas de tener pareja y quería conocer a un hombre con quien compartir su vida y quizá tener hijos en un futuro.
>
> No obstante, la tarea no era fácil, ya que siempre se encontraba con hombres que «querían cuidar de ella» o que querían convertirla en su «esposa». Algunos pensaban que ella necesitaba a alguien que la «dominase» y otros creían que ella quería ser una especie de «madre cuidadora» para ellos. Le resultaba muy difícil encontrar a un hombre que creyese en ella y en su carrera profesional.
>
> El trabajo de Mickie era muy reconocido en su empresa y este hecho hacía que muchos hombres sintiesen competencia. Era una mujer muy atractiva, pero muy profesional, de modo que ponía nerviosos a los hombres. Era madura e inteligente, por lo que muchos hombres se mostraban inseguros y también tenía una buena posición financiera. En conjunto, incumplía el estereotipo femenino que muchos hombres pensaban encontrar.

Al final, Mickie encontró a un hombre que la aceptaba tal y como era. Su gran independencia era un factor que él admiraba mucho y por lo cual no se veía atemorizado. Ahora viven felices y si discuten suele ser sobre política y no por la gran carrera profesional de Mickie.

Sin embargo, no todas las historias acaban así de bien. Una mujer que tenga logros profesionales, pero que se encuentre dividida por el temor al fracaso y el temor al éxito, se queda devastada por el rechazo masculino, ya sea grande o pequeño. Seguramente se culpará porque sus relaciones no marchen bien y se obsesionará tanto con sus problemas pasados y sus fantasías futuras que muchas veces no permitirá que le ocurran cosas positivas. Ella misma saboteará las relaciones para poder explicar los fracasos posibles o para evitar la responsabilidad de una relación seria.

Aun así, no hay que pensar que a todos los hombres del nuevo milenio les da miedo enfrentarse a mujeres con una buena carrera profesional. Algunas mujeres afirman que sus posibles novios comprueban sus ganancias y salario para ver que *ganan* lo suficiente. En esta sociedad en la que vivimos se necesitan dos sueldos decentes para llevar un estilo de vida de clase media y muchos hombres temen cargar con todo el peso económico si su pareja no percibe un buen salario. En una encuesta realizada por la revista *Time* en 1990, el 86% de los hombres estadounidenses de entre 18 y 24 años, afirmaban buscar una chica ambiciosa y trabajadora. Una cuarta parte de esos hombres deseaban una pareja con un alto salario.

El reloj biológico

El reloj marca 35 años (o 39 o 29) y, de repente, la mujer empieza a tener instintos maternales. Incluso si el momento no es el adecuado (no tiene una buena situación económica o su carrera profesional no se encuentra en el punto óptimo para hacer una pausa) la mujer, por primera vez, está dispuesta a hacer los sacrificios que sean necesarios. El problema se plantea cuando el hombre con el que sale no siente esa necesidad o parece caminar a un ritmo distinto. También es un problema si la mujer ni siquiera tiene novio.

Una vez empiezan los anhelos de maternidad, una mujer que siente que su reloj biológico ha iniciado la cuenta atrás puede ponerse nerviosa y exagerar el límite temporal. Quizá presione demasiado a un marido que no está seguro de si desea tener hijos. También puede asustar a sus posibles novios al sacar a relucir el asunto de los niños en su primera cita. Puede que decida casarse con el primer hombre que se lo pida, o que se quede embarazada «accidentalmente a propósito». Incluso puede recurrir a esperma donado y preocuparse después por lo que le dirá a su hijo cuando pregunte: «¿Quién es mi papá?».

Otra posibilidad es que se obsesione con todos los errores cometidos en el pasado que la han llevado hasta la situación presente.

Por otro lado, algunas mujeres reaccionan a la presión del reloj biológico centrándose mucho en la labor. Al buscar pareja se decantan por hombres estables y amables, antes de por hombres más difíciles de conseguir o más alocados. También puede que acudan a una terapia que les ayude a establecer los objetivos de su vida, o que se den cuenta de que la realidad de la maternidad (en contraposición con las fantasías sobre la maternidad) no es lo que quieren. Otra vía alternativa es resolver sus necesidades de madre cuidando de sus sobrinas y sobrinos, en vez de tener hijos propios, o sumarse a las altas cifras de madres solteras por elección.

La buena noticia es que ahora es posible que las mujeres puedan quedarse embarazadas bastante tarde gracias a la donación de óvulos, la fertilización in vitro, los fármacos de fertilización y otras técnicas. De hecho, en un informe de la revista *The Lancet*, el doctor Daniel Navot concluye que, pese a que la fertilización masculina decrece a medida que el ser envejece, el útero puede soportar embarazos cuando nuestro potencial reproductivo está artificialmente prolongado. Por ello, en contra de la sabiduría convencional, el índice de infertilidad está *disminuyendo* en Estados Unidos. El índice de natalidad ha aumentado en todos los grupos desde la década de los setenta. Los matrimonios más tardíos, la larga formación de los jóvenes, sus metas profesionales y los nuevos métodos anticonceptivos, sólo han significado una maternidad y paternidad más tardía.

¿Significa esto que los bebés de padres más maduros tendrán más problemas? Seguramente no, afirma el doctor Richard Berkowitz, presidente de obstetricia y ginecología en la Facultad de Medicina Monte Sinaí de la ciudad de Nueva York. Su innovador estudio concluyó que no había evidencia de que las madres mayores corriesen más riesgo de tener bebés prematuros, un bebé de bajo peso ni un bebé con más probabilidades de muerte perinatal. A pesar de que las madres primerizas mayores tienen más probabilidades de sufrir algunas complicaciones (hipertensión inducida por el embarazo, diabetes y problemas de placenta, por citar sólo unos ejemplos), sus bebés disfrutan de la misma salud que los de las madres jóvenes.

Entonces, ¿cuál es el problema? Los nuevos y mejorados métodos de fertilización implican mayor elección y, por lo tanto, deberían significar menor estrés, ¿no es así? Pues no siempre, ya que como tampoco podemos predecir lo que ocurrirá, se produce un estrés asociado a las nuevas opciones de fertilización. Más opciones de fertilización conlleva más meses y años de control de la ovulación, relaciones sexuales según supervisión médica y terapia hormonal, además de los efectos secundarios físicos y emocionales que implica visitar a un nuevo médico y seguir un nuevo tratamiento. Las propias parejas establecen límites en relación con el tiempo, el dinero y la energía que piensan destinar al embarazo y la edad límite que quieren tener para ser padres.

Si usted se siente estresada debido a su reloj biológico, mi consejo es: no se ponga nerviosa. Los grandes avances en el tratamiento de la infertilidad hacen posible que las mujeres mayores puedan concebir hijos. Los programas de donación de óvulos permiten que incluso las mujeres posmenopáusicas lleven hijos en su seno (un óvulo donado se fertiliza con el esperma del marido y se implanta posteriormente en el útero de la mujer). De hecho, a finales de la década de los noventa, una mujer de 63 años de California dio a luz a una niña concebida de esta forma. Tenga en cuenta que la adopción privada, si bien es difícil y cara, sigue siendo una posibilidad a cualquier edad.

Las noticias positivas son que la mujer del nuevo milenio, a pesar de sentirse fuera de tiempo, tiene más elecciones, se entiende mejor a sí misma y a su cuerpo y tiene un panorama mucho más completo de su futuro que las mujeres de cualquier otra generación. En los próximos cuatro capítulos hablaré sobre cómo pueden emplear las mujeres estas herramientas para recobrar el control de su tiempo en su matrimonio (así como divorcios y segundos matrimonios), con sus hijos y en su trabajo (para obtener más datos sobre el control y su pérdida, véase el capítulo 4).

7

El estrés
y la mujer trabajadora

Ya estamos en el siglo XXI y seguramente usted es una mujer trabajadora. ¿Cómo lo sé?

Se ha estimado que, aproximadamente, el 90% de las mujeres estadounidenses han trabajado o trabajarán a cambio de un salario en algún momento de su vida. En 1998, 64 millones de mujeres estaban trabajando (casi el 60% de todas las mujeres mayores de 16 años y casi el 75% de ellas trabajaba a jornada completa). La mayoría trabajamos porque lo necesitamos, ya sea porque somos solteras y nos tenemos que mantener, o porque estamos casadas y con sólo un sueldo no llega para pagar los gastos del piso, de la comida, de la ropa, el teléfono, la luz, el agua, el gas y las vacaciones veraniegas. No obstante, muchas de nosotras afirmamos que trabajaríamos incluso si no lo necesitásemos. Eso se debe a que ahora ya sabemos los muchos beneficios que aporta el trabajo, aparte del dinero: círculo social, cambio de ritmo, la oportunidad de ascender, mejorar la autoestima, reducir el riesgo de depresión y, para algunas, dinero que podemos administrar como queramos.

Pero al trabajo se le llama así por una razón y ahora que el número de mujeres que ha entrado en el mundo laboral es tan alto sabemos algo que los hombres sabían desde hace tiempo: además de ser gratificante, el trabajo puede ser muy estresante. A veces el trabajo es *más* estresante que gratificante, por ejemplo, cuando:

- Tienes muchas responsabilidades, pero poco control.
- Tienes mucho trabajo y dispones de poco tiempo para hacerlo.
- Tus oportunidades de ascender son limitadas, pero quieres tener una posición más alta.

- Tu superior es incompetente.
- No te pagan lo suficiente por el trabajo que realizas.
- Te interrumpen con frecuencia.
- El trabajo es aburrido y repetitivo y casi nunca supone un reto o estímulo.
- Te sientes discriminada o acosada sexualmente.

No es sorprendente que los estudios afirmen que las mujeres trabajadoras más estresadas son las que desempeñan trabajos administrativos, ya que a menudo tienen que enfrentarse a la mayoría de los tipos de estrés que acabamos de mencionar. La mujer ejecutiva está mejor situada (según el Departamento de Trabajo estadounidense, el 44% de los puestos clasificados como ejecutivos y directivos los ocupan mujeres), ya que como jefe una mujer tiene más control, la posibilidad de estructurar su agenda diaria, más oportunidades de destacar y de hacer tareas interesantes, pero sigue teniendo que enfrentarse a unas presiones particulares de la mujer: discriminación sexual y responsabilidades familiares. Quizá por esta razón, el 23% de las mujeres ejecutivas se sienten estresadas en comparación con el 19% de los hombres ejecutivos, según una encuesta realizada por Roper Starch Worldwide.

Mujeres del Tipo A

Dado el estrés al que están sometidas las mujeres trabajadoras con una gran carrera profesional, no es sorprendente que experimenten síntomas de estrés femenino. Puesto que las mujeres tienen que tener un carácter fuerte para competir y salir airosas en el mundo laboral, no es de extrañar que padezcan también síntomas de «estrés ejecutivo».

En la década de los setenta, los cardiólogos Meyer Friedman y Ray Rosenman afirmaron que los ejecutivos masculinos centrados en los logros estaban pagando ese perfil de personalidad con hipertensión y/o enfermedades cardíacas. Avisaron asimismo de que las mismas características asociadas a los éxitos profesionales también están relacionadas con excesivos niveles de norepinefrina, por lo que este tipo de hombres era más susceptible de padecer enfermedades psicosomáticas. Entre estos rasgos de personalidad se incluyen:

- La competitividad.
- La agresividad.

- La rabia interna crónica.
- La impaciencia e irritabilidad.
- El perfeccionismo.
- La preocupación por la aprobación de los demás.

Friedman y Rosenman etiquetaron este perfil como personalidad Tipo A y Estados Unidos empezó a preocuparse por el perfil de personalidad de sus hombres.

A principios de los ochenta, nuevas evidencias sugerían que sólo un componente de la personalidad Tipo A estaba relacionado con las enfermedades cardíacas: la rabia interna crónica, aunque el resto de componentes no se declararon benignos. Al crear estrés para el Tipo A y todos los que rodean al Tipo A, las características eran percibidas como peligrosas. El estrés estaba cada vez más relacionado con una menor resistencia al cáncer, a las infecciones, la depresión, los virus y accidentes. Se seguía relacionando cada vez más estrechamente con el alto riesgo de infertilidad, divorcio y abuso de drogas.

A mediados de los ochenta, las mujeres ya nos preocupábamos también por la conducta del Tipo A. Trabajábamos tanto fuera como dentro de casa y ya ocupábamos puestos de ejecutivas o administrativas. Fumábamos más, corríamos más y seguíamos ganando menos que los hombres. Intentábamos ser firmes sin ser agresivas. Intentábamos nadar y guardar la ropa al mismo tiempo. Seguíamos recurriendo a los hombres para que nos sacasen de situaciones difíciles, pero ya no esperábamos que lo hiciesen. A pesar de que una obra de Meyer Friedman nos dijo que los hombres que modificaban su conducta de Tipo A reducían el riesgo de padecer ataques cardíacos, nadie le decía a las mujeres qué hacer para mejorar su salud.

Cuando un hombre mostraba un comportamiento que encajaba en el Tipo A, los médicos y su familia se preocupaban. «Hazte una buena revisión médica –le decían–. Tómate un par de semanas de vacaciones.» Sin embargo, este consejo no se suele dar a las mujeres del Tipo A que además tienen familia y responsabilidades sociales y que se encuentran atrapadas. Lo único que parecía que les podía aliviar era pensar que si dormían bien, al día siguiente se sentirán mejor.

Llegados a los noventa ya quedó claro que las mujeres tenían el mismo potencial para desarrollar personalidades del Tipo A. También se hizo público que las enfermedades cardíacas (en vez del cáncer) eran las que acababan con más vidas femeninas. Si había algún vínculo entre la conducta de Tipo A y los problemas cardíacos, las mujeres tenían que saberlo. Parece ser que la relación es esta: la urgencia de tiempo y la hostilidad imperante llevan a que se coma corriendo, se fume, se beba, se duerma poco, se tenga mal humor, se pierda la líbido y el contacto con amigos y familiares.

Todo esto significa que si su conducta pertenece al Tipo A, lo más probable es que su cuerpo esté siendo constantemente bombardeado con noradrenalina, que contrae sus vasos sanguíneos y aumenta la presión arterial. El estrés también significa que la corteza adrenal segrega cortisol extra para movilizar los ácidos grasos. Estos ácidos los metabolizan los músculos en situaciones de lucha o huida, pero se quedan circulando cuando hay más ansiedad que acción. Con el tiempo pueden convertirse en colesterol. Aunque el colesterol lo utiliza el cuerpo en estado de tranquilidad para reparar las membranas y formar determinadas secreciones, cuando deja de circular puede bloquear las paredes arteriales, llegar a formar hasta coágulos sanguíneos o incluso bloquear vasos sanguíneos.

Todos estos síntomas que acabamos de mencionar son físicos. Un estudio realizado por Gallup y patrocinado por Upjohn, concluyó que entre las mujeres trabajadoras, el estrés se experimentaba en forma de:

- Tensión muscular o dolor en la espalda, cuello, brazos u hombros.
- Dolores de cabeza.
- Problemas para conciliar el sueño o mantenerse despierta.
- Problemas de estómago, digestivos o de apetito.
- Repentino aumento o disminución de peso.
- Problemas menstruales poco comunes.
- Falta de respiración.
- Palpitaciones al realizar actividades físicas normales.

Más del 50% de las mujeres trabajadoras encuestadas también se sentían emocionalmente agotadas debido al estrés. Otro 30% afirmaban tener dificultades para empezar el día por la mañana y un 31% decían que con frecuencia sentían ansiedad, nerviosismo o tensión.

Si piensa que usted no padece estos síntomas, ha llegado el momento de hacer la prueba de la mujer de Tipo A. Anótese un punto para cada descripción que, a veces, sea cierta para usted y dos puntos para cada descripción que normalmente sea cierta en su caso:

— *Soy perfeccionista.*
Si tira del auricular del teléfono mientras habla para poner recto el cuadro de la pared, sin duda usted es una perfeccionista.

— *Soy impaciente con los demás cuando no hacen las cosas tan rápido o tan bien como las hago yo.*
Si intenta ocultar este hecho, añádase un punto extra.

— *Nunca estoy satisfecha de mis logros.*
Si usted empezó a practicar *footing* para reducir el estrés y ahora se siente culpable el día que no puede salir a hacerlo, anótese como mínimo un punto.

— *Planeo demasiadas actividades para hacer en un día.*
Si incluso el tráfico denso destroza su agenda para el día, desde luego no le queda tiempo para el placer o la relajación.

— *Soy una competidora nata.*
Si su vecina hace galletas después de asistir al consejo de administración de su empresa y antes de ir a hacerse la mamografía y usted añade «hacer galletas» a su lista de quehaceres, usted es una competidora nata.

— *Soy una buscadora de estímulos.*
Si usted sigue el razonamiento «cuantas más cosas tengo que hacer más cosas hago», anótese algún punto en este apartado.

— *Puedo hacer más de una tarea a la vez.*
Si puede, por ejemplo, hablar por teléfono mientras prepara la cena y abre las cartas que le han llegado, no hay ninguna duda.

— *Tengo tensión telefónica.*
Si cuando alguien le llama asume que será por algún problema o algún aspecto negativo, anótese puntos.

— *Odio tener que esperar.*
Si es de las que acaba las frases de los demás, ¡odia esperar!

Si se ha anotado aunque sea *un punto* en cada uno de estos apartados es una mujer de Tipo A, y si se ha anotado más de un punto, entonces es una mujer de Tipo A+.

La siguiente es una lista de las formas para relajarse y no encajar tanto dentro del Tipo de estrés A:

- Haga las cosas de una en una. Cuando lea, coma o hable por teléfono concéntrese únicamente en la actividad que está realizando.
- Sea consciente cuando emplee adjetivos de cantidad en vez de calidad en su pensamiento o conversaciones. Intente describir la belleza de un objeto o un paisaje sin referirse a su coste.
- Lea libros por placer, sin que tengan que ver con su profesión. Concéntrese en la forma además del contenido; busque las palabras que no entienda en el diccionario e intente comprender en profundidad su significado.
- Camine, coma y hable con más tranquilidad. Conduzca por el carril lento y evite acelerar a menos que tenga una urgencia. Acostúmbrese a conducir a un ritmo moderado y permanente.
- Escoja algunos días para dejarse el reloj en casa. ¿Cuántas veces mira la hora al día?
- Grabe una de sus conversaciones telefónicas o charlas durante una cena y después escúchela cuando esté sola. Fíjese en si habla rápido, si hace preguntas o si escucha las respuestas. ¿Acelera la conversación acabando las frases de su interlocutor? Si reconoce una pauta de habla de Tipo A, vuelva a grabarse mientras practica la escucha y las pautas de conversación Tipo B.
- Relájese antes de hacer las tareas de la casa, después de volver de la oficina. Si es religiosa, entre en la iglesia, sinagoga o mezquita unos minutos y, si no, tómese un refresco en una cafetería mientras lee una revista, o pídale a su marido que vigile a los niños mientras usted se da un relajante baño de espuma o toma una ducha.
- Vaya a la cola más larga del supermercado para practicar su capacidad de espera. Describa cómo hacer pasar el tiempo placenteramente. Imagínese cómo son las vidas de quienes le rodean o rememore recuerdos bonitos. Disfrute de esos momentos de tranquilidad mientras planea el precioso futuro que le espera.
- Mírese en un espejo al menos dos veces al día para ver si tiene algún indicio de tensión o fatiga. Aprenda a distinguir esas expresiones para *sentirlas* sin tener que mirarse en un espejo.
- Practique sonrisas y risas pensando deliberadamente en recuerdos o anécdotas graciosas que le hayan pasado. No espere a que le llegue una risa espontánea, provoque la situación.

Una mujer no es como un hombre

Por desgracia, la discriminación sexual está muy presente en el mundo laboral. En la actualidad, las diferencias en los sueldos entre hombres y mujeres son bien conocidas, pero no acaba de ponerse fin a esta situación. Una mujer que trabajó en una empresa electrónica en Indiana, Estados Unidos, nos aporta un ilustrativo ejemplo. Ella advirtió que los hombres a los que formaba como parte de su trabajo, enseguida ganaban más dinero que ella. Ante este panorama, le pidió un ascenso a su supervisor. Él le contestó que ella no necesitaba un aumento ya que su marido tenía un buen trabajo. Ella le dijo que no quería trabajar para una empresa con ese tipo de política. En la actualidad, las mujeres pueden denunciar esta discriminación ante los sindicatos con el fin de presionar para que la empresa abone un salario equitativo.

Muchas mujeres con cargos directivos citan otra barrera sexual: «el techo de cristal», el invisible escudo que impide que asciendan más en la jerarquía corporativa. Ese techo de cristal es real: según el Departamento de Trabajo estadounidense, las mujeres siguen desempeñando menos de la mitad (44%) de los puestos de dirección y administración y en 1999, una encuesta realizada por el grupo de investigación Catalyst en Nueva York, concluyó que las mujeres desempeñaban sólo el 5,1% de los puestos «cumbre» (desde director ejecutivo hasta vicepresidente ejecutivo) en las empresas de la lista *Fortune 500*. Los altos directivos han admitido que los estereotipos, los prejuicios y una reticencia a correr riesgos al tener a mujeres en posiciones tan altas, ha provocado que las mujeres no fuesen ascendidas con tanta frecuencia.

El único trato que supera en atrocidad esta discriminación es el acoso sexual y el machismo laboral, es decir, la solicitud de servicios que van más allá de las tareas laborales reglamentarias (llevar los zapatos de un superior al zapatero o tener que rascar la espalda de alguien) y soportar que nos pongan el brazo en el hombro o que nos den palmadas en el trasero.

Recuerde que el control es el antídoto para el estrés. Aquí van algunas ideas:

- Objete tajantemente ante un comentario sexista. Empiece con suavidad, pero firmeza, ya que quizá la persona en cuestión no se dio cuenta de la gravedad del comentario. Si ve que no obtiene resultados, acuda al departamento de recursos humanos para que la asesoren.

- Infórmese sobre los pasos que debe dar para interponer una demanda si es víctima de un acoso sexual serio y, si no se resuelve la situación, siga adelante. Una vez más, los sindicatos pueden ofrecerle el asesoramiento que necesita.
- Eduque a sus hijos con igualdad. Enséñeles a respetar a los demás y tenga en cuenta que el acoso sexual es una combinación de falta de respeto por los sentimientos de la mujer y el deseo de ser superior.
- Comente los malos ejemplos y sea usted misma un buen ejemplo. Los niños aprenden conductas sexistas de sus padres y del mundo que les rodea. «No me gusta cómo trata ese hombre a esa mujer», puede decir cuando vea algún comportamiento inapropiado en la televisión. Si usted misma recibe maltrato en casa, saber que sus hijos se verán afectados por su ejemplo puede darle la fuerza necesaria para cambiar las circunstancias.

Mujer trabajadora y embarazada

Trabajar durante el embarazo puede significar hacerlo con náuseas y fatiga, por no mencionar toda una serie de emociones: euforia, ansiedad, optimismo y miedo. En esos momentos en los que necesita una aliada en el trabajo para hablar de lo que le sucede, quizá intenta mantener todo en secreto durante unas cuantas semanas más. Incluso después de que se corra la voz verá que la gente que le rodea se muestra sorprendentemente fría, sobre todo los compañeros, hombres y mujeres, que no tienen hijos y se muestran resentidos o no comprenden qué se siente al estar embarazada.

Dejando de lado el rendimiento laboral, las mujeres trabajadoras tienen muchas más cosas por las que preocuparse, como el posible efecto del estrés en su embarazo. Un estudio resaltó que las mujeres embarazadas que desempeñaban cargos con alto estrés segregaban más catecolaminas, la hormona de las situaciones límite, que las mujeres con trabajos con menos estrés. Algunos expertos sospechan que estas hormonas a veces pueden contribuir a un parto prematuro, aunque otros afirman que no hay evidencias y que cualquier mujer sana puede trabajar una jornada completa en un puesto estresante sin que el feto se vea afectado.

Otra fuente de estrés es la preocupación por el hecho de que el puesto de trabajo que se deja por baja de maternidad siga estando ahí cuando volvamos. Dependiendo del contrato de la madre y de los escrúpulos del empresario puede producirse un despido. Si usted está embarazada y todo parece indicar que la despedirán, puede decirle a su empresario que el 50% de las madres trabajadoras que se quedan embarazadas vuelven a su trabajo cuando sus hijos tienen cuatro meses y el 72% cuando los niños cumplen un año.

La madre trabajadora

El consumo de energía y eficiencia no termina después del embarazo. La madre trabajadora puede haberse recuperado del embarazo y parto, pero cada noche, al llegar a casa, ahora tendrá un bebé a quien cuidar, más la casa, preparar la cena, hacer llamadas, llevar la contabilidad, revisar el correo, etcétera. Es lo que se llama el «segundo turno». Si usted no es madre trabajadora, sólo le hace falta entrar en un ascensor de un edificio de oficinas a las nueve de la mañana y mirar a su alrededor. Seguro que le resulta fácil saber quién es madre trabajadora. Es la que tiene aspecto de estar despierta desde las seis de la madrugada y la que lleva el pelo un poco descuidado porque no tiene ni tiempo para ir a la peluquería. Según una encuesta de Catalyst realizada en 1997, el 40% de las mujeres trabajadoras tienen hijos menores de 18 años.

Las madres trabajadoras viven en un delicado acto de equilibrismo y al menor soplo de aire en la dirección equivocada puede derrumbarse toda su agenda diaria. Un hijo está enfermo y no puede ir a la guardería. El profesorado del colegio anuncia un día de huelga. El marido tiene que ir a una reunión importante fuera de la ciudad y no puede llevar a los niños a las actividades extraescolares. La canguro deja el trabajo sin avisar. Una madre que ostente un cargo directivo, quizá tenga la flexibilidad laboral como para desaparecer un par de horas, resolver una crisis doméstica y volver al trabajo, pero las trabajadoras menos autónomas suelen utilizar sus días de baja personal, los días de vacaciones y las bajas médicas para cuidar de los demás. Los superiores e incluso los compañeros de trabajo pueden mostrarse molestos cuando una madre trabajadora no asiste al trabajo debido a obligaciones familiares. Desde luego, ante este panorama es normal que la encuesta llevada a cabo por Roper Starch Worldwide hallase que *las madres trabajadoras a tiempo completo mostraban más estrés que cualquier otro grupo* de hombres o mujeres: en concreto, el 24% declaraban sentir algún tipo de estrés a diario.

Algunos superiores son comprensivos, algo muy importante cuando se está buscando trabajo. Cuando asista a una entrevista tenga siempre en cuenta que, por lo general, se cree que las madres son menos estables y están menos disponibles para hacer horas extra que sus compañeros, sea o no sea cierto.

Dominar el estrés laboral

Aunque el 42% de las mujeres trabajadoras encuestadas por Gallup declararon que superaban el estrés laboral caminando, haciendo ejercicio o meditando, muchas utilizaban «remedios» que acababan *aumentando* su estrés. Estos son sólo unos ejemplos:

- El 42% afirmaban que trabajaban aún más.
- El 42% exclamaban que hacían más tareas a la vez.
- El 40% decían actuar como si todo fuese bien y guardarse los problemas para sí.
- El 42% pensaban en cambiar de trabajo o jubilarse.

Antes de escribir su carta de despido voluntario, intente las siguientes ideas para reducir el estrés y vea si nota la diferencia.

A continuación, le ofrecemos algunos consejos para superar el estrés que nos han dado muchas mujeres trabajadoras:

1. Compre más ropa para no tener que hacer tantas lavadoras ni llevar tanta ropa a la tintorería. Adquiera trajes oscuros y resistentes y suficiente ropa interior para toda la familia durante un mes. También debe tener blusas de sobra. Permítase almacenar ropa. Verá que todo el dinero invertido le ahorrará su preciado tiempo.
2. Contrate ayuda siempre que le sea posible. Quizá puede emplear a una persona para que le ayude a hacer las tareas del hogar, puede llevar a la sastrería las cremalleras rotas y los bajos descosidos de los pantalones. Cuando haga una fiesta, contrate comida hecha a un servicio de *catering*. En cuanto a la contabilidad, mejor que se la lleve un gestor. Al final verá que todos estos servicios le salen más baratos que las visitas al psicólogo o terapeutas para tratar el estrés.
3. Planee alguna escapada. Lea una novela mientras toma un baño, en el autobús o durante la hora de comer. Si su cuerpo no puede irse a una isla lejana al menos su mente sí puede.

4. Encuentre tiempo para usted misma. Media hora después de que todos se hayan ido a dormir o media hora antes de que se despierten, puede ser un buen momento para la indulgencia, la contemplación o la diversión.

5. Juegue. Si le gustan los juegos, haga un crucigrama durante el desayuno o un rompecabezas a la hora de cenar. La psicóloga Constance Freeman y sus socios han impartido terapias de relajación con juegos de Scrabble durante las comidas.

6. Si tiene una pareja que trabaja, intente implantar una política de «flexibilidad por igual». Ambos deberán asumir al unísono la carga del hogar y tener en cuenta que las agendas de trabajo y los niveles de energía pueden ser un poco impredecibles. Por ejemplo, si se parte de esa base, el que haya tenido el día de trabajo más tranquilo puede preparar la cena. Si ambos están exhaustos, pueden pedir ocasionalmente comida a domicilio.

   La funcionalidad es la clave. Es importante que las parejas trabajadoras no dejen que las tareas prácticas como cocinar y limpiar se conviertan en símbolo de ninguna otra ideología que no sea el cariño y el amor que se profesan. Cuando los dos miembros de la pareja tienen agendas muy repletas, las comidas deben ser un momento para compartir, conversar, anticipar el sexo y demostrar el cariño y el amor que se siente.

7. Determine la dieta más sana para usted y su pareja para garantizar que compra y consume los alimentos más adecuados. ¿Necesita tomar un tentempié de proteínas a las 6:00 de la tarde? ¿Su dieta favorita sólo le permite tomar queso de cabra para desayunar? Es importante que se alimente bien y que su cuerpo cuente con los nutrientes que necesita mientras usted se ciñe a su dieta.

8. Haga listas, ya sea en forma de anotaciones en una libreta, con modernas agendas electrónicas o con alguna técnica más elaborada que haya aprendido en algún curso de gestión del tiempo, que le permitan atrapar pensamientos, nombres, direcciones, fechas y otros datos cuando le pasen por la cabeza y le ayuden a ser más eficiente. Una vez más, saber controlar el entorno disminuye el estrés.

9. Los ejercicios de autohipnosis y relajación pueden aliviar las tensiones.

10. Ponga un contestador en su teléfono para eliminar las llamadas de publicidad o indeseadas.

11. Decídase por el mejor tipo de cuidado para su hijo que pueda encontrar. Si esto significa tener que pagar a un profesional en vez de aprovecharse de una madre o una hermana que le podría cuidar a los niños gratis, haga el esfuerzo y después ya obtendrá los frutos.
12. Limite el tiempo que pasa viendo la televisión, practicando juegos de ordenador o navegando por la Red. Las horas pasan rápido y se nos van de las manos. Además, tenga en cuenta que puede acabar con más tensión y estrés.

Quizá debería dejar de trabajar

En la última década, el porcentaje de mujeres en el mundo laboral ha ido reduciéndose. El punto máximo se registró durante la primera mitad del año 1990, con un 74,5% de mujeres de entre 20 y 44 años. Parte de la razón pueden ser las circunstancias económicas (ahora hay menos trabajo en Estados Unidos), pero también hay otras razones que conviene tener en cuenta. Tal y como dijo Lily Tomlin en una ocasión: «Si hubiese sabido que así se sentía una al tenerlo todo, quizá me hubiese conformado con menos». Tenerlo todo puede ser demasiado estresante.

No podemos soportar pensar que quizá la niñera vuelva a irse sin avisar con tiempo. Sospechamos, tal vez, que nos estamos perdiendo los momentos más preciados del crecimiento de nuestros hijos. No nos pagan lo suficiente, nuestro trabajo no es interesante y todos los sacrificios que hacemos no merecen la pena. Ya no podemos hacer el «segundo turno» solas.

A pesar de implorar, amenazar y solicitar justicia, las estadísticas afirman que el hombre de la casa todavía no realiza la mitad de las tareas del hogar ni del cuidado de los hijos. Las mujeres trabajan una media de cinco horas más al día (20,3 horas frente a 14,7 horas) según el estudio estadounidense de 1997 sobre los cambios de la vida laboral del Instituto de Familia y Trabajo. Un hombre puede pensar que está cooperando si da de comer al gato, saca la basura o desecha el correo publicitario, lleva al niño a la cama o pone el periódico en el revistero, en vez de dejarlo sobre el sofá. Los hombres dicen que están dispuestos a ayudar en casa, pero normalmente hay que recordárselo incesantemente para que lo hagan, lo que supone otro trabajo más de gestión para la mujer de la casa.

Media jornada o ama de casa

Ascender rápidamente desde el peldaño más bajo de la escalera al más alto de la jerarquía (la forma masculina de conquistar altas posiciones), no es la única forma de llevar una buena carrera profesional. Millones de mujeres (y también de hombres) están satisfechos con el curso inesperado que ha seguido su carrera.

> Rhoda trabaja media jornada como abogada en un gabinete jurídico. No está segura del efecto que trabajar sólo 4 horas al día tendrá en sus posibilidades de convertirse en socia, pero valora mucho el tiempo extra del que disfruta ahora.
>
> Deborah escribe artículos en una revista mientras su hijo de cinco años está en el colegio. Ahora gana la mitad de lo que ganaba en el trabajo a jornada completa que tenía antes, pero le lleva a la guardería más tarde, va con su hijo a las excursiones y pasa innumerables horas con él en el parque y en la piscina, algo que valora mucho más que el dinero.
>
> Ellen dejó una empresa de relaciones públicas para empezar su propio negocio: pensó que su don no sólo estaba en la creatividad, sino también en la gestión y sabía que había pocos puestos más a los que ascender y muchos candidatos. Ahora ha montado su empresa, ya tiene tres empleados y espera poder tener pronto más.

Lo positivo de cualquier trabajo a media jornada, trabajo en casa o negocio propio es que, al hacerlo durante pocas horas, se aprecia lo mejor de ser madre, de ser cuidadora, trabajadora o profesional. Sin embargo, puede correr el riesgo de perder oportunidades de mejorar en su ámbito laboral porque algunas empresas pueden mostrarse reticentes ante la posibilidad de invertir en alguien que trabaja a distancia o que sólo trabaja la mitad del tiempo.

No obstante, tiene que tener en cuenta que las ventajas son numerosas. Por ejemplo, no tendrá que asistir a tantas reuniones rutinarias, no perderá tiempo haciendo llamadas a diario (¡el aislamiento tiene sus virtudes!) y evitará el tiempo y el gasto de trasladarse y vestirse cada día.

Los beneficios de trabajar

Aunque resulte difícil de creer, a pesar de todo el estrés que conlleva trabajar, sus beneficios son cuantiosos. Un importante antídoto para el Síndrome del Estrés Femenino es el tipo de sistema de apoyo que se encuentra normalmente en el entorno laboral gracias a los compañeros de trabajo. Este sistema de apoyo desempeña múltiples funciones a varios niveles.

- Trabajar puede ofrecer *contactos sociales y un sentido de pertenencia*. Pasarse prácticamente la mitad de la vida viendo las mismas caras y el mismo grupo de gente crea fuertes vínculos. Compartir metas comunes, trabajo, ansiedades y victorias hace que estos vínculos se refuercen aún más. A veces, los amigos para toda la vida se encuentran en el trabajo y se crean amistades únicas. Sea como sea, esas relaciones son muy valoradas, ofrecen gran apoyo y además aportan un sentimiento de pertenencia a un grupo: un departamento, una empresa, un sector o una profesión. La necesidad fundamental de pertenencia se satisface hasta cierto grado.
- Trabajar puede aportar *distintos puntos de vista*. Nunca hay una realidad o una visión de la realidad. Hablar sobre los problemas con sus compañeros puede ampliar su perspectiva sobre cualquier tema. Asimismo puede ayudarle a entender otra conducta desde un ángulo menos personalizado y ver desde otro prisma la pelea doméstica de la noche anterior o las noticias que le han dado por la mañana. Además, verá que puede entablar conversaciones con hombres y mujeres de distintas clases sociales, generaciones y ramas empresariales. A veces, las conversaciones le resultarán impertinentes, pero otras veces le fascinarán y harán que su pensamiento sea más flexible.
- Trabajar puede aportarle *humor* a su vida. ¿Le han contado algún buen chiste últimamente? Si es así y trabaja, seguramente los ha oído en la oficina. Los chistes de oficina van pasando de boca en boca, por teléfono e incluso por la fotocopiadora. Se ponen viñetas divertidas en los tablones de anuncios y se comparten anécdotas o historias divertidas. Las historias, al pasar de boca en boca, van cobrando mayor gracia y exageración y pasárselo bien es, sin duda, uno de los grandes beneficios de la vida laboral.
- Trabajar puede aportarle *recursos*. Sus compañeros de trabajo poseen ideas, información y experiencia que quizá usted no posea, y viceversa. Compartir los recursos es un ritual en la mayoría de los trabajos en los que hay mujeres. A veces, el objetivo es abrirse nuevas

oportunidades y otras veces basta con satisfacer necesidades más personales. Lo importante es que cuanto más conocimiento e información recopile, más control tendrá sobre su trabajo y, por lo tanto, menos estrés.

- Trabajar puede ofrecerle *confidentes*. ¿Quién puede entender mejor sus frustraciones y nerviosismo laborales que alguien que trabaje en el mismo entorno? ¿Con quién mejor que una compañera de trabajo puede hablar sobre los problemas familiares? En ambos casos, un compañero de trabajo puede ser un importante aliado. ¿Ha notado que, a veces, es más fácil desahogarse con una persona a la que no conoce tanto que con alguien más cercano?

- Trabajar puede ofrecer *válvulas de escape para el enfado*. Esto puede significar una oportunidad para emplear de forma constructiva la adrenalina generada por el enfado. Puede ponerse a trabajar a pleno gas, en vez de tomarla con su suegra. Puede terminar un informe antes de lo previsto, en vez de insultar. Puede argumentar el fundamento de una propuesta, en vez de pelearse con su marido. Puede dejar de atender al teléfono de su oficina, en vez de romper la relación con su novio.

Además, el enfado que puede parecer totalmente inapropiado en casa puede ser legítimo en la oficina. Quizá le parezca que no es constructivo enfadarse con su pareja o con un hijo porque no rinden lo suficiente, pero en la oficina puede hacerlo de forma constructiva y sistemática, ya que hay procedimientos de evaluación formalizados.

- Trabajar puede aportar *compasión*. Las expresiones de compasión ante un hecho triste que se reciben en la oficina son una fuente única de apoyo. Sus compañeros de trabajo son un grupo semipúblico, más amplio que su familia y no tan impersonal como los desconocidos o los vecinos educados. Además, cuanto mayor sea el grupo más probabilidades habrá de que se encuentre con alguien que haya experimentado la misma tristeza. Verá por qué la jubilación significa mucho más que separarse del trabajo, puesto que conlleva el separarse también de los compañeros.

- Trabajar proporciona *conversaciones adultas y estimulación intelectual*. ¿Se pasa la mayoría del tiempo hablando con niños? ¿En la televisión tiene puestos siempre los dibujos animados y programas educativos? ¿Se limita su intercambio verbal a unas palabras en la gasolinera con algún adulto? Entonces entenderá la importancia de este aspecto de la vida laboral. Muchas mujeres trabajan media jornada o se ofrecen como voluntarias, sólo para pasar parte del día con otros adultos. Para la mayoría de mujeres que trabajan porque tienen que hacerlo la estimulación intelectual no es la meta final, pero siempre es un gran beneficio que cabe reconocer.

- Trabajar puede ofrecer una fuente de *reconocimiento y halagos*. Muchas veces, hacer bien el trabajo o trabajar extra en casa es algo que nadie reconoce o ni siquiera es advertido por los demás. Aunque en un trabajo fuera de casa también puede darse esta situación, lo más normal es que su superior le diga si hace bien el trabajo. Los ascensos y el dinero por las horas extras son pruebas tangibles de este alto rendimiento. Incluso las mujeres a las que les gusta ser amas de casa, al volver al trabajo después de unos años de pausa declaran el sentido de valía que recobran. Les gusta saber que contribuyen al estado financiero de la familia y les gusta el poder que acompaña cualquier posición, además de poner sus múltiples capacidades al servicio de los demás.

- Trabajar puede ofrecer *una opinión y respuesta objetiva*. Su propia familia no puede ser nunca objetiva. En cambio, en el trabajo, usted y su gestión serán evaluados por los demás desde un punto de vista estrictamente laboral. A partir de ahí podrá basar acciones y decisiones posteriores en datos imparciales, lo que aumentará su sentido de identidad y control. ¡Un gran alivio para el estrés!

En el pasado, las familias contaban con muchos más miembros y éstos desempeñaban la mayoría de las funciones que acabamos de describir. Sin embargo, en la actualidad todos debemos crear nuestras «propias grandes familias» gracias a nuestro sistema de apoyo social. Tanto si trabaja fuera de casa como si no, piense en cada una de estas funciones que realiza en el entorno laboral. ¿Hay alguna función que no le aporten sus amigos o su familia? De ser así, busque activamente personas que pueda añadir a su sistema de apoyo que puedan proporcionarle lo que necesita. Puede que su calidad de vida dependa de ellas.

Los beneficios de trabajar van mucho más allá de la creación de contactos. Entrar en el mercado laboral con sus propias capacidades y habilidades significa negociar un precio por su trabajo. Para la mayoría de las mujeres, un aumento salarial o en las comisiones significa una subida de autoestima. La nómina es la prueba tangible de su trabajo, la fuente de orgullo y de independencia hasta cierto punto.

Educadas en una época en la que se decía a las chicas «eres con quien te casas», las mujeres con 50 y 60 años afirman que trabajar en desarrollar una profesión les ayuda a reafirmar su identidad. Las mujeres que han participado en los seminarios que imparto me han explicado que trabajar fuera de casa les aporta una respuesta a la trillada pregunta: «¿Y tú a qué te dedicas?» Muchas mujeres deciden ser amas de casa hasta que sus hijos son mayores y después se quedan vacías. Otras muchas mujeres no se han casado y no tienen pensado hacerlo y, sin duda, para ellas el trabajo les ofrece aún más un sentido de identidad. Para otras muchas, el trabajo y el amor (con o sin matrimonio) son igual de vitales. La clave es conocerse bien a una misma y saber lo que se quiere. Sea consciente de las ventajas y desventajas de su elección e intente reducir el estrés gracias a los consejos ofrecidos y otros muchos que todavía no ha leído.

8

Amor, sexo y estrés

No es únicamente una adicción femenina, sino que a todos nos ha llegado ese estado de conciencia alterado que provoca que digamos todo lo que sentimos, que nos ratifiquemos y que creamos en todo cuando oímos. Se puede llamar enamoramiento, pasión o lujuria, pero es lo mismo. Se trata de una psicosis temporal, una locura pasajera. Caminamos sobre nubes, no dormimos, no comemos y no sentimos el dolor. Estas reacciones son normales, ya que nuestro cerebro está inundado de endorfinas analgésicas, feniletilamina tipo anfetamina, norepinefrina que aporta energía y dopaminas antidepresivas.

Mientras estamos «drogadas» vemos al amado como la esencia de la atracción y como un ser irresistible.

Mientras estamos drogadas sabemos que podemos superar cualquier obstáculo y diferencia que se presente.

Mientras estamos drogadas vemos un enorme poder en el objeto de nuestros intereses: su aprobación es necesaria para la autoaprobación; su desaprobación conduce a sentimientos de culpabilidad.

· Mientras estamos drogadas estamos seguras de que nuestros sentimientos nunca cambiarán y así lo juramos y perjuramos.

Y después termina ese enamoramiento. Como todas las emociones altas, se pasa. El cuerpo vuelve a habituarse a los horarios de comida y sueño y la mente vuelve a concentrarse. El color de sus ojos no nos hacía predecir su capacidad de compromiso y las animadas charlas durante las citas se convierten en peleas imparables en casa. Lo que creía que era pasión era sólo una ilusión. Al fin y al cabo, el amor no es ciego, pero el enamoramiento sí.

Enamorarse

Pregúntele a cualquier mujer «¿Quién se enamora con más facilidad y más?» y seguramente le responderá con algunas de estas creencias que han ido trasmitiéndose de madres a hijas:

- «Las mujeres se enamoran con más facilidad.»
- «Las mujeres mantienen la esperanza durante más tiempo.»
- «Las mujeres no suelen iniciar las separaciones.»
- «Las mujeres sufren más las rupturas.»

Si cree que las mujeres se enamoran más fácilmente que los hombres o cualquiera de las frases expuestas se equivoca.

Marcy tiene más de 50 años. Antes de casarse vivió tres romances maravillosos y le gusta recordarlos. El primero le ayudó a superar la muerte de su padre. El segundo la hizo sexualmente consciente de sí misma. El tercero le aportó serenidad. Ella fue la que acabó con cada una de estas relaciones cuando pensó que ya no tenían nada más que aportarle y al final se casó con un «buen hombre» que le da una «buena vida». «He disfrutado mucho con los hombres anteriores de mi vida –afirma Marcy–, pero nunca he confundido enamorarme con aprender a amar.»

Quizás ahora vemos más culebrones en la televisión, leemos más novelas románticas y encendemos velas para una cena íntima, pero, desde luego, no por ello es más fácil que nos atraviese la flecha de Cupido. Es verdad que tenemos fantasías románticas, pero nuestra conducta es muy real. Según la investigación que he llevado a cabo sobre el amor y el enamoramiento, gracias a los cientos de hombres y mujeres que entrevisté pude concluir que la mayoría de las mujeres no sufre el síndrome de «viviremos felices y comeremos perdices» ni cree en un amor idílico. ¡Tenemos razones muy prácticas para mantener romances!

Bobbie no estaba preparada para casarse. Acababa de mudarse a Chicago y quería vivir sola por un tiempo. También quería tener amantes maravillosos, pero se sentía un poco culpable por interesarse sólo por el sexo. Así que siempre practicaba sexo con un hombre del que estuviese «enamorada», y me confesó que había estado «enamorada» bastantes veces después de mudarse a Chicago.

A veces, enamorarse ofrece el grado de intimidad necesario que le falta a la vida de una mujer con grandes logros laborales, que intenta eliminar cualquier otro aspecto al que tenga que dedicarle mucha energía durante bastante tiempo:

A Laura le encantaba trabajar en la televisión. Era ayudante de producción, pero le habían prometido que pronto tendría su propio programa. Por eso necesitaba centrarse completamente en su trabajo durante el día, aunque echaba de menos a alguien a quien abrazar por la noche. Ted supuso la respuesta perfecta. Era un hombre romántico, trabajaba muchas horas extras y vivía a un par de horas de distancia. Cuando se quedaba a pasar la noche con Laura durante la semana tenía que irse muy pronto, así que Laura se levantaba y se vestía sola y tranquila. Cuando estaba cansada hablaban por teléfono, en vez de pasar la noche juntos. Tenía a Ted los fines de semana y no había de preocuparse por ningún hijo ni por hacer la compra o la cena durante la semana. Sin embargo, cuando Ted empezó a hablarle de niños y de vivir juntos, Laura se asustó y decidió que lo mejor era que no se viesen durante una temporada.

Enamorarse también puede hacer que nos sintamos menos culpables por nuestra conducta:

Susan había estado 14 meses apoyando a su marido mientras éste padecía un duro revés financiero. Su matrimonio no estaba en peligro, pero Susan sabía que era un momento delicado. Necesitaba contar con alguien que la escuchase, que se preocupase por ella y la entendiese. Era como si necesitase que le diesen un poco de afecto antes de poder dar ella más. Así que se enamoró durante un tiempo. Ese romance extramatrimonial podía haber sido demasiado frío y calculador si no se hubiese «enamorado», admite Susan. Ahora que todo ha terminado, ella lo ve como parte de su vida privada pasada.

¿Quién dice que las mujeres son masoquistas al buscar el amor en los lugares equivocados? Desde luego, las estadísticas no refuerzan esa teoría. El psicólogo social Zick Rubin desarrolló un estudio durante dos años en el que preguntó a más de 400 estudiantes de la Universidad de Boston si se casarían con alguien que tuviese todas las cualidades que deseaban, pero del que no estaban enamoradas. Un total del 76% de las mujeres dieron una respuesta afirmativa, mientras que sólo un 36% de los hombres dijo lo mismo.

A Larry le gustaba mucho Cathy. Era una buena amiga y buena compañera, pero Susan era la que le volvía loco. Él quería ir con ella a las fiestas y que le viesen pasear con ella por la ciudad. Estuvo saliendo con Susan durante dos años hasta que ella le dio el «sí». Sigue siendo amigo de Cathy y sigue estando enamorado de su mujer.

Puesto que la mayoría de los hombres esperan ser los que traigan el pan a casa, pueden permitirse elegir la pareja que satisfaga sus fantasías. De hecho, en mi estudio, más hombres que mujeres afirmaron que sus matrimonios empezaron con la lujuria y el enamoramiento y más mujeres que hombres sostuvieron que sus matrimonios no empezaron con el enamoramiento. Esto significa que hay más mujeres dispuestas a terminar una historia de amor. Ponen fin a la relación, una vez más, por razones prácticas: para encontrar más seguridad, mayor fidelidad o permanencia.

Henry tiene 72 años y todavía se acuerda mucho de Renée. Estaba locamente enamorado de ella durante la Segunda Guerra Mundial. La relación no acabó bien, ya que ella no quería abandonar Francia y a su familia para casarse con un joven americano, y su decisión final le rompió el corazón. Todavía recuerda con cariño la historia que mantuvieron. De hecho, superar aquel fracaso amoroso le enorgullece tanto como haber ganado las condecoraciones militares.

A pesar de que las mujeres que entrevisté afirmaban que los hombres se desenamoran con más facilidad y se van con otras mujeres, la realidad no demuestra lo mismo. Los hombres declaran que les abandonan más de lo que ellos abandonan (al 90% de los hombres les habían dejado en alguna ocasión, frente al 61% de las mujeres) y que casi nunca dejan una relación por irse con otra mujer, si bien les gusta tener mujeres a su alrededor.

Fred y Marsha no habían mantenido una conversación en condiciones durante más de dos años porque estaban cansados de acabar siempre discutiendo. Ambos sabían que Fred era más dependiente. En las fiestas se sentía celoso y estaba resentido porque Marsha pasase tanto tiempo con su hermana o su madre. Él intentaba ser más independiente y se había apuntado a un club de esquí y a un grupo de terapia. También conoció a una mujer y cada vez llegaba a casa más tarde. Marsha se mostraba más fría y Fred estaba muy dolido. Al final, Marsha sugirió que lo mejor era que se separasen. Fred prefirió irse a vivir con su nueva amiga antes que quedarse solo.

¿Significa esto que las mujeres no se enamoran? Claro que no. Las mujeres nos enamoramos y nos gusta sentirnos así.

- En todos los grupos de edad, exceptuando a las divorciadas de entre 30 y 40 años, las mujeres afirman que enamorarse es una experiencia mucho más positiva que negativa, a pesar de las consecuencias.
- En todos los grupos de edad, las mujeres declaran que su enamoramiento es más intenso que el de los hombres porque las mujeres tienen menos control del desencadenamiento de los sucesos. Tienen que esperar a que las llamen y les propongan citas. Sin embargo, afirman que les encanta ese sentimiento de flujo de adrenalina.
- En todos los grupos de edad hay acuerdo sobre que nunca se agota la capacidad o necesidad de vivir experiencias románticas. Las mujeres más jóvenes explican que sus relaciones sólo duran meses, mientras que las mujeres mayores de 50 años sostienen que su enamoramiento dura años.

Una mujer nueva

Es una pena que algunas mujeres jóvenes tengan que casarse para crecer. A pesar de ser hija, estudiante o tener menos de 20 años, una mujer es «adulta» cuando está casada, puesto que ya se ha convertido en esposa. Ahora tiene un hogar, un marido y una nueva vida adulta. No obstante, una esposa adolescente paga un precio muy alto por esta nueva definición instantánea de la edad adulta. Puede que llegue a superar la confusión de identidad de esos años, pero, sin duda, sentirá una imparable avalancha de responsabilidades asociadas al matrimonio.

Al principio, Judy le dijo que no a James cuando éste le propuso matrimonio. Ella buscaba más cualidades en un marido: más madurez y más seguridad. James no era muy alto, no era muy guapo y era demasiado joven para satisfacer las fantasías de Judy. Además, sólo tenía un coche de segunda mano. Sin embargo, ella empezó a pensar en el matrimonio en general, en vez de pensar en cómo sería un matrimonio con James. Si se casase ya no tendría que vivir con sus padres ni pedirles que le prestasen el coche. Si estuviese casada podría dar consejos en vez de recibirlos y así no tendría que preocuparse por si tenía cita para el fin de semana o no. También podría tener un hijo, vestirlo, cuidarlo y mostrarlo con orgullo por toda la ciudad. Si estuviese casada, su vida sería una nueva oportunidad. Al final, le dijo a James que sí quería casarse con él.

Judy y James se casaron. Se fueron a vivir a un pequeño piso y James dejó la universidad para trabajar como representante de ventas. Sin embargo, Judy y James querían un puesto de trabajo mejor para él, pero ella ya estaba embarazada y necesitaban el dinero. El bebé y la depresión posparto llegaron a la vez. Judy estaba siempre cansada y triste. Echaba de menos la época de salir de marcha y las innumerables citas. Echaba de menos la casa de sus padres y la comida de su madre. Se preguntaba en qué estaría pensando cuando le dijo a James que sí quería casarse con él.

Tal y como demuestran las estadísticas y los médicos, el acto del matrimonio generalmente modifica incluso las relaciones que ya han convivido durante largo tiempo. Los factores que parecen ser los responsables podrían denominarse las «cuatro R».

1. *Regresión.* Pasar a la vida matrimonial puede implicar nuevos planes e ilusiones para la nueva vida, pero también activa recuerdos del hogar y el matrimonio de nuestros padres. Con esos recuerdos de la infancia también se reviven sentimientos y conductas del pasado. Puesto que nos sentimos más cómodos al experimentar sentimientos familiares que nuevas perspectivas y conductas adultas, quizás empiecen a surgir las dudas. Se confunde a los maridos con los padres y las esposas pueden actuar como hijas.

2. *Recreación.* Las mujeres también advierten que, pese a sus buenas intenciones, están recreando y perpetuando los estereotipos y conductas sexistas. Por ejemplo, pueden imitar conductas dependientes que observaron y aprendieron de sus madres. También pueden padecer el «complejo de Cenicienta», al esperar que un atractivo príncipe cambie sus vidas y las transforme en ricas princesas. Puede ocurrir que actúen como «mujercitas» pasivas, con temor a que las dejen si se convierten en mujeres adultas, o que caigan en la pauta de

comportamiento de estar continuamente quejándose, uno de los rasgos que seguramente más odiaban en las mujeres mayores cuando eran niñas.

3. *Reacción.* Para su sorpresa, muchas mujeres se percatan de que *reaccionan* más de lo que actúan. Es decir, controlan el estado de humor y las necesidades de su pareja, intentando ser la pareja perfecta para ellos en vez de ser como son en realidad. Piensan con cuidado cada palabra que pronuncian para asegurarse de dar respuestas apropiadas y justificadas. Temen iniciar planes, conversaciones e incluso el sexo, para evitar la responsabilidad asociada a la decisión: los planes pueden fracasar, las conversaciones pueden acabar en discusión y las insinuaciones sexuales pueden ser rechazadas. Al final, acaban convirtiéndose en espectadoras de sus vidas y su sentido de control va erosionándose hasta que sale a la luz el inevitable Síndrome del Estrés Femenino.

4. *Rememoración.* Los recuerdos, que pueden ser confusos, desagradables o estresantes, suelen eliminarse gracias a la represión, una especie de olvido motivado. Así nuestra vida es más fácil. Sin embargo, el matrimonio puede desencadenar el resurgimiento de recuerdos del de nuestros padres (imágenes, gritos y secretos). Por supuesto, esto hace que superarlos sea más difícil e incluso puede que resurjan pesadillas, sueños molestos, cambios de humor y una fuerte ansiedad.

Aquí y ahora

Fritz Perlsm, padre de la terapia Gestalt, popularizada por la expresión «aquí y ahora» nos advirtió que no utilizáramos el presente para controlar el pasado. Observó que la mayoría de las personas recrean las relaciones más tormentosas del pasado, una y otra vez, para intentar recobrar el control de las situaciones pasadas mediante la conducta presente. Sin embargo, incluso si lográsemos controlar el presente no sería suficiente, ya que la situación original del pasado no se hubiese resuelto, de forma que nos veríamos obligados a enfrentarnos al reto una vez más. Si usted tiene problemas para superar el pasado y sumergirse de lleno en el «aquí y ahora», intente las siguientes estrategias de supervivencia:

1. Busque evidencias del funcionamiento de las «cuatro R». Sea consciente de las que le causan mayores problemas.

2. Aumente su conciencia de las «cuatro R» hasta que pueda reconocerlas en el momento en que aparecen. Reconocer su modo de funcionar cuando ya han hecho de las suyas, sólo le permitirá disculparse sin poder cambiar la conducta.
3. Recuerde que una mayor conciencia le permitirá hacer cambios de conducta. Desconecte el piloto automático y controle sus interacciones.
4. Si le resulta difícil creer que el presente puede ser muy distinto a una mera repetición del pasado, intente comportarse *como si* el presente fuese distinto del pasado. ¡Así podrá iniciar una profecía positiva y gratificante! Tanto usted como los que le rodean tendrán la oportunidad de intentar nuevas acciones y reacciones. Quizás esté contribuyendo a que se produzcan las consecuencias que más le aterran al esperar esos resultados y actuar a la defensiva, antes de que haya empezado el problema.

Aun así, las «cuatro R» no son las únicas fuentes de estrés. Las mujeres que pertenecen a la cultura occidental, a menudo aprenden que son el «sexo débil», pero, por otro lado, se sienten muy incómodas al depender emocionalmente de su pareja. Puesto que muchas veces se les dice a las chicas jóvenes que tengan cuidado ya que muchos hombres sólo las quieren como objetos sexuales, ellas tendrán miedo a ofrecerles placer sexual a sus compañeros. Dado que las mujeres de esta cultura, a menudo perciben que al final acabarán dejándolas por una mujer más joven, una de sus prioridades es la seguridad. Así, puesto que también suele afirmarse que la carrera profesional es lo primero para un hombre y el matrimonio lo segundo, a veces eliminan los sentimientos de rechazo y adoptan una actitud fría y distante de «me da igual todo».

El estrés también puede radicar de la mezcla errónea de expectativas que junta la pareja. Toda relación conlleva al menos cuatro grupos de expectativas: las expectativas de la mujer para ella misma; las expectativas de la mujer respecto a la conducta de su pareja; las expectativas del hombre para él mismo y las expectativas del hombre respecto a la conducta de la mujer. Dado que las expectativas sobre las funciones se aprenden al imitar la conducta que llevan a cabo los demás, solemos imitar a aquellos más próximos: padres, hermanos, profesores y amigos. Por ello, la mayoría de las expectativas respecto a las relaciones se aprenden de la subcultura familiar, y el acoplamiento perfecto entre las expectativas de ambos miembros de la pareja es prácticamente imposible. Por esa razón, es preciso un ajuste y una comunicación constante de las expectativas y una relación continuada. Además, el estrés no muere aquí.

- Añada el problema de una mujer que no puede satisfacer las expectativas que ha ido aprendiendo y adquiriendo en cuanto a cómo debería ser su propia conducta. Seguramente sentirá culpabilidad y sentimientos de inadecuación en su relación.
- Añada el problema del conflicto de las distintas funciones, tan presentes en el matrimonio. Normalmente, la mujer siente que su función como madre, hija y amiga entra en conflicto con las conductas que se esperan de una esposa.
- Añada los problemas de las mujeres que preferían a sus padres antes que a sus madres, como modelo en la mayoría de las áreas. Esas mujeres, normalmente, se fijan altas metas que consiguen, pero tienen dificultades para encajar en un papel convencional.
- Añada los problemas especiales de las mujeres que no tuvieron modelos adecuados o aceptables. Tienen que aprender lo viejo y lo nuevo simultáneamente.

Por desgracia, en la infancia no hay una segunda oportunidad. Para que las relaciones funcionen sin que haya demasiado estrés presente tenemos que aprender a funcionar bien en aquellas áreas en las que fallaron nuestros padres. No es justo esperar que nuestra pareja resuelva nuestros problemas pasados.

Al crear el conjunto de expectativas para usted misma y su pareja hay que ser realista. Hay que conocerse bien y también a nuestro compañero y aceptar tanto los puntos fuertes como los débiles. Recuerde que su relación la componen usted y él y nadie más; está moldeada por cómo son los dos y no por cómo *deberían* ser.

Un tira y afloja

Psiquiatras, psicólogos, poetas y filósofos, están de acuerdo en que en las relaciones de amor hay que dejarse llevar hasta cierto punto, hay que aceptar las vulnerabilidades y compartir el control. Es decir, hay que mostrar que nos preocupamos por la pareja y que nos puede afectar su conducta. No obstante, si las parejas luchan contra los sentimientos de vulnerabilidad y anhelan el control, crearán luchas para conseguir ambos objetivos. Mediante las peleas intentarán convencerse de que «les da igual», de que pueden hacerle más daño a su pareja del que la pareja puede causarles a ellos y evitarán los momentos íntimos y entrañables que necesitan con desesperación y que temen perder.

Si el verdadero propósito de una pelea es reducir el estrés relacionado con la vulnerabilidad y/o la pérdida de control, en vez de solucionar el problema, aparecerán una o más de las siguientes tácticas de manipulación. Puntúese a sí misma en función de la siguiente lista.

Táctica de manipulación	Definición	Sí	No
Leer la mente	Decirle a la pareja lo que está pensando o sintiendo, a pesar de que él proteste y lo niegue.	___	___
Tareas detectivescas	Recopilar pistas y evidencias que refuercen los propios temores y el cumplimiento de profecías.	___	___
Caja de sorpresas indeseadas	Recurrir al pasado para lanzar insultos e injusticias que uno ha ido guardando para utilizarlas en momentos de pelea.	___	___
Insultos	Insultar y provocar a la pareja para garantizar una situación de ansiedad.	___	___
Alejarse asustada	Actuar de un modo que la proteja de las decepciones que todavía no han ocurrido (y que puede que nunca ocurran).	___	___
Repetir la jugada	Volver a recordar, una y otra vez, aspectos molestos que tiene guardados para protegerse contra su pareja.	___	___

Las discusiones que se basan en tácticas de manipulación son un síntoma de estrés. Pero, al igual que con el estrés, intentar combatir sólo los síntomas únicamente proporciona beneficios a corto plazo. Indagar en la dinámica subyacente a la relación tendrá consecuencias a largo plazo, ya que dicha dinámica puede agravar o aliviar el estrés presente en la relación. Veamos este tema con mayor profundidad.

Dinámica que agrava el estrés presente en la relación

Las mujeres se han pasado tres décadas intentando recrear a los hombres según la imagen femenina, pero no lo han conseguido. Los hombres también han tenido miedo de que las mujeres empezasen a pensar como hombres, pero tampoco se han cumplido sus temores. Madres y padres han intentado educar a hijos andróginos, y para su sorpresa han observado que los niños se siguen comportando como los niños de toda la vida.

Pero ahora ya estamos en el nuevo milenio y muchas de las diferencias entre hombres y mujeres siguen provocando estrés. Según una vasta encuesta realizada por el doctor David Buss, de la Universidad de Michigan, esta es la lista de las conductas masculinas que más estresan a las mujeres:

- Infidelidad, lo que hace que las mujeres nos sintamos humilladas y heridas.
- Agresividad sexual, lo que nos hace sentir usadas o coaccionadas.
- Condescendencia, lo que nos hace sentir ignorantes y poco importantes.
- Falta de consideración, lo que nos hace sentir insultadas y dejadas de lado.

Si se pregunta cómo estresan las mujeres a los hombres, la lista es más corta: les molestamos al negarnos a tener relaciones sexuales, al preocuparnos excesivamente por nuestra apariencia o al cambiar de humor inesperadamente. Desde luego, todos somos iguales, pero con nuestras diferencias.

Proyección

Un hombre que se enfade porque su pareja pospone un compromiso puede estar luchando contra su propia tendencia recriminatoria a posponer las tareas en la oficina. Una mujer a la que le comen los celos al menor signo de flirteo de su compañero, puede saber secretamente que ella llevaría el flirteo más lejos. De estas formas, las parejas pueden «proyectar» en su compañero/a sus propios pensamientos, sentimientos e impulsos inaceptables. Pueden ser hipersensibles a esas costumbres de su pareja que no toleran en sí mismos.

Este estilo para combatir los incidentes a diario puede aumentar los niveles de estrés de la relación. Veamos el caso de Jim.

Jim había tenido un mal día en la oficina, después había conducido hasta casa dando rodeos porque había calles cortadas y a continuación había tenido una conversación con su gestor que le había revelado algunos datos negativos. Cuando al final llegó a casa vio que la plaza en la que normalmente aparcaba estaba ocupada. Desde luego, Jim se sentiría mucho mejor si pudiese desahogarse con alguien, culpar a alguien por su mal día, y gritar un poco. Sin embargo, él sabe que sus impulsos de «pelea» son «inaceptables». En realidad, no hay nadie a quien culpar por su mal día, y acabaría sintiéndose peor si proyectase su frustración sobre su mujer o sus hijos.

¿La solución? Pensar que su *esposa* es la que inicia la pelea. Él escudriña la cara de su mujer buscando algún indicio de insatisfacción o exigencia y, claro, al final lo encuentra. Entonces Jim se siente legitimado para luchar y liberar su tensión sin sentirse ni culpable ni conscientemente responsable. Sin embargo, el precio de su desahogo será importante.

Desplazamiento

Por definición, el desplazamiento conlleva la reducción de la culpa potencial al redirigir un sentimiento de su fuente original hacia una persona u objeto más seguro. ¿Nunca ha colgado violentamente el auricular del teléfono después de haber discutido con su madre? ¿Nunca ha dado un portazo cuando no podía apaciguar el llanto de su hijo? ¿No ha tocado el claxon a motoristas inocentes, mientras revivía mentalmente la última pelea con su pareja? Eso es el desplazamiento.

Si se lleva aún más lejos, el desplazamiento puede suponer un gran estrés para la relación. «Siempre se acaba haciendo daño al ser querido» es una afirmación que podría también expresarse como «Uno sólo se atreve a herir al ser que le ama». Un hombre que parece tranquilo ante el mundo exterior puede tener muy mal genio y ser agresivo con su compañera. Una mujer que se enfada sobremanera cuando su marido le pide que ella haga algo que le parece excesivo, seguramente no se atreva a levantarle la voz a su jefe cuando le presente demandas irrazonables.

Dependencia

¿Sabía que muchos estudios concluyen que las parejas felices pasan mucho tiempo juntas en vez de ir «cada uno por su lado»? Aunque la interdependencia puede ser saludable y puede crear fuertes lazos entre dos personas, también puede ser destructiva y dañina. Confundir a una pareja con una madre o un padre fomenta reacciones infantiles y embarra el presente con recuerdos del pasado. Recuerde que para evitar caer en una relación dependiente en la que uno de los dos se comporte como un niño, ambos miembros de la pareja deben entender que no hay segundas oportunidades en la infancia. No puede convertir a su pareja en el padre o la madre que no tuvo. Preocuparse por el otro y quererle es muy diferente a cuidarle. Preocuparse y querer es una forma de amar, mientras que cuidar es un acto manipulador que puede ser destructivo.

Agresión

La distinción importante entre agresión y aserción es su intención. Durante la aserción nos acercamos al otro, mientras que durante la agresión nos movemos contra el otro. La aserción es vital en una relación, pero la agresión no es permisible.

Es difícil que las mujeres sean asertivas cuando han sido educadas pensando que deberían pasarse la vida trabajando en una oficina o en casa, pero actuando como el sexo débil. A muchas de nosotras nos da miedo no complacer a los demás, tememos el abandono y nos da miedo parecer demasiado independientes. No obstante, según los estudios, tanto a los hombres como a las mujeres les gusta tener una pareja asertiva con las ideas claras. Así se elimina la necesidad de tener que leer entre líneas o intentar saber lo que el otro piensa. Además, así también tenemos el permiso implícito para ser asertivas nosotras mismas. Por el contrario, la agresión suele desembocar en más agresión: empujones, movimientos esquivos y estrategias de defensa.

Pasividad

La pasividad y la evasión no son una falta de actividad que no tenga resultados negativos, sino que son actos manipuladores que tienen el objetivo de conseguir el poder en la relación sin asumir las responsabilidades inherentes.

La pasividad puede ser un acto agresivo. Un ejemplo familiar es el de aquel hombre o mujer que, queriendo mostrarse comprensivo, no acompaña a su pareja a una fiesta («Vete cariño, yo me quedaré aquí en casa») o que va, pero se sienta sin moverse y sin charlar con los demás. De este modo, le está negando a la pareja la posibilidad de pasarlo bien *juntos*.

El rechazo sexual

El rechazo sexual puede ser visto como pasividad, pero tiene un gran efecto manipulador. Aunque la mayoría de las disfunciones sexuales están relacionadas con la ansiedad o la culpabilidad, evitar la intimidad sexual también puede ser una expresión de desaprobación o enfado. Mediante el rechazo sexual a la pareja se está diciendo: «No te voy a dar placer ni voy a poner mi placer en tus manos. Ya no me siento cómoda dejándote saber que tienes un efecto sobre mí.»

Hay muchos problemas asociados a esta conducta. En primer lugar, establece una pauta que hace que se introduzcan problemas que no tienen que ver con el sexo en el dormitorio. En segundo lugar, es un acto indirecto y no resuelve la causa real del enfado. En tercer lugar, impide a *ambos* miembros experimentar placer y no sólo al miembro al que se intenta castigar.

Los problemas sexuales son tan comunes en las mujeres que padecen estrés que no sería justo atribuirles todo el estrés de la relación. Gran parte de dicho estrés debe atribuirse al Síndrome del Estrés Femenino.

Pelear o no pelear

Es normal estar confundido sobre las consecuencias de pelear o no pelear cuando se está enfadada. El consejo popular que se ha dado durante décadas ha sido compartir nuestros sentimientos con las personas «importantes» en nuestra vida. Quienes dan este consejo afirman que, si esas personas te quieren, te entenderán y comprenderán que se dicen cosas sin pensar y perdonarán. Siguiendo esta teoría, se pasó años gritando e intentando el enfoque de «nueva honestidad», pero pronto advirtió que había poca gente a su alrededor que respetase su enfado o que lo comprendiese.

Seguramente percibió que sus enfados hacían que quienes le querían actuasen a la defensiva, se alejasen o también actuasen gritando.

Si observamos las investigaciones, en vez de tener en cuenta las creencias populares, veremos que la respuesta a si es mejor pelear o no pelear está clara. El resultado principal de la pelea se denomina el «efecto práctico», que significa que gritar una vez sirve como práctica para un segundo grito, después para un tercero y así sucesivamente. Cada vez que pierde los nervios va *disminuyendo su umbral de resistencia* para mantener la calma. Además debe tener en cuenta que será un modelo para cuantos le rodean y que también acabará disminuyendo su umbral de resistencia. Asimismo, les estará ofreciendo una excusa para centrarse en sus frustraciones diarias en el trabajo y para proyectarlas en usted. A corto plazo, pelear puede parecer satisfactorio, pero tenga en cuenta que, a la larga, sólo atrae continuas peleas.

Si usted se crió en un hogar en el que sus padres se peleaban por costumbre, seguramente no le ha hecho falta siquiera leer el último párrafo para llegar a la misma conclusión. Las discusiones casi nunca resuelven los problemas matrimoniales (o de cualquier otro tipo), puesto que la liberación de la adrenalina durante la discusión desencadena una respuesta de «huida o lucha», pero no lleva a una respuesta argumentada en un pensamiento lógico. La respuesta de «lucha» puede llevar incluso a abusos físicos y la respuesta de «huida» a separaciones, situaciones muy difíciles de corregir. Desafortunadamente, si se crió en un hogar en el que había continuas peleas tiene alto riesgo de repetir la conducta.

¿Estoy sugiriendo con esto que se trague todos sus enfados y furias y que los meta dentro de una botella? No, pero quiero decir que la expresión del enfado es una *autoindulgencia,* un lujo que debería reservarse únicamente para momentos privados. Si usted quiere coger la almohada y golpear la cama hágalo. Si necesita andar, correr, pedalear o nadar hasta que haya agotado la adrenalina que ha liberado la activación del botón de «lucha o huida» hágalo. Si le apetece escribir una carta y después romperla en mil pedazos, hágalo (pero no se le ocurra expresar sus sentimientos en un correo electrónico y presionar «enviar»).

A continuación, después de haberse desahogado en privado y acabado con sus impulsos de *destrozar,* empiece a idear un plan *constructivo.* Busque la forma lógica más honesta que pueda encontrar para explicarse su enfado a sí mismo. La mayoría de nosotros hallamos durante este proceso que nuestro enfado significa que hemos sido *insultados* por alguien que nos importa; nos han *criticado* por algo que a menudo nosotros mismos nos recriminamos, alguien que nos importa nos ha *ignorado* o nos han *frustrado* las exigencias desmesuradas.

Intente contemplar la situación desde un punto de vista objetivo, sin *personalizar* demasiado. Vea qué puede aprender del conflicto y sobre su «rival» e intente formar la comunicación que desea expresar. Aquí le presentamos algunas sugerencias para superar la confrontación:

- Utilice frases que empiecen con «Yo» en vez de oraciones que empiecen con «Tú». La mayoría de los maridos, novios y miembros de la familia se interesarán por cómo se siente. En cambio, las frases que se inician con «Tú» suelen acusar, atacar o intentar saber lo que piensa la otra persona. Con esta actitud sólo conseguirá que su compañero o su cita actúe a la defensiva, se aleje o se enfade demasiado como para preocuparse por *los* sentimientos que usted está expresando. Por ejemplo, «*Me* siento tan poco atractiva cuando te veo flirtear con otras mujeres» seguramente hará que su compañero le preste más atención y lo tenga en cuenta la próxima vez que se dé la situación. Por otro lado, «*Tú* nunca me prestas suficiente atención porque te pones a ligar como un loco con la primera que pillas» seguramente dará pie a una contraacusación, que es lo mismo que ¡una pelea!
- Moldee su comunicación para que se adecue a la persona en concreto con la que está enfadada. Háblele en un lenguaje que pueda comprender y no asuma que su marido y su mejor amiga le escucharán de la misma forma o que ambos son igual de sensibles que usted. Si se da cuenta de que siempre repite las mismas quejas y las mismas frases, desde luego, tiene un claro indicio de que su comunicación no está siendo efectiva.
- Decida *antes* de participar en una discusión que puede conducir a una pelea, exactamente lo que quiere de su compañero. Después encuentre las palabras adecuadas para pedirlo. Seguramente su propósito sea sentirse mejor después de la discusión. Si un abrazo, una respuesta o pasar más tiempo juntos es lo que necesita, no espere a que se produzca un proceso de telepatía mental y dígale lo que quiere. Poner a prueba su amor esperando que lea su mente es buscar pelea.
- Si todo lo demás falla y sigue gritando, intente centrarse en el tema que originó la pelea. Cuando saca a relucir antiguas batallas, no hace más que añadir leña al fuego y si cree que las cosas que se dicen en

un calentón después se olvidan, está muy equivocada. Hay heridas que duran para siempre y, aunque la locura temporal puede ser un eximente, es muy difícil de demostrar y, desde luego, a nadie le gusta que le etiqueten de loco.

¿Le gusta tener la última palabra en las peleas? Si lo que desea es mejorar su relación en vez de empeorarla, no utilice sus armas de lucha con sus seres queridos o amigos. Sírvase de esas capacidades para negociar, aclarar malentendidos, realizar solicitudes y reafirmarse.

El estrés sexual y femenino

Antes de la tecnología de control de natalidad, los embarazos no deseados y los traumáticos abortos eran las consecuencias más temidas de las relaciones sexuales entre adolescentes, pero también entre cónyuges. Después llegó el miedo al herpes y a otras enfermedades de trasmisión sexual que atacaban en silencio nuestra fertilidad y ahora ya hemos entrado en la era del pánico al SIDA. De hecho, no tomar las debidas precauciones puede costarle la vida a una mujer: en el nuevo milenio, el SIDA es la tercera causa de mortalidad en las mujeres estadounidenses de entre 25 y 45 años.

La ansiedad que provoca el SIDA

Para una mujer soltera, el SIDA significa el estrés asociado a la negociación de practicar sexo seguro. Todo el mundo tiene control sobre su propia conducta, pero no puede controlar la práctica sexual de su pareja actual o futura y no puede saberlo todo sobre el pasado sexual de su pareja. Este hecho supone un problema para una mujer casada o que mantiene una relación estable y que sospecha que su compañero no es monógamo. El miedo a la infección del virus VIH puede precipitar una acusación abierta donde antes sólo había una sospecha oculta. Las mujeres a las que les educaron diciendo que los métodos anticonceptivos no deben emplearse o que no se debe hablar nunca de asuntos sexuales, están en una situación aún más delicada.

El SIDA infantil es también una tragedia; la prevención sólo puede conseguirse mediante la prevención primaria de la infección VIH en las mujeres. De hecho, en un sentido general, la expansión de la infección VIH debe ser vista como un asunto de salud femenina.

La mayoría de las mujeres a las que entrevisté se sentían así respecto a las enfermedades de transmisión sexual. Puesto que la infección y los tejidos dañados pueden esconderse en el sistema reproductivo femenino hasta que se produce un daño permanente en las trompas de Falopio, los ovarios y el útero, la prevención primaria es la máxima recomendación. Protéjase ahora y reducirá el estrés que puede generarse en el futuro. Diga no al sexo arriesgado, quizás esté salvando su vida.

Mitos sobre la sexualidad femenina

Sandy Teller, autora de obras sobre sexualidad femenina, cita en uno de sus libros a un eminente doctor de la Universidad de Pennsylvania:

> Indudablemente, el hombre tiene un apetito sexual mucho más intenso que la mujer... Con una mujer las cosas son distintas. Si tiene un desarrollo mental adecuado y ha sido bien educada, su deseo sexual será reducido. Si esto no fuese así el mundo entero sería un burdel y el matrimonio y la familia serían prácticamente imposibles.
>
> Es verdad que el hombre que evita a las mujeres y la mujer que busca a hombres son casos anormales. La mujer espera pasiva a que un hombre la corteje. Esto se debe a su conformación sexual y no está fundamentado únicamente en dictados de buena educación.
>
> Doctor Joseph Richardson
> (y 17 autoridades más)

Aunque estas afirmaciones se realizaron en 1909, en la actualidad se sigue esperando que las mujeres occidentales sean sexy, pero no sexuales, que sean insinuadoras, pero no directas y que se dejen halagar, pero sin excederse. Hay algunos chistes que, sin duda, se hacen eco de esta realidad.

> «¿Qué dice la mujer francesa cuando le hacen el amor?»
> «*Oooh, la, la!*»
> «¿Qué dice la mujer italiana cuando le hacen el amor?»
> «*Mamma mia.*»
> «¿Qué dice la mujer americana cuando le hacen el amor?»
> «Frank, hay que pintar el techo.»

¿Es cierto este estereotipo? Normalmente no. Las mujeres comparten con los hombres la capacidad de mantener fantasías sexuales, deseo, excitación y satisfacción. Los orgasmos femeninos se producen mediante contracciones de los músculos pubococigeos cada 0,8 segundos, el mismo tiempo que los orgasmos masculinos. De hecho, las mujeres no parecen tener un período refractario (sin respuesta) después del orgasmo, tienen más resistencia sexual y más posibilidades de experimentar orgasmos múltiples.

Entonces, ¿por qué existen esos chistes que dicen que las mujeres siempre tienen dolores de cabeza? Una razón podría ser una actitud defensiva masculina. Es decir, si un hombre cree que una mujer tiene poco deseo sexual, puede aliviar su propia ansiedad respecto a su rendimiento sexual. «De todas formas a ella no le gusta», puede pensar. «Sólo finge que le gusta para complacerme», puede creer.

La doctora Patricia Schreiner-Engel, del Centro médico Monte Sinaí en Nueva York, destaca otro problema posible que es que las mujeres, a diferencia de los hombres, no tienen signos externos de excitación sexual que les distraigan de preocupaciones. Los hombres ven sus propias erecciones, saben que están excitados y buscan el placer sexual. En cambio, muchas veces, las mujeres no son conscientes de su lubricación vaginal o su excitación genital. De hecho, tanto en estudios clínicos como teóricos, Schreiner-Engel concluyeron que las mujeres, muchas veces desconocían su excitación sexual.

Conflictos sexuales

El bajo deseo sexual puede ser un síntoma de estrés femenino por varias razones. A veces, el estrés se crea por los cambios graduales de la vida que se producen durante largos períodos de tiempo. A veces, el estrés está relacionado con enfados y resentimiento que no se han resuelto y que se guardan contra la pareja o contra los hombres en general. Otras veces, el estrés es una situación de crisis, pero la mayoría de las veces, el bajo deseo sexual proviene de los miedos y ansiedades que se han ido acumulando debido al aprendizaje pasado.

Las mujeres pertenecientes a la cultura occidental parece que se han educado entre mensajes sexuales contradictorios y, por esa razón, se enfrentan al menos a cuatro dilemas sexuales distintos.

1. *El miedo a decir sí frente al miedo a decir no.* Decir sí implica responsabilizarse del control de natalidad, protegerse de las enfermedades de transmisión sexual, supervisar los métodos anticonceptivos masculi-

nos o arriesgarse a un embarazo no deseado, contagio de herpes o incluso SIDA. Decir no implica riesgos que van desde la violación hasta reacciones de enfado.

2. *Ansiedad por el acto sexual frente a preocupaciones por castración.* Si una mujer va absorbiendo los consejos que le da su madre o que recibe de los medios de comunicación sobre cómo complacer a un hombre, seguramente durante sus encuentros sexuales será más una espectadora con una terrible ansiedad inhibidora de sus propias reacciones sexuales. Si, por otro lado, hace caso de los consejos sobre cómo aumentar el propio placer sexual, correrá el riesgo de asustar a los hombres a los que dé instrucciones, que seguramente verán sus actos como una agresión y su interés como un indicio de promiscuidad y manipulación.

3. *Miedo al descubrimiento frente al miedo a sentir frustración.* Mujeres jóvenes, mujeres mayores, casadas, religiosas, hijas, madres y abuelas, todas tienen en común el avergonzarse ante su sexualidad. Siempre hay alguien a quien preferirían ocultar su sexualidad. A menudo, incluso sus maridos ignoran que sus mujeres se masturban o tienen fantasías. Sin embargo, la alternativa es la frustración, ya que las investigaciones y estudios más recientes indican que las mujeres, al igual que los hombres, tienen necesidades sexuales. Negarlas u ocultarlas no sólo agravará el Síndrome del Estrés Femenino, sino que privará a las mujeres de un antídoto natural contra el estrés: ¡el buen sexo!

4. *Duetos desincronizados frente a estar sola.* Los seres humanos parecen ser una especie gregaria y las mujeres, en particular, siempre buscan pareja a largo plazo. Sin embargo, centrarse demasiado en encontrar un marido y definirse según el éxito del cónyuge ha hecho que haya una generación reaccionaria contra el «complejo de Cenicienta». Aun así, parece ser que centrarse demasiado en los propios logros también es insatisfactorio. La clave está en encontrar nuevas vías para cooperar con los hombres y redefinir la vida conjunta. Encontrar el equilibrio es un problema constante que contribuye al estrés femenino y al bajo deseo sexual.

Sexo y maternidad

La sexualidad femenina se convierte en numerosas ocasiones en la víctima del estrés que conlleva ser madre:

Menos tiempo.

Menos intimidad.

Más distracciones.

Miedo a otro embarazo.

Autopercepción de los cambios corporales.

Preocupaciones por ser buena madre.

Por si no fuese suficiente, el deseo sexual de la madre también puede convertirla en una víctima. Puede sentir que ya no es sexy o atractiva para su marido o puede dejar de interesarse por el sexo. Lo más normal es que el marido sienta lo mismo, ya que se sentirá culpable si siente deseos por una «madre», así que frecuentemente experimentan una pérdida de deseo o excitación que se denomina «complejo Madonna».

A medida que el sexo desaparece de la vida de una pareja, el estrés se incrementa, puesto que se pierde una relevante expresión del afecto adulto; una fuente importante de placer físico; un tipo de estimulación destacable que rompe con la vida cotidiana; un aspecto vital del amor; un antídoto contra el estrés. Ante dicha situación, los componentes de la pareja deben redescubrirse como *personas* y recordar que tienen derecho al placer sexual.

Superar el estrés que conlleva mantener una relación

Le exponemos algunas ideas para controlar el estrés inherente en las relaciones. Algunas son nuevas y otras recapitulan aspectos que ya han sido mencionados. Su propósito es enfatizar las expectativas realistas (tanto para usted misma y su pareja como para su relación) con el fin de reducir la frustración o la decepción crónica.

1. Recuérdese a sí misma y a su compañero que *son un equipo:* los dos juegan en el mismo equipo, ¡el de la pareja!
2. *Comuníquese para ser oída* y no para ganar.
3. Tenga en cuenta que usted *no tiene que enseñarle a su pareja a distinguir el bien del mal;* eso debe enseñárselo a sus hijos, si tiene.
4. *No confunda el conformismo con el cariño,* ni el inconformismo con la falta de cariño.
5. *Los principios casi nunca son más importantes que las personas.* La mayoría de las mujeres saben encontrar un lugar para los dos.

6. *Pida en vez de exigir.* Las peticiones suelen halagar al receptor y casi siempre quedan satisfechas. Sin embargo, las exigencias son mal aceptadas y suelen toparse con un muro de resistencia.

7. *Pida lo que necesite.* No espere a que su compañero desarrolle habilidades telepáticas. Al contrario, comuníquese con él y explíquele lo que piensa. De este modo le estará dando a su pareja un permiso implícito para hacer lo mismo y nadie estará obligado a jugar a las adivinanzas.

8. *Desarrolle la capacidad de ponerse en el lugar de su compañero.* Así añadirá empatía y entendimiento en la relación. Póngase en su lugar e intente comprender cómo ve él las cosas. Seguramente, así se tomará su conducta como algo menos personal.

9. *Reconozca que la media naranja perfecta no existe.* Busque el compromiso y la adecuación mutua gracias al esfuerzo.

10. *Reconozca los celos.* Es una reacción humana muy común. ¿Puede estar un padre celoso de sus propios hijos? ¿Y una madre celosa de su marido? Pues claro. No niegue estos sentimientos o empezarán a operar autónomamente. Trátelos como sentimientos posibles a los que tiene que imponer unos límites.

11. *Intente centrarse en sí misma.* Véase a usted misma a través de sus propios ojos. Concédase algunos momentos de relajación, hable según lo que opine y sea indulgente consigo misma. Sepa cómo es y no cómo debería ser. Haga lo que hizo Rita:

Rita asistió a terapia con una lista de quejas que le había hecho su marido. Ella quería que le ayudásemos a mantener una dieta, ya que Don quería que estuviese delgada. También esperaba que la ayudásemos a dejar de fumar porque su marido odiaba ver colillas por casa. Además, deseaba aprender a ser más organizada, puesto que él alababa la eficiencia, y quería saber reducir la enorme ansiedad que le generaba tener invitados, ya que a Don le gustaría que fuese mejor anfitriona.

Rita le había concedido a Don el poder de hacerla sentirse incómoda con la mayoría de los aspectos de su vida marital. Ella no tenía ninguna visión propia de sí misma, sino que sólo se veía a través de los ojos de su marido.

Rita acabó la terapia con mucha información sobre cómo se sentía en relación a su peso, el hábito de fumar, su nivel de organización y el estrés relacionado con los invitados. Decidió dejar de fumar porque creía que era conveniente, perder un poco de peso a modo de «regalo» para su marido, aprender a vivir con las diferencias entre su estilo de organización y el de su marido e invitar a gente a un restaurante en vez de tener que cocinar en casa. Rita estaba satisfecha de aceptarse más tal y como era y Don también supo aceptarla así.

12. *Intente educarse a sí misma.* Es una oportunidad para educarse a sí misma de la forma que le hubiese gustado que lo hiciesen sus padres. No espere que su compañero compense las carencias de sus padres ni intente educarle a su gusto.

13. *Permítase la vulnerabilidad que se produce al mantener una relación.* Esté tranquila al ponerse en manos de su pareja, tanto literal como figurativamente. Establecemos lazos de amistad, establecemos lazos familiares y establecemos lazos para producir amor.

A veces, a pesar del gran esfuerzo que se hace para entender el funcionamiento de una relación, no se es capaz de modificar las conductas y las expectativas que están firmemente arraigadas o que actúan como un piloto automático. Si el problema parece no tener solución, recuerde que siempre puede acudir a un profesional para llevar a cabo una terapia individual o en pareja. Un experto en terapia matrimonial, en terapia sexual o psicoterapia puede ser la solución para identificar las fuentes de estrés y sanar las heridas de la relación.

Coger el paracaídas

¿Cómo decide que ya basta? ¿Cuándo es mejor estar sola que en una relación que se va a pique?

Seguramente ha oído las estadísticas que afirman que en Estados Unidos se produjeron más de un millón de divorcios al año en el umbral del siglo XXI. A esta cifra hay que añadir las separaciones matrimoniales, las rupturas de parejas de hecho y el final de relaciones estables. Vemos que el número de gente que decide saltar del barco que se hunde es enorme. «¿Es mejor romper la relación?», preguntan muchas de mis pacientes. «¿O es mejor aguantar?»

Si le pregunta a amigas que ya han pasado por ahí, seguramente le contarán infinidad de historias, la mayoría contradictorias:

«Era la única vía para conseguir la independencia y el crecimiento personal.»

«Fue el peor error que jamás he cometido. Las cosas no son mejores ahora, sólo son diferentes.»

«Antes de romper, tenía un trabajo, una casa que limpiar e hijos que cuidar sin ningún elogio. Ahora tengo un trabajo, una casa que limpiar y unos hijos que cuidar sin elogios y sin dinero.»

Si espera que sus padres le den la respuesta, tenga en cuenta que seguramente pertenecen a una generación en la que era prácticamente obligatorio permanecer casados e intentar que la relación funcionase. Por eso, seguramente sus padres serán prácticos y le recomendarán que siga con su matrimonio, ya que dos sueldos son necesarios hoy en día y, si además hay niños, se preocuparán por el trauma que pueda causarles. Si no tiene hijos, puede que sus padres expresen su preocupación por no ser abuelos a menos que siga casada con su cónyuge actual. En cualquier caso, lo más probable es que le recomienden que espere un poco antes de tomar la decisión final.

Si usted es la que tiene que tomar esa difícil determinación (o si está ayudando a una amiga a decidirse) empiece examinando ambos lados de la situación. En primer lugar, contemple la relación en general y después la potencial separación. Al considerar la relación, hágase algunas preguntas que son vitales para poder tomar la decisión:

1. ¿Le parece especial la persona con la que está, o sencillamente cumple una función: marido, novio, acompañante, etcétera? Si le parece especial, ya tiene un punto a favor de mantener la relación e intentar que funcione.
2. ¿Ha decidido mantener una relación o un matrimonio para cobrar una identidad? Hay personas que se comprometen para cumplir sus fantasías de ser adulto, marcharse de casa de sus padres, romper con la conformidad religiosa o social o ser alguien más importante. Si esto es cierto en su caso, quizás esté considerando abandonar la relación ya que todavía se siente inmadura. No obstante, no se apresure a cambiar su situación e intentar el mismo plan con otro hombre. En primer lugar, tiene que resolver sus propias necesidades de identidad.
3. ¿Se casó de rebote? Cuando necesitamos que alguien nos quiera solemos crearnos una trampa. Después de un rechazo, nuestra autoestima está muy baja de modo que muchas veces respondemos positivamente a alguien que nos hace sentir bien, alguien para quien parecemos importante. Sin embargo, la baja autoestima se cura pronto y entonces nos vemos atadas a un compañero que considera-

mos que no está a nuestro nivel, que está necesitado o desesperado. Si esta es su situación, acuda a terapia de pareja antes de tomar la decisión.

4. ¿Tiene que culpar a su reloj biológico de su desastre matrimonial? Si usted se casó con su marido con el propósito de tener un hijo, quizá se haya fijado más en la disponibilidad de su cónyuge que en su personalidad. Ahora ya conoce cada uno de sus defectos y ¡no puede más! Está intentando conocerle bien a él y también a su hijo, al mismo tiempo, y necesita un respiro.

Intente pasar tiempo a solas con su marido antes de decidir si lo mejor es la separación. Si todavía no se ha quedado embarazada, espere unos meses antes de concebir para ver si le convence su matrimonio. Si ya ha tenido el bebé, pregunte a sus padres si pueden ayudarle a cuidar al niño, mientras pasa tiempo a solas con su marido para conocerse mejor.

Una vez haya respondido a esta lista de preguntas sobre su relación, pase a la siguiente enumeración de consideraciones sobre la separación, antes de decidir si debe irse o quedarse.

Antes de marcharse:

1. Si está pensando en las ventajas de dejar la relación, sin pensar en las desventajas (o en las ventajas de quedarse), hágalo y por escrito. Considere su edad y su posición familiar. Considere las posibilidades de volverse a casar o tener una relación estable de nuevo. Calcule su posición financiera (incluyendo los costes legales y la posible mudanza de piso). Haga una lista de los cambios cotidianos que supondría la ruptura. Redacte también una lista de los aspectos positivos y negativos de su pareja, desde su punto de vista. No importa que siempre llegue tarde o sea desordenado, a menos que le importe *a usted*.

2. Si decide dejar a su pareja porque otro hombre le ha hecho una oferta mejor, recuerde que a muchos hombres les resultamos más atractivas cuando no estamos disponibles. La fruta prohibida es más gustosa.

3. Si está pensando en la separación en un momento en el que padece gran ansiedad por causas ajenas a la relación, espere. Es muy fácil echarle la culpa de su estrés a su pareja cuando la verdadera crisis

puede estar en su profesión, su salud, sus padres, su situación financiera o su preocupación por envejecer.

4. Si está sopesando una posible separación sin acudir a un experto, puede estar precipitando los acontecimientos. A menos que haya habido un abuso mental o físico del que quiera encontrar una salida inmediata, acuda antes a un buen psicólogo.

Después de revisar estas opciones, hágase la pregunta de fondo: «Incluso si no encuentro a otra persona para compartir mi vida, ¿prefiero estar sola que con mi pareja actual?

Si su respuesta es un contundente sí, intente una separación temporal para ver si está siendo honesta consigo misma. Si sus respuestas a cualquiera de las preguntas sobre su relación o separación no son claras ni sobre la pregunta de fondo, lo mejor es que, de momento, siga con su relación. Los cuentos de hadas en los que se encuentra a un príncipe de ensueño son sólo eso: ficción. Después de todo lo que han compartido juntos, quizá lo mejor sea solucionar las divergencias y no lanzarse a acudir a «citas ciegas» o en los brazos de alguien que le dé una segunda oportunidad. Si después de intentarlo su relación no funciona, siempre tiene la posibilidad de romper.

Dejar la relación

A veces, la única opción parece ser dejar la relación e indudablemente este acto produce estrés. Estoy segura de que ha advertido que los humanos necesitamos cariño y estar vinculados los unos a los otros. Eso significa también que nuestras vidas están repletas de separaciones.

Dejar a mamá para acudir a la escuela por primera vez, dejar a la familia para ir a la universidad o a vivir a otra ciudad o romper una relación cuando ya no funciona, es tan duro como que nos dejen. Por eso, a continuación le exponemos algunos consejos sobre lo que no conviene que haga mientras mantiene la relación.

Lo que no conviene hacer:

1. *Sabotear.* Tanto si es una adolescente como una esposa adulta, no conviene llegar hasta los extremos del chantaje emocional sólo para demostrar que romper la relación es lo mejor.

2. *Situaciones límite.* No intente evitar la culpabilidad creando situaciones límite para que su familia la eche de casa, en vez de aceptar la responsabilidad de marcharse.
3. *Prontos imparables.* Los prontos y los enfados repentinos pueden acabar con su credibilidad en un instante. Guárdese el enfado para sí misma y no le haga daño a nadie con su ira.
4. *Buscar una cabeza de turco.* Todos sabemos que es más fácil marcharse enfadada que irse sin más. Por eso hay que tener cuidado y no pensar que el otro es el «tipo malo» si quiere que su separación sea civilizada.

¿Mi mejor consejo? *Intente ser tan considerada con alguien a quien abandona como lo sería con alguien al que acaba de conocer.*

Cuando nos dejan

Tanto si es su marido como su novio el que se va, seguro que le genera una situación de estrés. Incluso si le alegra la separación y considera que es lo mejor para ambos, vivirá momentos de estrés. Los cambios nos empujan a situaciones inciertas, impredecibles y desconocidas. Los cambios requieren ajustes y reajustes y el divorcio siempre conlleva cambios. Piénselo: quizás él no fuese el hombre de su vida, pero usted estaba acostumbrada a tener *alguien* a su lado.

- Con el divorcio aparecen los *cambios en sus pautas de socialización.* Quizá vuelva a tener citas y a tener que interpretar nueva información y mensajes confusos sobre sexo. Tendrá que volver a preocuparse por los posibles fracasos, nuevas enfermedades de transmisión sexual, nuevos bailes en las discotecas y nueva moda de ropa.
- Con el divorcio surgen *cambios en las pautas de educación de los hijos.* Además de haber de tomar más decisiones unilateralmente sobre la vida de sus hijos, tendrá sentimientos de responsabilidad al respecto. Quizá esté viviendo una custodia compartida en la distancia, o se sienta perdida los fines de semana en los que los niños están con su padre.
- Con el divorcio se produce *un cambio en la situación financiera.* El 75% de las mujeres divorciadas en los Estados Unidos trabajan fuera de casa. A medida que van cambiando las normas sobre la pensión de manutención de los hijos, las mujeres tienen que enfrentarse a su trabajo en casa y fuera de ella.

- Con el divorcio vienen *los cambios en la vida del hogar.* Incluso si no echa de menos al hombre que fue su marido, seguramente echará de menos tener un marido. Quizás encuentre a faltar el estar con otro adulto en casa, ir juntos al cine, etcétera.

Cada uno de estos cambios los viven tanto las mujeres que querían el divorcio como las que no. Aunque el primer grupo cuenta con la ventaja de enfrentarse al divorcio por decisión propia, ambos grupos se enfrentan a la misma realidad: a diferencia de los hombres, las mujeres no podemos empezar una familia una y otra vez; a diferencia de los hombres, las mujeres se suelen quedar con los hijos; a diferencia de los hombres, nuestras arrugas no son percibidas como un rasgo sexy.

¿Qué se puede hacer para combatir la depresión posdivorcio? En primer lugar, busque de nuevo las «cuatro D» y cualquier signo de trauma de transición: desorganización, dificultades para tomar decisiones, depresión y sentimientos de dependencia.

Después, céntrese en las «P» que pueden sacar a relucir sus mejores bazas emocionales. Haga *profecías positivas* para su futuro y seguramente se cumplirán. Tómese el *permiso* para no ser perfecta, para aceptarse con sus defectos y virtudes. *Practique* la separación del pasado y de su presente. Volver a revivir viejas situaciones del pasado no hará ni que las cambie ni que pueda pasar hoja. Esté en *paz* consigo misma y otórguese el tiempo necesario para comprender su divorcio y *planear* su futuro. Al fin y al cabo, tiene toda una vida, *su* vida, después del divorcio.

9

Una nueva visión de la familia

Las familias occidentales ya no son lo que eran y basta con contemplar los datos de estas estadísticas sobre hogares estadounidenses:

- Sólo el 7% de todas las familias tienen un padre que trabaje fuera de casa, una madre ama de casa y uno o más hijos, según una encuesta de Catalyst realizada en 1997.
- El 50% de los matrimonios estadounidenses acaban en divorcio. En el caso de los segundos, terceros, cuartos... matrimonios, la cifra es incluso mayor: el 60%. En torno a dos tercios de los divorcios son familias con hijos.
- En el 75% de los divorcios, la madre obtiene la custodia de los hijos. Las madres solteras superan a los padres solteros en un índice de cinco a uno. Incluso cuando hay disposiciones de custodia compartida, los hijos suelen pasar menos tiempo con sus padres.
- Más de la mitad de los niños estadounidenses viven en un hogar monoparental, antes de llegar a la edad adulta.
- Cinco de cada seis hombres y tres de cada cuatro mujeres se vuelven a casar después del divorcio, creando situaciones en las que hay hijos del otro cónyuge. Las mujeres con hijos son más propensas a volverse a casar que las que no los tienen.
- Alrededor de 1.300 nuevas familias mixtas se crean a diario. El censo estadounidense estima que, en el año 2007, habrá más familias mixtas que familias con un núcleo tradicional.
- En algún momento, uno de cada cinco niños menores de ocho años es parte de una familia mixta.
- De esos niños, 4,5 millones viven con su madre y su padrastro; un millón más viven con su padre y su madrastra.

- Los niños de familias mixtas tienen más probabilidades de disponer de una mejor situación financiera que los que viven en hogares monoparentales. Sin embargo, los niños de familias mixtas también tienen el doble de problemas de conducta que los niños de familias nucleares.

La nueva familia occidental es muy complicada. Es como si sus miembros empezasen a conducir por dos carreteras secundarias distintas y de repente, se encontrasen en una carretera principal sin tener mapa.

Las familias de hoy en día pueden estar compuestas por mujeres que están solas después de enviudar o divorciarse; padres solteros que son cabeza de familia; familias mixtas en las que un adulto tiene hijos y el otro no y familias en las que ambos miembros aportan sus propios hijos al nuevo matrimonio. Las familias, en toda su amplitud, pueden incluir la antigua familia política, los padres del padrastro o la madrastra, hijos mutuos (hijos de una pareja que ya tiene hijastros), medio hermanos e incluso perros de custodia compartida. Hay casos en los que los excónyuges mantienen una relación tan amistosa (por ejemplo, pueden seguir siendo socios empresariales) que nadie entiende por qué se divorciaron, o también pueden mantener tanta enemistad que a su lado las películas del oeste parecen un cuento de hadas.

Lo más probable es que no creciese queriendo ser una madrastra, una separada o una madre soltera. No obstante, aunque estas nuevas disposiciones suelen ser una experiencia positiva, se materializan porque se produce algún tipo de trauma anterior: una muerte o un divorcio. Por ello, el período de transición, el tiempo que necesita para adecuarse a la nueva situación, casi siempre estará repleto de estrés. De hecho, en la encuesta del Síndrome del Estrés Femenino (véase el capítulo 5) el divorcio y un nuevo matrimonio se citaban como dos de las causas de más estrés en los cambios de la vida.

A pesar del estrés, si sabe qué esperar y se prepara bien, podrá verle el lado positivo y las modificaciones favorables que se producen en su ser.

Ser madre en el nuevo milenio

Imagínese una jornada laboral de 14 horas durante siete días a la semana. Sin salario mínimo, sin plan de pensiones, sin paga de beneficios, sin ascensos, sin pausa para desayunar, sin paga de vacaciones, con una baja posición social y sin prestigio alguno. No se aceptan hombres.

¿Le resulta familiar? Pese a esta horrible descripción, cientos de miles de mujeres siguen firmando el contrato de la maternidad cada año. Esto se debe a las recompensas que vendrán después: participación en la creación, dar una vida, amar, compartir y educar. A cambio de esta recompensa, piensan que son capaces de pagar el alto precio requerido, pero a menudo implica más estrés del que creían.

El Síndrome del Estrés Femenino debe de ser tan antiguo como la propia maternidad, pero la novedad está en la envergadura del problema. Los índices de depresión y de ansiedad no dejan de ascender entre las amas de casa urbanas, suburbanas y rurales, desde la década de los cuarenta. Según un estudio realizado en 1998 por National Partnership for Women & Families, dos de cada tres mujeres afirman que encontrar tiempo para realizar las tareas familiares y laborales en los últimos cinco años es cada vez más difícil (sólo la mitad de los hombres afirmaban lo mismo). Asimismo, hay cifras récord de mujeres que desean posponer la maternidad, olvidarse por completo de ser madres o desarrollar una carrera profesional a tiempo completo durante la maternidad, una opción que implica otro tipo de estrés. ¿Por qué?

Un sistema de apoyo que flojea

Aunque la tecnología culinaria ha liberado a la mujer de muchas horas de trabajo físico, el progreso también ha creado problemas. La experiencia de Harriet es bastante común:

> Harriet dejó un pequeño pueblecito de Ohio, donde se había criado, para ir a la Universidad de Boston en Massachussets. A través de su compañera de habitación conoció a Alex, originario de Nueva York y estudiante de la Facultad de Economía de Harvard. Los dos años siguientes que le quedaban a él de carrera en Harvard salieron juntos y después se casaron. Alex empezó a trabajar como ejecutivo contable para una empresa nacional y le pidieron que se trasladase a Atlanta, Georgia. En menos de 32 meses después de abandonar su hogar familiar, Harriet se había trasladado a otra ciudad, se había casado y ahora se había vuelto a trasladar, había suspendido su formación y estaba embarazada. Durante la gestación trabajó a media jornada para conseguir dinero extra para sufragar los costes del bebé y no le quedaba prácticamente tiempo para conocer a gente

nueva o continuar su formación. Cuando llegó el bebé, Harriet se sentía muy sola y estresada.

Separada de su familia y de su ciudad natal, Harriet estaba lejos de un importante sistema de apoyo maternal. Hace años, la maternidad la compartían muchas generaciones y a la madre primeriza la ayudaban su madre y su abuela. Ahora las familias están divididas en pequeñas unidades que se trasladan a los focos de trabajo, de modo que es mucho más difícil mantener el contacto.

En vez de acudir a la madre y a la abuela en busca de consejos, las jóvenes madres de hoy en día se ven obligadas muchas veces, debido a la distancia, a recurrir a expertos. Sin embargo, éstos muchas veces no resuelven sus dudas, ya que reciben demasiada información y demasiados libros. Hay expertos en educación infantil en programas de radio, de televisión e incluso en las columnas de periódicos y revistas.

Los medios de comunicación han intentado sustituir a las abuelas, pero, mientras que los consejos de las abuelas siempre son sabios, en la actualidad multitud de «expertos» dan, muchas veces, consejos contradictorios. No es de extrañar que las jóvenes madres primerizas se sientan confundidas al no contar con el sistema de apoyo tradicional.

La madre trabajadora

Casi el 60% de las mujeres estadounidenses, muchas de ellas madres, tenían un puesto de trabajo en 1998. Algunas estaban casadas, otras divorciadas, solteras o viudas y el 30% tenían hijos. La mayoría estaban trabajando porque la realidad requiere dinero para poder mantener el tren de vida actual.

El hecho de trabajar ayuda a muchas mujeres a no tener que apretarse tanto el cinturón, pero no debemos olvidar que también agrava el estrés. Las madres trabajadoras tienen que enfrentarse casi siempre al machismo imperante. Muchas mujeres declaran que como madres trabajadoras están discriminadas no sólo en su puesto de trabajo, sino también por los profesores de sus hijos, por los miembros de la comunidad escolar, por los vecinos y por sus propias familias o incluso maridos.

Anne y Joe tenían cuatro hijos. Los dos estaban de acuerdo en que lo mejor para los niños era que Anne estuviese con ellos todo el tiempo, pero a medida que los aumentos salariales de Joe se fueron reduciendo y el coste de vida fue aumentando, Anne se vio obligada a trabajar de nueve de la mañana a cinco de la tarde. Poco después de empezar el trabajo, a Anne la llamó el profesor de su hijo mayor. Éste le dijo que el niño parecía tener dificultades para concentrarse en clase y sugirió que el nuevo trabajo de Anne podía estar afectando a su hijo e interfiriendo con su capacidad de concentración.

Molesta y con sentimientos de culpabilidad, Anne llamó a los abuelos del niño y recibió dos versiones de lo que ella denomina la lección de «el lugar de una madre es estar con sus hijos». Su marido sugirió que deberían incrementar la disciplina y no ser indulgentes con el chico, pero la mejor amiga de Anne no estuvo de acuerdo y le recomendó que le llevase a un psicólogo.

La situación no mejoró hasta que un test de inteligencia que le hicieron en el colegio descubrió que el hijo de Anne era superdotado y que, probablemente por esta razón, se aburría en clase. Sus problemas en clase *coincidieron* con la incorporación de su madre al mundo laboral, pero *no eran la causa*. Le subieron un curso más y Anne siguió trabajando, pero ahora con mucha más conciencia de que el hecho de trabajar podría ser siempre señalado como la causa de sus problemas familiares y con la preocupación de no estar preparada para la próxima vez.

La alternativa parece crear también estrés. Es decir, una madre que decide quedarse en casa corre el riesgo de sentir que debería estar trabajando para aliviar la carga económica que lleva su marido. Además, el sentido de dependencia puede ser muy grande, incluso cuando compra todo en oferta, en las rebajas y ahorra al máximo. Al parecer, las mujeres del nuevo milenio tienen todas las papeletas para sentirse estresadas y culpables tanto si trabajan fuera de casa como si no.

Las madres divorciadas, solteras y viudas suelen tener una elección más reducida respecto a trabajar o no trabajar. El coste de educar a un hijo desde el nacimiento hasta, más o menos, los 18 años de edad, con un presupuesto moderado, es de al menos 100.000 dólares en Estados Unidos y puesto que el coste de una madre con una alta formación que no trabaje durante esos años es de al menos 150.000 dólares en pérdida de salario, resulta obvio que el estrés que genera la situación financiera es considerable en los hogares monoparentales.

Un estrés muy diferente es el que padecen las madres modernas debido a lo que personalmente denomino «el dilema de Dana». Dana es una amiga mía que hace poco me confesó, «sería mucho más feliz en casa de lo que lo soy en el trabajo». Puesto que las consideraciones financieras no eran la motivación del trabajo de Dana, le pregunté por qué no se quedaba en casa. «Siento que estoy hecha para ser esposa y madre, pero ya no tengo amigas con las que compartir mi experiencia», contestó.

Parece ser que la mayoría de las amigas de Dana dejaron de ser amas de casa y volvieron a la universidad para terminar su formación o continuaron con su labor profesional. La presión social que sufren las mujeres, muchas veces no les permite ser ama de casa y madre.

El trabajo de una madre nunca tiene fin

Las presiones populares de hoy en día que soportan las mujeres para rechazar las funciones machistas convencionales, implican un alto grado de estrés por la baja posición femenina. Puesto que no se necesita ni experiencia, pasar un examen de acceso, ni haber realizado algún cursillo o tener un título universitario para ser madre, esta función se considera baja en cuanto a prestigio y exclusividad se refiere, y no hablamos únicamente de hombres. Si comparamos la cultura occidental con la de Nueva Guinea, por poner un ejemplo, veremos que allí los hombres envidian y valoran tanto la maternidad que celebran ceremonias en las que imitan el parto. Los nómadas Kung del desierto Kalahari, hace más de mil años que consideran el cuidado de los hijos como una actividad tanto masculina como femenina y, en ese aspecto, están muy adelantados.

Sin embargo, en nuestro mundo occidental las cosas son distintas. A pesar de que los hombres que cuidan el hogar hacen las mismas tareas que las mujeres, cuando *ambos* están en casa suele ser la madre la que hace la limpieza, la lavadora, la comida, la que cuida a los niños y todo lo demás. Según la socióloga Chloe E. Bird, de la Universidad Brown, el miembro de la pareja que realiza gran parte del trabajo en casa y que se encarga del cuidado de los niños es el que padece más angustia y depresión. ¿Desde cuándo el trabajo físico ha añadido atractivo a una posición social?

Más allá de las labores del hogar

Más allá de las tareas del hogar está el estrés que conlleva la pérdida de libertad, cierto grado de aislamiento y mucha monotonía. Estos problemas no son exclusivos de las madres, ya que muchas secretarias, ejecutivas y taxistas pueden presentar las mismas quejas. La diferencia radica en que la secretaria, la ejecutiva y la taxista están rodeadas de adultos, mientras que la madre a jornada completa no suele estarlo. Además, si se pasa todo el día esperando a que llegue su marido, él puede estar demasiado cansado cuando vuelve a casa después del trabajo como para sumergirse en prolongadas charlas.

La lista de los tipos de estrés asociados a la maternidad es interminable. Oigamos a algunas madres que venían a charlar conmigo semanalmente para aprender a gestionar el estrés.

«Me siento como si siempre estuviese de guardia.»

«Siempre estoy intentando ser la madre *perfecta.*»

«Me preocupo constantemente por cualquier cosa que pueda pasarle a los chicos. Si llegan tarde a casa ya pienso lo peor.»

«Cuando estoy de vacaciones no hecho de menos a mis hijos. ¿Es normal? Hace que me sienta culpable.»

«Decir que no es lo más duro, incluso cuando sé que tengo razón.»

«Coordinar el calendario de todos los miembros de la familia me vuelve loca.»

«Me da rabia saber que soy yo la que llevo la carga familiar, mientras que los chicos piensan que papá es el cabeza de familia.»

«Tener que tener respuestas para mis hijos me agota.»

«Odio ser la responsable de impartir disciplina a diario. Siempre soy la mala.»

«Si mis hijos no dejan de pelearse pronto, ¡me voy de casa!»

«Las tareas del hogar las llevo bien. Lo que odio es tener que llevar la contabilidad y la economía familiar.»

«En las fiestas siempre me da miedo que alguien me pregunte "¿A qué te dedicas?" y tener que decir "A nada" cuando en realidad lo hago *todo.*»

«Mi marido cree que relajarse significa ver la televisión por la noche, pero entonces ¿qué pinto yo?»

«Creo que no existo para el resto del mundo. Todo el correo que llega es para mi marido.»

Lista de comprobación del estrés de una madre

¿Trabaja todo el día? ¿Llama a su jefa diciendo que está enferma? ¿Ha solicitado la baja por maternidad? Desde luego, no hay duda de que padece el Síndrome del Estrés Femenino.

Si usted es madre, rellene esta lista de comprobación de estrés y verifique su nivel. En la parte izquierda de cada elemento, escriba los puntos que obtenga según esta escala:

0   No es cierto nunca.
1   Casi nunca es cierto.
2   A veces es cierto.
3   A menudo es cierto.
4   Siempre es cierto.

Actividades

____   Puedo perder completamente el interés en las actividades sociales y las aficiones; el esfuerzo que hay que hacer es demasiado grande.
____   Me resulta difícil saber qué me gustaría hacer con mi tiempo libre.
____   A menudo me olvido de la tarea que había empezado a hacer y no suelo llevar a cabo los planes.
____   Suelo iniciar más proyectos de los que puedo finalizar.
____   La casa siempre tiene que estar inmaculada y hay que llevar a cabo todas las tareas con eficiencia.
____   Muchas veces me siento sobrecargada de trabajo y fuera de control porque tengo que hacer demasiadas cosas.
____   Normalmente me resulta difícil decirle que no a los niños o a mi marido incluso cuando pienso que tengo que decir que no.

Concepto sobre una misma

____   Siento que mi apariencia no me importa ni a mí ni a nadie más.
____   No tengo tiempo para mí durante todo el día.
____   Creo que la opinión de otras personas es más válida que mi propia opinión.

_____ Muchas veces, siento que mi familia no me valora.

_____ Tengo fantasías de cómo podría ser mi vida si pudiese empezar de nuevo.

_____ Exagero ante mis amigos.

_____ Tengo dentro de mí una especie de resentimiento y enfado que no puedo explicar.

_____ Muchas veces, busco halagos y alabanzas.

Apetito

_____ Más de dos veces a la semana me siento demasiado insultada o tensa como para comer.

_____ Necesito café o cigarrillos que me ayuden a seguir adelante.

_____ Me doy comilonas y después me arrepiento.

_____ Necesito chocolate y/u otros carbohidratos cuando estoy cansada o deprimida.

_____ Suelo padecer náuseas, calambres o diarrea.

_____ Pico mucho entre comidas.

Sueño

_____ Me cuesta conciliar el sueño.

_____ Me despierto antes de la hora necesaria/deseada.

_____ Tengo pesadillas más de una vez al mes.

_____ No me levanto descansada, incluso cuando duermo más de ocho horas.

_____ Muchas noches me quedo dormida antes de lo deseado.

_____ Parece que mi cuerpo necesita una siesta después de comer.

_____ Me despierto durante la noche.

Estado emocional

_____ Siento que he perdido el sentido del humor.

_____ Estoy muy impaciente e irritable.

_____ Lloro sin saber por qué.

_____ Muchas veces, revivo el pasado.

_____ Normalmente soy pesimista en cuanto al futuro.

_____ Me siento fría y sin emociones.

_____ Muchas veces, me río muy alto y sin razón aparente por puro nerviosismo.

_____ Ignoro los aspectos que me pueden molestar o hacer daño.

_____ Siento haber elegido ser madre.

_____ TOTAL

Si su puntuación está entre *1 y 40* ¡Felicidades! Tiene gran sentido del control y sabe llevar muy bien su maternidad. Además, aumentará aún más su sentido de control a medida que vaya leyendo este libro.

Si su puntuación está entre *41 y 75*, seguramente está *medianamente estresada* por ser madre y cabe esperar que se produzcan más síntomas de estrés. Esta obra le ayudará a reducir esos síntomas.

Si su puntuación está entre *76 y 110*, corre un riesgo *moderado* de padecer el Síndrome del Estrés Femenino. Utilice los consejos de autoayuda de este libro para disminuir sus niveles de estrés, antes de que se convierta en crónico.

Si su puntuación está entre *110 y 148,* está en la franja de *alto estrés* y este libro será muy importante para usted. Cambiemos de meta, puesto que ya no debe conformarse con superar la situación, sino que tiene que aprender a disfrutar y ser feliz.

Saber gestionar las tareas que implica ser madre

¿Qué se puede hacer cuando una madre está deprimida? ¿Qué hay que hacer cuando está agotada, se siente menospreciada y poco atractiva? ¿Qué sucede si esa madre es usted?

Empiece examinando su papel con honestidad. Haga una lista de las ventajas de la maternidad para *usted.* Quizá le satisface el papel de cuidadora, quizá le gusta que la necesiten, sentirse que es la que controla o la figura de autoridad, ser la que toma las decisiones, el centro de la familia, o incluso puede que le guste hacer actividades infantiles. A medida que aumente su sentido de maternidad escogido disminuirá el estrés estimulado por el resentimiento.

Después, vuelva a examinar sus expectativas en relación consigo misma como madre. ¿Es realista? ¿Hasta qué punto encaja su lista de prioridades con su rutina? ¿Cuál debería modificarse? (Una pregunta que no es nada fácil de responder. Reflexione al respecto.)

A continuación, conviértase en una persona que se otorga permiso a sí misma. ¿Siente, a veces, que tiene demasiado trabajo y se agota al máximo antes de darse un respiro? ¿Piensa que tiene que justificar cualquier pausa que haga ante su marido, su suegra o el resto del mundo? ¿Fueron las mañanas que pasó en el hospital después de dar a luz las últimas de las que ha disfrutado en la cama? ¿Por qué?

Por último, ¡no espere a que nadie la rescate! Alrededor de 4.000 madres con las que he hablado durante el transcurso de mis numerosos seminarios impartidos, han declarado que ese ansiado rescate siempre llega demasiado tarde. Intervenga *antes* de estar demasiado cansada como para tener que descansar a la fuerza o demasiado enferma como para disfrutar de esos momentos de tranquilidad.

Tal y como suelo decir a mis pacientes, sea una madre compasiva y comprensiva para usted misma. Disfrute del mismo tipo de maternidad que está intentando darle a sus hijos y recuerde estas «tres C» tan importantes para los padres:

- *Complázcase.* Informe a sus hijos de la valía de su trabajo y de su ser al saberse valorar usted misma. Alábese a sí misma y verá que es una forma mucho más agradable de animarse que las exigencias inmediatas, las quejas crónicas o los sollozos depresivos.
- *Cuídese.* No se utilice como mano de obra barata si quiere superar la dura realidad de la maternidad. Enséñeles a todos los miembros de la familia a hacer las tareas del hogar. Usted no es indispensable ni es la única que sabe cómo utilizar la secadora. ¡No se canse tanto!
- *Considere divertirse.* No se olvide de pasárselo bien. En vez de enviar a sus hijos a que jueguen, únase a ellos. En vez de estar resentida con su marido porque se ha ido a practicar *footing*, vaya con él. La diversión evitará que dedique el tiempo extra a solventar tareas del hogar que no son necesarias, que no corren prisa o que podrían hacer los demás.

Es fácil estar malhumorada cuando una está en la cocina y los demás están viendo los deportes en la televisión. Si lo mira desde otro punto de vista y recuerda que odia los deportes y le encanta cocinar, quizá mejore su humor, pero si tampoco le gusta cocinar, entonces salga de la cocina ya. ¡Recuerde que sólo es una madre! ¡No es una mártir!

Divorcio al estilo americano

Cuando un matrimonio está a punto de terminar, el estrés ya está muy presente, mucho antes de que se produzca el divorcio. Durante el proceso de toma de decisión, una mujer tiene que considerar una serie de problemas de los que los hombres suelen despreocuparse. Si hay hijos, en la mayoría de los casos estarán con la madre. Si es una madre trabajadora tendrá una vida cotidiana aún más dura, ya que tendrá que trabajar, ser madre e incluso actuar de padre. Seguramente sus ingresos bajarán y según las estadísticas, al año siguiente del divorcio, la caída de los ingresos de la mujer hace que sea entre un 20 y un 30% más pobre que su exmarido.

Incluso si no hay hijos implicados, el estilo de vida de la mujer cambiará drásticamente. Abandonará su estatus de mujer casada por una situación inestable de continuas citas, con toda la ansiedad que implica: esperar a que llamen, luchar contra las estadísticas que afirman que hay más mujeres que hombres disponibles, competir con mujeres más jóvenes para conseguir hombres de todas las edades que reaccionan según la apariencia de la mujer, etc. También puede ser que la mujer decida dejar de salir con hombres y niegue así el apoyo que da una pareja. Además, si considera que tener una relación o un matrimonio es un componente importante para su felicidad habrá de enfrentarse a todos los elementos que hemos descrito, más la superación de un importante fracaso: la ruptura de su matrimonio.

Incluso las mujeres que desean un divorcio con ansiedad padecen el estrés que les producen los cambios de la vida que conlleva la ruptura. Su mundo se vuelve menos predecible y su futuro está lleno de incógnitas. Según numerosos estudios, los síntomas frecuentes del estrés asociado al divorcio incluyen:

- Dificultad para conciliar el sueño.
- Salud debilitada.
- Mayor soledad.
- Bajo nivel de rendimiento laboral.
- Dificultades de memorización.
- Aumento del tabaquismo.
- Aumento del alcoholismo.

Es interesante comprobar que el momento de mayor estrés sea el punto en el que se produce la separación física y no el momento en el que se interpone la demanda o se obtiene el divorcio. Aunque los pasos jurídicos que hay que dar requieren cambios psicológicos, el proceso de mudarse es el que más cambia la posición social de una mujer y la relación con su familia y con la de su antigua pareja, además de tener un impacto importante en los amigos y en los hijos, en las pautas alimentarias, en las disposiciones de alojamiento y un largo etcétera, así que el estrés se encuentra en su pico más alto.

La regla general es que hacen falta *dos o tres años para superar un divorcio.* Durante ese período, lo normal es sentir enfado, tristeza, soledad, celos, miedo y rechazo. Son reacciones normales tras un divorcio, así que lo normal es que las experimente. Para que no le afecten tanto, compártalas con amigos o, si no es posible, con un grupo de apoyo o un terapeuta.

Con todo, es destructivo centrarse exclusivamente en estos sentimientos. La mayoría de nuestros padres provienen de una generación en la que divorciarse era visto como un síntoma de un defecto moral, y esa actitud puede conducir a la autoflagelación. Por ello, lo mejor es que se convenza de que su matrimonio fue apropiado durante un tiempo, pero que ya no tenía sentido; que era un estado del que disfrutó mientras duró y ahora tiene que empezar de nuevo, o que se basó en un malentendido sobre quién era o es su marido y sobre quién era o es usted.

Cuando ve su nueva vida desde un prisma distinto y piensa en las nuevas necesidades que quiere satisfacer, todo adquiere un tono emocionante.

Si se acaba de divorciar, quizá le cueste creérselo, pero muchas mujeres florecen y sacan a relucir su gran valía después de haber superado este trauma. Entonces se dan cuenta de que tienen mucha más energía al no tener que luchar constantemente por sacar a flote un matrimonio que se hunde. Practican actividades que siempre habían querido hacer y consiguen entrar en nuevos círculos sociales de solteros. Asimismo, también se vuelcan de lleno en sus profesiones, algo que antes no podían hacer cuando estaban casadas. En muchos casos, también acuden a terapia para comprenderse mejor y estar más a gusto, y muchas mujeres afirman que después del divorcio empezaron a hacer ejercicio, perder peso (a veces debido a una depresión breve) y a actualizar su armario.

Por más que vea las ventajas, está claro que no puedo garantizarle que su divorcio haga que se sienta mucho mejor o que pierda peso, pero si aprovecha bien la oportunidad que tiene entre las manos podrá empezar de nuevo, algo que no ocurre muy a menudo.

Divorciada y con hijos

Carol y Frank se divorciaron cuando su hijo tenía 16 años y su hija 13. Su hijo prefirió vivir con su padre y su hija eligió vivir con la madre. Todo parecía un acuerdo civilizado: las dos casas estaban en la misma ciudad y ambos padres veían a sus dos hijos a menudo.

Sin embargo, Frank seguía participando en la vida de su hija hasta tal grado que resultaba opresivo. Discutía con Carol si la niña debía, o no, llevar ortodoncia fija o temporal, si debía ir a unos campamentos de verano o trabajar, si debía ir a un colegio público o privado e incluso quería saber con quién se veía su exmujer. Tras cinco años de divorcio, Carol dijo: «Hubiese sido más fácil si Frank se hubiese muerto en vez de divorciarse de mí».

Se dice que si hay hijos de por medio, uno nunca acaba de divorciarse o, tal y como declaraba un periodista en la revista *New York*: «Si la guerra es el infierno, entonces el divorcio es el purgatorio».

A menos que su exmarido sea uno de esos padres que desaparecen totalmente tras el divorcio (algo no muy recomendable para los niños, por supuesto) lo normal es que tenga que enfrentarse a él durante el resto de su vida. Esto significa que una relación que no ha funcionado debe ser renegociada para que ambos puedan colaborar en la educación de los niños. Si no pueden llegar a un acuerdo, entonces estarán sometiendo a los niños al mismo tipo de conflicto que vivían mientras estaban casados.

La socióloga Constance Ahrons llevó a cabo un informe sobre un estudio de diez años de duración sobre las familias «binucleares» (con dos hogares) y concluyó que los excónyuges llegan a cinco tipos distintos de arreglos que van desde el grado más amistoso hasta el más hostil:

- Perfectos amigos: los excónyuges son grandes amigos.
- Socios colaboradores.
- Socios a regañadientes.
- Fieros enemigos.
- Personas totalmente alejadas: la hostilidad es tan grande que los dos excónyuges no tienen relación entre ellos.

Estas categorías pueden ir variando, ya que personas que se divorcian con gran hostilidad pueden aprender a cooperar, o exparejas que son perfectos amigos suelen pasar a socios colaboradores cuando uno de los dos se vuelve a casar.

La mayor categoría en el estudio de Ahron eran los socios colaboradores, es decir excónyuges que aprovechan la oportunidad para llegar a un acuerdo viable de «coeducación» de los hijos. Según Ahron, alrededor de la mitad de los divorcios son funcionales, lo que significa que los hijos se adecuan bien a los cambios.

¿Cómo puede pasar un excónyuge a educar conjuntamente a los hijos?

1. La primera norma es dejar atrás el enfado o al menos, ocultarlo ante los hijos. Esta regla es fácil de redactar y, pese a ser difícil de cumplir, ayuda a ver al exmarido desde un ángulo distinto. ¿Come en la cama? ¿Sale hasta tarde con sus amigos? ¿Se siente poco importante? Al no estar casada ya con él (gracias a Dios) ninguno de estos aspectos debería importarle lo más mínimo. El único tema relevante es cómo trata a los hijos que tienen en común.

2. La segunda norma es que, incluso si no puede superar el enfado, no le critique enfrente de los niños. Se trata de su exmarido, pero no olvide nunca que es el padre de los niños, el único que tienen biológico y al que siempre tendrán. Muchas veces, los hijos se sienten divididos después de un divorcio y sólo conseguirá añadir más confusión si les obliga a tomar partido y decantarse por uno o por otro.

3. La tercera y última norma es establecer una comunicación con su expareja. Si no pueden acordar normas que puedan seguir (por ejemplo, la hora en que los niños se vayan a dormir) al menos deberían saber el tipo de disciplina que imparten en los distintos hogares. Los niños son muy listos y acostumbran a poner en contra a los padres con afirmaciones del tipo «Papá deja que me quede hasta media noche», tal y como replicaba un niño a su madre. Cuando ella le preguntó al padre, averiguó que no era cierto. Para que no ocurran este tipo de situaciones, lo ideal es que su expareja y usted establezcan lo que denominaríamos un «comité ejecutivo de padres», un grupo que negocie las normas y los límites.

Esposas políticas

Roseanne no podía creerse lo bien que le estaban yendo las cosas. Con 32 años ya había desistido casi por completo de la posibilidad de conocer a su media naranja, pero entonces le presentaron a John, un destacado médico de cincuenta y tantos, que se había divorciado hacía dos años y tenía tres hijos mayores. Los hijos de John aceptaron bien a Roseanne y pensaron que era alguien que hacía feliz a su padre. Cuando Roseanne y John tuvieron dos hijos juntos, los hijos mayores de John se volcaron en sus hermanitos. La única sombra que se alzaba sobre su felicidad provenía de un lugar inesperado: la primera mujer de John, Louise.

A pesar de que Louise había deseado el divorcio, tenía pocos pretendientes y le costaba adaptarse a una vida solitaria. Quizá por esta razón empezó a centrar su energía en los nuevos hijos de John. Louise, John y Roseanne pertenecían al mismo círculo social y Louise se encargaba de decirle a todo el mundo en privado que Roseanne no sabía educar bien a sus hijos. Cuando Louise les veía por la calle, les decía con educación que no estaban vestidos como era de esperar e incluso les proponía programas extraescolares a los que les convendría asistir. Muchas veces les decía a amigos mutuos que «Roseanne es muy dulce, pero la pobre es tonta».

John nunca había sabido cómo frenar las tendencias controladoras de Louise cuando estaba casado con ella y ahora la situación parecía haber empeorado. Dejó que Roseanne resolviese el dilema solita, pero Roseanne temía enfrentarse a esta mujer mayor y atacarla directamente. El problema sólo se solucionó cuando Louise decidió trasladarse a vivir a otra ciudad. John y Roseanne hicieron una gran fiesta para celebrarlo.

La palabra es «esposa política», es decir, la exmujer de su marido actual o la mujer actual de su exmarido. Ha estado casada con el mismo hombre que usted está casada, aunque haya sido en momentos distintos. La esposa política puede compartir los mismos amigos e incluso parte de la misma propiedad. Quizá incluso haya dormido con su marido en la misma cama y haya tenido que soportar los mismos ronquidos.

Hay alrededor de 14 millones de esposas políticas en Estados Unidos, por lo que se estima que 1,5 millones de mujeres se convierten en esposas políticas cada año.

Es posible que las esposas políticas se hagan amigas al compartir graciosas anécdotas sobre su marido mutuo, pero eso no es lo habitual.

Por lo general, las exmujeres sienten que la esposa actual lo tiene más fácil de lo que lo tenían ellas. Casi todas las mujeres actuales sienten que la ex le pide demasiado a su marido, según Ann Cryster, que trató la situación en una de sus obras.

No se puede esperar que el marido sea el árbitro entre las esposas políticas: los maridos suelen dejar que las mujeres resuelvan sus diferencias. La situación normalmente mejora cuando la exmujer se vuelve a casar o tiene una relación estable. Le recomiendo que se tome la situación con humor. Piense en el ridículo que está haciendo la exmujer y en lo cómicas que resultan las circunstancias.

Madres solteras: madre y padre a la vez

En la actualidad hay millones de madres solteras y su proporción está creciendo a un ritmo acelerado. El lado negativo es que los estudios que se han realizado hasta ahora han corroborado que ser madre soltera es una de las «ocupaciones» más estresantes que hay, junto con los controladores aéreos y los editores de periódicos.

Una madre soltera debe actuar de madre, padre y normalmente de persona que trae el pan a sus hijos. A diferencia de las madres trabajadoras que tienen una pareja, la madre soltera no dispone de la posibilidad de vivir con un adulto al que pueda confiar parte de la carga de su situación. Las madres solteras que trabajan suelen sentirse muy culpables por pasar tantas horas en el trabajo y no suelen dedicar momentos para sí mismas.

Si usted es una madre soltera, está en una situación especialmente difícil y necesita aprender a cuidarse y dedicarse tiempo a sí misma. Quizá piensa que después de cumplir sus numerosas responsabilidades no le queda nada de tiempo libre, pero cualquier pausa logrará que pueda hacer frente mejor a sus responsabilidades. Cuanto más feliz se sienta, más tiempo cualitativo pasará con sus hijos. En el capítulo sobre mujeres trabajadoras aporté algunos consejos para ahorrar tiempo y aligerar un poco la gran carga que soportamos.

Puesto que las madres solteras están excepcionalmente ocupadas, suelen aislarse del resto de adultos. Esto es un gran error por una serie de razones. Para empezar, la mujer aislada suele ser infeliz. Incluso si le encanta pasar tiempo con sus hijos, su compañía no es un sustituto de sus amigos y del resto de personas adultas con las que puede reír y que pueden entenderla. Además, las madres aisladas convierten a sus hijos en sus confidentes o en una especie de pareja, haciendo que éstos crezcan antes de lo debido y cargándoles también con problemas de adultos. Estos niños se sienten responsables de la felicidad de sus padres.

Si usted es una madre soltera, tómese una o dos noches a la semana para salir con sus amigos y divertirse. También es bueno que conozca a otras mujeres en su situación o que tenga alguna cita. En otras palabras, trátese bien, puesto que su supervivencia psicológica dependerá de sus acciones.

Familias mixtas

Las familias mixtas no acarrean más problemas ni son menos felices que las familias nucleares, sino que son distintas.

En una familia mixta, un grupo de extraños se levanta una mañana bajo el mismo techo y descubre que están vinculados. Es una familia creada a posteriori y, al igual que cualquier formación social, la gente necesita tiempo para acostumbrarse. Los terapeutas de familia afirman que, normalmente, la nueva familia tarda entre dos y cinco años en conseguir una «unidad familiar».

A menos que los niños sean tan pequeños que no recuerden a su padre o a su madre biológica, serán muy leales a sus padres biológicos. Por lo tanto, una de las características de una familia de segundas, incluso si funciona a la perfección, es que habrá un vínculo menos fuerte que en las familias tradicionales. Esto no es ni bueno ni malo, sólo diferente. De hecho, los niños que crecen en una familia mixta que funciona bien aprenden una buena lección: hay más de una forma «correcta» de decorar un árbol de Navidad, hacer rosquillas o decidir qué película ir a ver. Los hijos que tuvo nuestra pareja con su anterior cónyuge pueden adquirir un sentido de tolerancia que, a veces, no está presente en los hijos de familias tradicionales.

En una nueva familia mixta, la clave es que el padrastro y la madrastra se den cuenta de que no están sustituyendo a los padres biológicos. Una madrastra tiene un papel más parecido al de una tía que al de una nueva madre. Debe intentar conocer a sus nuevos hijos y querer ayudar a la madre biológica a hacer cumplir las normas que haya decidido, en vez de imponer su autoridad.

Para muchas mujeres que tienen un gran instinto maternal puede ser muy difícil controlar sus tendencias, pero facilitará la transición hasta que se produzca la unidad familiar. La nueva madrastra ya corre el riesgo de ser percibida como una intrusa, así que si intenta imponer su autoridad, seguro que fracasa.

El mismo consejo es aplicable a los padrastros. No serán aceptados si intentan ser la persona que impone disciplina en la casa.

Lo que quiero decir es que tanto las madrastras como los padrastros, tienen que superar los estereotipos sexuales que dictan quién lleva los pantalones en la casa. Al menos cuando se trata de una nueva familia mixta, los niños sólo aceptarán la disciplina que provenga de su padre o su madre biológicos. El padrastro o madrastra se limitará a apoyar esas decisiones, una tarea que no es fácil para las mujeres que han soñado siempre con ser madres, o para los hombres que creen que tienen que actuar de forma autoritaria.

Algunos niños responden mejor que otros a vivir en una familia mixta, según sostienen los estudios. Por ejemplo, las niñas parece que se adaptan peor a las madrastras o padrastros que los niños. Eso puede deberse a que el vínculo entre madre/hija suele ser tan fuerte que a la hija no le gusta compartir a su madre con un nuevo marido. Los niños suelen tener una reacción más positiva con su padrastro, quizá porque el nuevo padre actúa como puente entre el hijastro y la madre que seguramente había sido muy protectora cuando estaba soltera.

Un momento difícil para que la nueva pareja se case por segunda vez es cuando los hijos están en la temprana pubertad. Los niños pequeños dependen más de los adultos y suelen aceptar mejor la nueva situación. Los hijos mayores están más preocupados por sus amigos, por el sexo y por el colegio, así que les da más igual todo. Sin embargo, durante la prepubertad los niños pueden reaccionar con violencia ante cualquier cambio. Una razón: «A menudo no les gusta pensar en sus padres como seres sexuales porque es un aspecto con el que tienen que luchar a esa edad», afirma James H. Bray, psicólogo clínico de la Facultad de Medicina Baylor, en Houston. Otra razón es que esos niños se acostumbraron a la responsabilidad cuando formaban parte de una familia monoparental.

Estas son algunas vías para allanar la transición:

- Deje que sus hijos decidan, con su autorización, cómo llamarán al nuevo padrastro. Si los niños piensan en un nombre para el nuevo adulto pueden seguir llamando a su madre o su padre biológico «mamá» o «papá» para mantener los vínculos.

- Entienda todo por lo que están pasando sus hijos sin ofrecer cambiar la situación. Si sus hijos se quejan sobre su nuevo padrastro, dígales: «Sé que tiene que ser difícil aceptar que hay una persona en casa y que vosotros no habéis pedido este cambio, pero es lo que hay». No permita que critiquen la personalidad de su nueva pareja.
- Al empezar un nuevo hogar, asegúrese de que tanto los niños como su pareja tienen algo que puedan denominar suyo: un mueble, la habitación pintada del color preferido, fotografías especiales, etc. Cuando las personas alteran el entorno a su gusto, se sienten como en casa y dejan de pensar que son intrusos.
- Si usted es la madrastra, prepárese para oír a algún niño decirle: «Tú no eres mi madre de *verdad*». ¿Cómo responderá? Lo mejor sería decir algo del tipo: «Tienes razón, pero tendremos que aprender a vivir juntos».
- No espere que se produzcan milagros. Se necesita tiempo y esfuerzo para que una familia se sienta cómoda. «La gente necesita comprender que no se va a producir un amor y un respeto instantáneo entre hijastros y padrastros, pero, como mínimo, tiene que haber cortesía», exclamaba una madrastra.

No se lleve a los niños a su luna de miel

Al final, el éxito o el fracaso de su familia mixta dependerá del éxito o del fracaso de su nuevo matrimonio y no de lo bien que se lleve con los niños. «Parece que la gente puede tener muy buena relación con su nueva pareja y mucha tensión con sus hijastros», afirma Bray, que estudia la conducta de los niños en familias mixtas. Sin embargo, si el nuevo matrimonio fracasa, volvemos a partir de cero.

Por eso, es relevante evitar la tentación de centrarse completamente en los niños cuando se produce un nuevo matrimonio. Desde luego ¡no se le ocurra llevarse a los niños a la luna de miel! Siempre tiene que conseguir que le quede tiempo para avivar su romance y conocerse entre sí. Incluso si su nuevo hogar se ha convertido en un territorio bélico, recuerde por qué quería conocer a alguien, en primer lugar, y déle tiempo a la situación: alrededor de dos años, recomiendan los terapeutas de familia.

Debe recordar, también, que un hijo en común estrechará mucho los lazos familiares. Sin duda, pueden producirse rivalidades entre hermanos, pero por primera vez habrá alguien con el que todo el mundo estará vinculado biológicamente.

Vocabulario nuevo para las nuevas familias

Resulta difícil entender a la nueva familia sin una guía o sin un sistema de medición. A continuación le ofrecemos, sencillamente, una lista de algunos de los términos que se están empezando a oír en los últimos años para definir las nuevas formaciones familiares:

Familia binuclear. Cuando la unidad familiar de un niño está compuesta por dos hogares distintos, el de la madre y el del padre.

Familia mixta. Un hogar mixto en el cada uno de los padres ha incluido a un hijo o más.

Cohabitación. Vivir juntos en una relación íntima y sexual, sin que se produzca un matrimonio legal.

Divorcio coparental. Una disposición en la que los padres divorciados toman la responsabilidad jurídica de la manutención de los hijos, mientras que las madres se encargan de cuidar diariamente a los hijos.

Coeducación de los hijos. Cuando ambos padres actúan como un equipo en la educación del hijo.

Familia amplia. Tres o más generaciones familiares, incluyendo a familiares más lejanos, además de hijos y padres.

Tradición familiar. Se valoran mucho las tradiciones y la vida familiar.

Familia. Cualquier relación de padre o madre/hijo o cualquier relación interpersonal íntima en la que las personas vivan juntas gracias a un compromiso.

Hogar familiar. El sentimiento de que una familia es una fuerte unidad. Es el objetivo por el que luchan las familias binucleares o mixtas.

Familia de orientación. La familia en la que una persona nació y creció.

Familia de procreación. La familia que uno establece al casarse.

Matrimonio intrínseco. Un matrimonio que resalta la intensidad de sentimientos de la pareja y la importancia de su bienestar.

Relación conyugal conjunta. Una relación marital en la que la pareja comparte tiempo de ocio y está muy unida emocionalmente.

Custodia compartida. Una disposición jurídica en la que ambos padres divorciados continúan responsabilizándose por igual de la educación y el bienestar de sus hijos.

Limitación marital. Se trata de una denominación sociológica que se produjo en la generación del *baby boom,* después de la Segunda Guerra Mundial, cuando las mujeres llegaban a la edad del matrimonio ideal entre dos y tres años antes que los hombres nacidos en el mismo año. Por consiguiente, había un exceso de mujeres jóvenes y los índices de matrimonios estaban más altos. Debido a las diferencias de edad, la limitación marital también afecta a las elecciones en los segundos matrimonios: los hombres mayores tienen más mujeres disponibles entre las que escoger una esposa.

Hijo mutuo. El hijo de una pareja que, además, tiene hijos de matrimonios previos.

Familia nuclear. Un grupo familiar formado por la esposa, el marido y sus hijos.

Familia reconstituida. Una familia formada por un marido y una esposa en la que al menos uno de los dos ha estado casado antes y tiene uno o más hijos de un matrimonio anterior.

Madrastra/padrastro. Una persona que se casa con alguien con hijos, pero que no tiene hijos propios.

Familia monoparental. Una familia compuesta por un padre que nunca se ha casado, se ha divorciado o ha enviudado e hijos biológicos o adoptados.

Padre/madre social. Una persona que vive una relación romántica con alguien que tiene hijos.

Cónyuge infantil. Cuando un padre o una madre, normalmente soltero/a, convierte a su hijo en su confidente y le trata más como un adulto que como un niño.

10

Nuestros hijos y el estrés

Imagínese un mundo en el que cualquier persona con cierta importancia le mire por encima del hombro. Imagínese un mundo en el que no pueda opinar sobre dónde vivir o con quién, sobre a qué colegio ir, la hora de ir a la cama, la comida o sus compañeros. Imagínese un mundo en el que la persona que le lleva al colegio sea distinta al cabo de unos meses, en el que la persona que le arropa en la cama sea diferente los fines de semana a la que lo hace durante el resto de la semana, en el que los cambios corporales y el crecimiento lleguen sin avisar. Imagínese un mundo en el que gran parte de lo que ve y experimenta a diario sea nuevo.

La vida de un niño occidental en el siglo XXI es emocionante y estimulante, pero también está llena de incertidumbre y tensión. Considere lo siguiente:

- Un niño de tres años siente gran tensión ante la inminente escolarización y se chupa el dedo más de lo normal para su edad.
- Durante la primera semana de parvulario, el niño se orina en la cama.
- Una niña de 10 años tiene dolores de cabeza crónicos sin que haya una aparente causa orgánica, después de saber que su padre se va de casa.

¿Están estresados los niños de hoy en día? Pues claro que sí. En la actualidad, ningún niño tiene la certeza de que sus padres van a estar juntos para siempre; la persona que le cuida varía con cierta frecuencia y sus padres tienen que enfrentarse a problemas económicos. Con este panorama no resulta tan raro que los médicos adviertan síntomas de estrés como los dolores de cabeza y colitis, en niños de sólo tres y cuatro años. Asimismo, un estudio realizado en el área de la bahía de San Francisco estimó que la impresionante cifra del 25-30% de los niños padecían estrés crónico. En un estudio basado en encuestas que realicé para una obra anterior, sólo el

2% de los niños declaraban no estar preocupados por nada y sólo el 12% decían que a menudo no les preocupa nada. En cambio, el 84% confesaban estar preocupados, y de ellos el 53% manifestaban estarlo a veces y el 31% muchas veces. A pesar de las evidencias, los padres parecían no estar al tanto, ya que sólo el 21% de ellos predecían que sus hijos estaban tan preocupados.

Como madres queremos proteger a nuestros hijos de todas las cosas negativas que ocurren en el mundo, pero en la actualidad más que nunca, nuestros hijos están expuestos a acontecimientos que no podemos controlar. ¿Cómo podemos ayudar a nuestros hijos a superar los momentos con más estrés y a ser más fuertes? El primer paso es reconocer que los niños también sufren estrés, aunque lo expresen de un modo distinto a los adultos. El segundo paso es aprender a detectar los síntomas de estrés y el último paso, el más complicado, es ayudar a nuestros hijos a superarlo. Podemos ayudarles ofreciéndoles entendimiento, apoyo, respaldo y mucho cariño y afecto. También podemos ayudarles al asegurarnos de que nosotros no formamos parte del problema o de que no estamos sometiéndoles a unas expectativas demasiado altas. Por último, podemos aliviar su estrés al enseñarles que, al igual que el estrés que nosotras padecemos, el suyo también es superable.

El síndrome del estrés infantil

Es una lástima que los niños no vengan con un manual de instrucciones debajo del brazo, ya que muchos de ellos, sobre todo los más pequeños, no son capaces de expresar lo que les preocupa. Por eso muchas madres se ven obligadas a aprender a interpretar las señales de estrés ocultas en sus retoños.

El estrés hace que los niños se comporten de una forma rara. Por ejemplo, un niño que se esté quejando y lloriqueando continuamente podría estar reaccionando ante el estrés. Muchas veces, el estrés también provoca que los niños se pongan enfermos, así que al menor síntoma físico debería llevarlo al doctor a pesar de ser consciente de que la aflicción puede empeorar o provocar la dolencia. Los síntomas más comunes de estrés son:

- Problemas para conciliar el sueño y pesadillas.
- Dolores de estómago y otros problemas digestivos.
- Sensación de mareo.

- Dolores de cabeza.
- Soñar despierto.
- Querer estar solo.

Los padres no advierten la mayoría de estos síntomas, pero sí se dan cuenta de los siguientes:

- Pataletas en los niños de preescolar.
- Vuelta a chuparse el dedo, a orinarse en la cama y a hablar como niños pequeños.
- Cambios de humor repentinos, irritabilidad y apatía.
- Coger manía a hermanos pequeños.
- Resfriados u otras enfermedades leves, con mucha frecuencia.
- Desgana para hacer los deberes.
- Deterioro de enfermedades como el asma o la colitis ulcerosa.
- Negarse a ir al colegio.
- Tensión muscular en el cuello y la cabeza.
- Boca seca.
- Palmas de la mano sudorosas.
- Apetito excesivo o deficiente.
- Incapacidad para concentrarse.
- Más lloros y quejas.
- Inquietud física.

Una historia de dos niñas

La noche antes de la «obra de teatro» escolar, Tiffany, una niña de ocho años, tenía dificultades para quedarse dormida. Durante su actuación tenía la voz entrecortada y las rodillas le flaqueaban. La mejor amiga de Tiffany, Jennifer, tuvo una reacción muy distinta. La noche anterior casi tampoco pudo dormir, pero fue de emoción. Cuando salió a actuar estuvo radiante y le encantó ser el centro de atención.

Las madres de las dos niñas se habían divorciado hacía poco, así que ninguna de las dos veía a su padre cada día. Tiffany reaccionó con quejas e irritabilidad al cambio, mientras que Jennifer se mostró mucho más relajada con todos los cambios. Aunque echaba de menos a su padre era capaz de ver el lado positivo de las cosas: se había trasladado a California y había visto el mar por primera vez.

¿Por qué parece afectar tanto el estrés a una niña, mientras que la otra parece adaptarse bien a la nueva situación? Hasta cierto punto, la diferencia suele ser genética. Un estudio de muchos años de duración sobre gemelos que habían sido criados separados, estima que en torno a la mitad de la variabilidad de las reacciones de la gente ante el estrés es innata. Es decir, los genes de los padres tienen tanto que ver con la fortaleza con la que un niño se enfrenta al estrés como los métodos de educación que se emplean. Los niños que están en el extremo de la escala de vulnerabilidad suelen ser nerviosos, inquietos y fácilmente irritables, además de ser muy sensibles ante cualquier tipo de estimulación. Los niños que están en el otro extremo de la escala suelen ser fuertes y observan los cambios como si se tratase de un reto.

También hay muchas diferencias en la capacidad de los niños para combatir el estrés durante los distintos momentos de su infancia. Un bebé cuando tiene frío, le salen los dientes o le duele la barriga, reaccionará con vigor a cualquier otro tipo de estrés, como el que supone un movimiento. Los dos años es un momento bastante difícil para los niños, ya que no pueden hablar ni comunicar sus miedos y tampoco caminan con tanta seguridad como para sentirse a salvo de los peligros externos. Un estudio concluyó que los niños que se habían sometido a operaciones de amígdalas con dos años habían desarrollado miedos después de la operación que les duraron durante muchos años, mientras que la mayoría de los niños que se sometieron a la misma operación con cinco años se repusieron enseguida. Un niño de cinco años, además de ostentar una posición de mayor seguridad que el de dos años, también comprende mejor que enseguida pasará todo y después se sentirá mucho mejor.

Otro momento especialmente vulnerable para los niños que suelen ser fuertes es la prepubertad, cuando los cambios hormonales hacen que algunos niños se sientan deprimidos o irritables.

Cada niño reacciona de una forma distinta ante el estrés; cada niño puede alterar su conducta, dependiendo del resto de aspectos que están ocurriendo en su vida. Si usted observa a su hijo con objetividad (intentando ver quién es, en vez de quién le gustaría que fuese) enseguida sabrá lo sensible que es frente al estrés. Entonces usted puede utilizar esa información para guiar las decisiones que realiza y que afectan también a la vida del niño. Por ejemplo, un niño al que le preocupa mucho competir se sentiría mucho mejor si no tuviese que competir en la liga de fútbol infantil y pudiese apuntarse a un deporte o gimnasia no competitiva. Un niño que sea extremadamente vergonzoso no debería ser obligado a participar en obras teatrales, mientras que a un niño atrevido le encantarán todas las actividades y retos que le propongan.

El dolor de crecer

Así que cree que *su* vida es complicada. Pues piense en todas las preocupaciones que forman parte de la etapa de crecimiento. Los padres asumen que «otros niños» crean el estrés, pero una encuesta que realicé determinó que son los «mayores» (profesores y padres) los que provocan el estrés infantil. Los niños se estresan muchísimo por el colegio. Por los informes, las notas, los test, las pruebas, los exámenes y los deberes. Después, también se preocupan por haber decepcionado a papá o mamá... así que los pobres acarrean una gran carga sobre su corazón y su mente.

En mi encuesta, las preocupaciones familiares (enfadar a los padres, el divorcio de los mismos, estar enfermo o incluso morir), la presión de los compañeros y los acontecimientos mundiales (aspectos como la contaminación y las guerras nucleares) seguían encabezando la lista en ese orden. Otro estudio averiguó que, en Estados Unidos, el 71% de los niños entre siete y diez años, tenían miedo de que les disparasen o les apuñalasen en casa o en el colegio. Las cifras son alarmantes, los niños están expuestos a muchísima violencia (ven más de 30 muertos a la semana en las noticias televisivas y muchos más en las películas). Además, incluso los dibujos animados son violentos. Sin embargo, la lista de los tipos de estrés infantiles no se acaba aquí. Lois Barclay Murphy, de la Fundación Menninger, hizo un seguimiento intensivo de la infancia de 31 niños, que empezó a estudiar desde que eran bebés, y añade las siguientes situaciones estresantes:

- Tener que hacer algo que no resulta familiar.
- Amenaza de humillación.
- Competitividad.
- Rivalidad entre hermanos (hacer lo mismo que el hermano mayor, sentirse desplazado por un hermano menor, etc.).
- Cambios corporales, sobre todo cuando están fuera de sincronía con los cambios que experimentan otros niños.
- Preguntas que se han quedado sin responder como de dónde provienen los bebés y qué hacen los padres en la cama.
- La ansiedad que conlleva romper algo accidentalmente.
- Sentimientos de ser pequeño y frágil en un mundo de mayores.

En su estudio, Murphy nos recuerda la fragilidad de los niños en comparación con los adultos:

Los adultos han adquirido un determinado control sobre su vida: pueden elegir trabajos, la ciudad donde vivir, su casa, su pareja y sus amigos. Por el contrario, los niños no tienen prácticamente ningún tipo de elección: tienen que quedarse con su familia, en su casa, en ese vecindario y en el colegio que les han elegido. La incapacidad de un niño para tomar determinaciones o controlar su mundo puede provocarle enfados o sentimientos de frustración. Puede que decida luchar, darse por vencido, o sentirse totalmente perdido y no saber cómo enfrentarse a los obstáculos que va encontrándose.

Fomentar la autoestima

Los niños que se gustan a sí mismos, que se sienten seguros y queridos, que sienten que son «buenos», tienen muchas más probabilidades de reponerse enseguida de acontecimientos estresantes que los niños que tienen una baja autoestima.

Para los padres, este hecho se traduce en dar a los hijos mucho afecto físico y verbal, además de ofrecerles un amor incondicional. Con la expresión amor incondicional no quiero decir que no sepa establecer límites, ya que los niños a los que no les imponen ningún límite en casa, les resulta muy difícil acostumbrarse al resto de normas externas, sino que tiene que aceptar a su hijo tal y como es, con sus cosas buenas y malas. Tampoco quiero decir que tenga que alabar inmerecidamente a su hijo en todo momento, porque los niños son muy listos y si se dan cuenta de que lo que les dice no es verdad, dejarán de confiar en usted.

Los niños, al igual que los adultos, necesitan tener un sentido del dominio en ciertas áreas. Para ayudarles a conseguirlo anímeles (sin presionarles) a intentar una serie de actividades y dígales que es normal que no les gusten. A mí me dijeron que si no fracasaba en al menos un cuarto del tiempo del que disponía era que no estaba intentando suficientes cosas nuevas. Para liberar parte del estrés escolar (que incluye el miedo a suspender y a otras muchas amenazas) escuche con atención cuando su hijo le cuente sus aventuras académicas y ayúdele a tener ilusión por las materias y desarrollar el buen hábito de hacer primero los deberes. Controle su progreso (pero sin hacerle usted los deberes) y haláguele cuando se lo merezca y consiga que le quede tiempo para jugar o ver una película y liberarse del estrés.

Cuando su hijo se comporte de forma inadecuada, sepa separar el pecado del pecador. Es decir, para que se sienta bien, deje bien claro que un mal acto no le convierte en una mala persona. Por ejemplo, si su hija insulta a su hermano pequeño tiene que indicarle que está mal hecho, pero que ella sigue siendo una buena persona. Dígale qué es lo que está mal y no quién es malo.

Por último, para que los niños se sientan fuertes y aprendan a tomar decisiones, déjeles que determinen algunos aspectos. Por ejemplo, si su hija quiere pintar la habitación de color lila y a usted le horroriza ese color, permítaselo, puesto que tiene que tomar determinaciones y ella será la que dormirá en la habitación. De forma similar, es importante que sus hijos sepan que su opinión cuenta. Quizá destaquen un punto de vista que a usted nunca se le hubiese ocurrido y así sentirán que tienen su lugar en un mundo de adultos.

Lo más importante: respete a sus hijos y ellos se respetarán a sí mismos. Quizá no superen enseguida todos los traumas que les depare la infancia, pero, sin duda, les facilitará el camino.

Una minúscula olla a presión

Considere el horario semanal de este niño que tiene dificultades para alcanzar el ritmo de la clase.

- Lunes, de 16:00 a 16:45 psicoterapia con un especialista en psicología para adolescentes; de 17:00 a 19:00 tutoría en un centro especializado.
- Martes, de 16:00 a 16:45, técnicas de lectura con un profesional de la educación.
- Miércoles de 16:00 a 16:45, clases de teatro; de 18:00 a 18:45 psicoterapia.
- Jueves, de 16:00 a 17:00, taller de nutrición para niños.
- Viernes, de 16:00 a 17:00, tutoría de matemáticas.
- Sábado, de 9:00 a 12:00, entrenamiento de fútbol.
- Domingo, de 9:00 a 10:00, clase de refuerzo.

¿Todavía no se ha cansado de leer? Pues yo sí.

En un intento malinterpretado de preparar a sus hijos para un mundo difícil y competitivo, muchos padres presionan a sus hijos demasiado. Piensan que sus hijos sobresaldrán en el colegio si pueden leer cuando tienen tres años. Creen que tendrán más «cultura» si empiezan a aprender inglés o francés con seis años. Piensan que todo lo que se hace a temprana edad es mejor y, cuanto más conocimiento adquiera el niño, más ventaja tendrá. Sin embargo, entre ir al colegio y realizar actividades extraescolares, algunos niños de sólo seis años ya se enfrentan a una semana con sesenta horas de «trabajo».

Personalmente considero que se trata de un error. Los niños a los que se les presiona demasiado acaban creciendo con todos los problemas asociados a los padres que trabajan demasiadas horas. Un estudio averiguó que los niños que asistían a colegios de preescolar privados donde el programa preescolar tenía una clara tendencia académica, no mostraban prácticamente ventaja alguna al empezar primaria y, aún peor, padecían emocionalmente. Mostraban todos los indicios del Síndrome del Estrés Infantil (irritables, insomnio e infelicidad) con sólo cuatro o cinco años. Un informe titulado *Right from the Start* (Ya desde pequeños), emitido por la Asociación Estadounidense de Consejos Estatales de Educación, concluyó que implantar una educación equivocada a una edad temprana altera el desarrollo del niño, interfiriendo en sus ganas de aprender, enfrentando a los niños entre sí y fomentando que se sientan como fracasados ya desde pequeños.

Los padres que presionan se olvidan de que los niños son niños y no son pequeños adultos. No permiten que sus hijos jueguen y se creen mundos de fantasía que les permitan irse convirtiendo en adultos con una buena autoestima.

¿Cómo puede evitar que un niño esté muy presionado? ¿Cómo puede ayudar a su hijo a superar este temprano estrés?

- Fomente los juegos sin estructura. Si se les deja que jueguen solos, la mayoría de los niños encuentran vías de creatividad que les hacen disfrutar y reducen sus niveles de estrés.
- Deje que decidan cómo quieren pasar parte de su tiempo libre. Si a una niña no le gusta el ballet, ¿por qué debería apuntarse a esas clases? Encuentre otra actividad en la que pueda desarrollar su capacidad motora y la coordinación y que a ella le guste.

- Intente distinguir entre quién son realmente sus hijos de quién le gustaría que fuesen. Quizás a usted le encantaría y le subiría el ego que su hijo fuese a una buena universidad y estudiase una carrera difícil, pero si ve que no es buen estudiante, no le hace ningún favor apuntándole a clases avanzadas a la edad de ocho años.
- Preste atención a la conducta de su hijo. Si parece estresado, repase su horario semanal. Si considera que afronta demasiadas actividades, lo normal es que realice las modificaciones necesarias.
- Por último, y no por ello menos importante, ¿qué le parece pasar más tiempo con su hijo? La ropa sucia puede esperar.

El tiempo se evapora

El regalo más preciado que puede hacerle a su hijo es usted misma. Por desgracia, en la época en que vivimos es una de las cosas que antes se agota. De hecho, la cantidad de «tiempo total de contacto» entre padres e hijos ha disminuido un 40% en los últimos 35 años, según las estimaciones del Consejo de Investigación Familiar Estadounidense. Los padres sólo tienen 17 horas a la semana para compartir con sus hijos, ¡una cifra insuficiente! Una encuesta realizada por Gallup en 1995, concluyó que la mitad de los padres sienten que pasan muy poco tiempo con sus hijos y esta percepción suele ser cierta.

Si usted trabaja, seguramente no tendrá ningún poder de decisión sobre cuántas horas destina a su trabajo, pero puede controlar lo que hace cuando no está trabajando. Si tiene hijos pequeños, quizá no sea el momento adecuado para meterse en la política de lleno o en otras actividades.

Incluso si no puede conseguir pasar más cantidad de tiempo con sus hijos, tendría que intentar mejorar su calidad:

- Ofrézcase a ayudar a su hijo a hacer sus tareas. Cuando estén arrancando malas hierbas o lavando los platos juntos tendrán oportunidad de hablar y jugar.
- Hable con cada uno de sus hijos antes de que se vayan a la cama. A los niños les encanta tener una excusa para irse a dormir un poco más tarde y, a la hora de irse a la cama, no estarán distraídos en nada más, así que es más fácil que le confíen secretos y preocupaciones. Pregúnteles cómo les ha ido el día, qué les ha ocurrido que haya sido divertido y qué les ha preocupado. A veces, les resulta más fácil confiar si usted les revela alguna anécdota de su propia infancia, como

aquella vez que usted y su mejor amiga intentaron irse de casa y sólo llegaron hasta la esquina.

- Intente compartir con toda la familia al menos cuatro o cinco comidas a la semana. Es un buen momento para que los niños hablen sobre su vida. ¡Ah! ¡Apague el televisor! Una familia que conozco le da a cada hijo cinco minutos de tiempo para hablar de lo que quiera.
- La televisión puede ser positiva para la comunicación familiar, pero también puede ser un desastre. Si toda la familia junta ve un programa y habla sobre él, entonces se crean unos lazos, pero si cada persona está en una habitación diferente, entonces no se produce ningún tipo de comunicación. Es bueno que pasen tardes jugando a juegos de mesa como el Monopoly o a cualquier otra actividad, en vez de siempre ver la televisión. Hay un juego muy divertido que consiste en jugar a periodistas y entrevistados en el que hay que contestar a las preguntas con falsos micrófonos y cámaras.
- Vayan de vacaciones todos juntos. Al estar juntos, ya se trate de caminar por un atajo, matar el tiempo en el aeropuerto o ir a pescar en un lago, no queda más elección que hablar. Se sorprenderá de todo lo que averiguará durante esos días juntos.

Acontecimientos estresantes de la vida

Para la mayoría de los niños, cada día trae algo nuevo: aprender una palabra nueva, un nuevo juguete, un nuevo olor, un nuevo movimiento de baile que aprender y un largo etcétera. Sin embargo, hay días que traen consigo demasiadas novedades y otros días en los que ocurren acontecimientos muy importantes. Al igual que les ocurre a los adultos, a veces serán demasiadas cosas para ser asumidas de repente. Aquí le señalamos algunos de los acontecimientos más estresantes en la vida de un niño:

- *La muerte de uno de los padres.* Es el acontecimiento que provoca un trauma mayor en la vida de un niño.
- *El divorcio de los padres.* Es la causa principal para acudir a psicólogos y psiquiatras.
- *Tensiones económicas en la familia.* Puede que el niño perciba que su nivel de vida cae en picado y que hay muchas tensiones en el hogar.
- *Trasladarse de hogar.* Un niño tiene que adaptarse a un nuevo hogar, un nuevo barrio y hacer amigos nuevos.
- *Cambiar de colegio.* Todo resulta desconocido para el niño.

- *La muerte de un animal.* Para algunos niños, resulta casi tan traumáti-co como la muerte de un amigo o un familiar.
- *Ausencia de la madre.* La madre puede tener que estar en el hospital una temporada o irse de vacaciones sólo con su marido. El niño qui-zá no entienda que su madre volverá después y, por lo tanto, experi-mentará mucha ansiedad durante la separación.
- *Enfermedad física o mental de un padre.* Un grave problema físico o emo-cional (como la depresión o el alcoholismo) hace que el padre/madre y el hijo no estén emocionalmente unidos.
- *Abuso físico.* Se estima que se abusa de 650 niños a diario, niños que crecen con mucho miedo y desconfianza.
- *Falta de atención.* Muchos niños no están cuidados como deberían, ello provoca un crecimiento marcado por la baja autoestima y senti-mientos de inutilidad.
- *Enfermedad del niño.* La enfermedad asusta mucho a un niño, cuando le ocurre en un momento en el que padece de estrés por alguna otra causa.
- *Nacimiento de un hermano.* El «rey de la casa» queda derrocado por su hermano, así que se sentirá destronado.
- *Novios de los padres y un nuevo matrimonio.* Un niño que está acostum-brado a que uno de sus padres le preste atención durante todo el día, tiene que habituarse a compartir a ese padre con otra persona.

La muerte de uno de los padres

«No podía creerlo», dice Chelsea, once años, cuando habla de la muerte de su madre. «Pensé que era una broma de mal gusto, pero cuando mi padre volvió del hospital llorando, supe que era ver-dad». Chelsea y su hermano, Paul, de ocho años, dijeron que sabían que había ocurrido algo malo el día en que su madre no fue a re-cogerles al colegio. El vecino que les llevó hasta casa se encontró a su madre, de 31 años, en el comedor, inconsciente, después de ha-ber sufrido una embolia. Murió unas horas después en un hospital comarcal.

Paul recuerda cuando intentó hablar con su padre acerca de su madre. «Cada vez que hablaba de mamá y papá se ponía a llorar; así que dejé de hablar de ella.»

Para un niño, la muerte de un padre abre un agujero que quizá nunca se llene del todo. La parte positiva es que los niños no suelen desarrollar problemas psicológicos graves debido a este trauma, según un estudio realizado por dos investigadores de Harvard.

¿Cómo afecta la tristeza y la aflicción a los niños?

- Se sienten tristes porque echan de menos al padre que han perdido. Quizá lloran, se sienten mal y tienen problemas de concentración.
- Seguramente tendrán multitud de leves síntomas físicos, como dolores de cabeza y de estómago.
- Pueden sentirse culpables. Quizá piensen que han provocado la muerte debido a alguna pelea innecesaria.
- Pueden sentirse enfadados al ser abandonados por el padre fallecido, por tener un nivel de vida más bajo, o por tener que mudarse a otra casa o a otro vecindario.
- Se preocupan por la salud del padre superviviente, por lo que por cualquier leve enfermedad, como un resfriado o gripe, ya están alarmados.
- Pueden sentir ansiedad o resentimiento ante la posibilidad de que el padre vivo se vuelva a casar o ante la posibilidad de tener un padrastro o una madrastra y hermanastros.
- Mantendrán una relación con el padre fallecido al soñar con él y pensar que ve cuanto hacen (buscando protección y disciplina) y al hablar del cielo.
- Los niños evalúan su conducta pensando en si le hubiese gustado o no, al padre que han perdido. Chelsea se esfuerza mucho en el colegio y ordena su cuarto porque «hubiese hecho a mi madre feliz». Muchos niños también guardan recuerdos de su padre muerto como Paul, que duerme con un peluche de su madre.

Los niños que pierden a su madre (más o menos un cuarto de la muestra del estudio de Harvard) lo pasan peor que los que pierden a un padre. Además de que la madre suele ser la principal cuidadora, también se producen más cambios cuando muere una madre. Estos cambios suelen ser pequeños, pero significativos, como el horario de las comidas, la forma de cocinar, quién los arropa en la cama y quién los cuida cuando están enfermos.

El tiempo ayuda a que los niños se recuperen y el estudio de Harvard, liderado por el psicólogo William Worden y el asistente social Phyllis Silverman, afirma que la mayoría de los niños lloraban menos, se concentraban y dormían mejor después de un año de la muerte, pero seguían sufriendo más dolores de cabeza, de estómago y más problemas físicos que los niños con dos padres.

Si usted es la esposa que ha perdido el marido, entonces es injusto que intente superar por sí sola su propio dolor y el dolor de sus hijos. Es el momento de recurrir a cualquier fuente de apoyo en la que pueda pensar. Los abuelos de sus hijos, sus tías y tíos, le ofrecerán el apoyo y el cariño que necesitan. Además, seguramente sus hijos recurrirán casi automáticamente a sus amigos y posiblemente a los padres de sus amigos para que les presten apoyo. Si tiene suerte, puede que encuentre un grupo de apoyo a niños que han perdido a uno de sus padres para que ellos puedan desahogarse y expresar sus sentimientos. Hay otras muchas vías para ayudar a sus hijos a superar este momento tan estresante:

- Hágales partícipes de las costumbres funerarias. Todas las sociedades cuentan con ritos para explicar y llorar la muerte. Estos rituales hacen que las personas afectadas sientan el apoyo del resto de la gente y también marcan un final, un paso importante.
- Permita que sus hijos recuerden a su padre muerto. Tómese en serio cualquier impulso que tengan de hablar con la persona fallecida. Son formas que tienen de mantener vivo a su padre. Además, muchos niños afectados se quejan de que los adultos quieren que hablen de sus sentimientos, cuando lo único que quieren es pensar en la persona que han perdido.
- Intente no modificar mucho su vida cotidiana. Un sentido de continuidad les permitirá recobrar la visión del mundo como un lugar seguro.

Divorcio

Cada día, en torno a 3.000 niños estadounidenses son testigos del divorcio de sus padres.

Tal y como ocurría con la muerte de un padre, el divorcio familiar significa que un niño pierde a uno de sus cuidadores, pero, a diferencia de la muerte, el divorcio hace que un niño se sienta entre la espada y la pared, ya que a menudo tiene que elegir a qué padre va a ser leal. También suelen sentir que tienen la culpa de la separación.

Cuando Sarah supo que su padre se marchaba de casa le gritó a su madre: «¡Te prometo que me portaré mejor! ¡Papá no se puede ir!». Después vertió su enfado contra su madre: «La culpa ha sido tuya», le solía gritar. Luego, cuando pasó varios fines de semana con su recién divorciado padre, echaba de menos a su madre y, desde luego, los «interrogatorios» que su padre le hacía sobre su madre (si tenía citas, si había hecho nuevos amigos, si le iba bien el trabajo...) no mejoraban la situación. Sarah sentía que estaba traicionando a su madre cuando contestaba estas preguntas, pero tenía miedo de que su padre se enfadase o se quedase totalmente desvinculado de ella y su madre, así que respondía con la ilusión de que volviesen a estar juntos de nuevo.

¿Cómo puede ayudar a sus hijos a atravesar el duro golpe del divorcio? En primer lugar, debería aplicarse el mismo consejo que se les da a las viudas: intente no cambiar a corto plazo los hábitos cotidianos de sus hijos, recurra a cualquier apoyo social que se le ocurra y deje que su hijo se sobreponga del dolor como desee. Además, tiene que dejarle muy patente a su hijo que no tiene nada que ver con la ruptura.

Un aspecto muy importante es dejar de pelear con la expareja (al menos, delante de los niños). Puede culpar, insultar y maldecir a su exmarido tanto como quiera, pero, si lo hace en presencia de los niños, les hará muchísimo daño. Ese exmarido inmaduro al que tanto tiene que reprochar, es el padre de sus hijos.

El divorcio es tan común en la actualidad que muchos centros escolares ofrecen terapia psicológica a los niños que atraviesan esta etapa de cambios. Si tiene la suerte de que el colegio de sus hijos ofrece este servicio, aprovéchelo. Si nota que sus hijos están muy estresados y alterados por esta circunstancia y no hay un psicólogo en el colegio que pueda ayudarles, recurra a un experto en psicología de la seguridad social o de un gabinete privado.

Superar el conflicto

Los niños son muy divertidos porque perciben el mundo con una frescura e inocencia que los adultos ya perdimos hace mucho tiempo. Ellos saben sacar a la luz nuestro lado más juguetón y dicen todo tipo de tonterías que nos hacen reír. No obstante, también hay momentos en los que se ponen muy pesados y en los que, muchas veces, no les hacemos caso.

Cuando estamos sometidos a situaciones de estrés, solemos actuar de la forma que nos resulta más familiar. Si nuestros padres nos gritaban y nos reñían mucho, seguramente haremos lo mismo con nuestros hijos. Si nuestros padres nos hacían callar cuando no parábamos de hablar, lo más probable es que nosotros hagamos lo mismo. Si nuestros padres resaltaban aspectos negativos de nuestra personalidad cuando hacíamos algo «malo», entonces tenderemos a hacer lo mismo con nuestros hijos.

Si bien esta es la tendencia natural, si queremos que nuestros hijos confíen en nosotros y nos cuenten las cosas importantes que ocurren en su vida, tenemos que escucharles atentamente incluso cuando lo que nos cuentan sea inquietante o molesto.

Uno de los mejores consejos que me han dado es escuchar a los hijos igual que escucharíamos a nuestra mejor amiga. ¿Está furiosa con su amiga cuando ha tenido un mal día? ¿La interrumpe cuando le está contando una historia o hablando de algún fallo que ha cometido? ¿Le impone una visión cuando intenta tomar una decisión? Lo normal es que no.

Para notarse seguro, un niño necesita sentir que en casa son justos con él o con ella. Desde luego, tiene que enseñar a sus hijos las consecuencias lógicas de su conducta, pero primero tiene que escucharles con atención antes de hablar o actuar usted.

Estos son algunos consejos para mantener una comunicación abierta y fluida:

1. *Evite dar sermones.* Las charlas desde el punto de vista del adulto suelen dañar la autoestima del niño. Cualquier «conversación» que empiece con «Me has decepcionado», «En mi infancia», o «Ahora, mira», seguro que hará que su hijo deje de escucharla y se ponga a navegar por los recónditos lugares de su imaginación. Siempre y cuando esté dando una lección no estará comunicándose. Deje que su hijo hable.

   Una forma para impartir información útil sin dar lecciones es que su hijo oiga las conversaciones que usted mantiene con su marido o con una amiga sobre algún tema importante, como no hablar con desconocidos. Usted puede hacer que el niño intervenga en la conversación al solicitarle su opinión o sus ideas.

2. *Tranquilícese antes de buscar la solución a una mala conducta.* Cuanto más grave sea la conducta, más enfadada estará y, por lo tanto, más posibilidades habrá de que diga algo de lo que después se arrepienta. Recuerde: lo que tanto le ha enojado, seguramente ya está hecho, así que esperar 10 minutos hasta tranquilizarse no va a cambiar la situación (desde luego, si ve que el niño está manos en la masa haciendo alguna trastada, necesita actuar rápido).

   Puede tranquilizarse haciendo algún ejercicio físico durante 10 minutos, como lavar los platos o hacer una serie aeróbica. Si está realmente enfadada, sugiérale a su hijo o a su hija que escriba una carta explicándole qué ha pasado y por qué actuó así. Después dígale: «Bueno, hablaremos del tema más tarde». Con los niños pequeños, sencillamente pídales que salgan de la habitación un rato. Dígales: «Estoy demasiado enfadada para hablar de esto ahora. Hablaremos más tarde cuando pueda pensar con más calma».

3. *Escuche a su hijo.* Si monta en cólera cuando su hijo está en medio de una larga explicación, está interrumpiendo la comunicación. Si practica aprenderá a escuchar y verá que su hijo confiará más en usted y le explicará las cosas importantes. El psicólogo Ray Guarendi, en una de sus obras en las que estudia qué hace que las familias funcionen bien, sugiere plantearle al niño estas preguntas ante una conducta errónea:

   • ¿En qué estabas pensando cuándo lo hiciste?
   • ¿De qué otro modo podías haber actuado?
   • ¿Pensaste que el resultado sería mejor del que resultó ser?
   • ¿Qué puedes hacer para mejorar la situación?
   • ¿Qué harás la próxima vez que ocurra?
   • ¿Tienes alguna idea sobre lo que yo debería hacer como madre?
   • ¿Si estuvieses en mi lugar, qué harías ahora?

Resulta muy difícil controlar el enfado cuando un niño se comporta mal, pero los niños aprenden a superar el estrés fijándose en cómo sus padres se enfrentan a situaciones duras. ¿Qué tipo de legado puede dejarle?

11

Superar el estrés
de la adolescencia

Los años de la adolescencia son un momento en el que su hijo o su hija querrá dejar de ser un niño, pero tendrá miedo a crecer. Durante ese período el adolescente puede pensar que tiene edad suficiente para conducir, votar y alistarse en el ejército, pero la mayoría de las veces no tendrá la madurez suficiente como para comprender los riesgos que conllevan algunas conductas. Por eso, el riesgo a sufrir accidentes de tráfico, abusar de las drogas y quedarse embarazada es mucho mayor durante esos años que en cualquier otra época de la vida. Pueden ser años turbulentos tal y como muestran los altos índices de depresión y suicidio en estas edades. Las hormonas del adolescente estarán en plena explosión y el que había sido un adorable miembro de la familia puede convertirse en un temible monstruo.

La clave para saber ejercer de madre durante esos años es recordar que su hijo está luchando para crearse una nueva identidad de adulto distinta a la de los padres. Muchos adolescentes en la actualidad, al igual que hicieron sus padres (¿Nadie se acuerda de mayo del 68 y de los hippies?) utilizan la música, los colores de pelo y la ropa llamativa para dejar claras algunas reivindicaciones. Lo que a nosotros nos puede parecer irritante, de mal gusto o incluso hostil puede ser, desde otra perspectiva, sencillamente distinto. Al flirtear con nuevas imágenes y sonidos, los adolescentes «prueban» una serie de identidades. La chica que vuelve de casa de su amiga con el pelo lila una noche, puede ir al colegio un mes después vestida de marca, con un traje muy elegante.

Una reciente encuesta concluyó que la mitad de los adolescentes consideran que las ideas que tienen sus padres sobre la ropa, el pelo y la música son erróneas, pero también declaraban que «los viejos tienen derecho a opinar». En otra encuesta, el 63% de los adolescentes opinaron que les *gustaría* estar de acuerdo con sus padres, pero les resulta imposible. Un estudio sobre este tema halló que los adolescentes quieren pedir a sus padres opinión sobre su aspecto, pero no lo hacen por temor a que les juzguen. Aun así, a pesar de rechazar las ideas de sus padres, los adolescentes no les rechazan como personas.

Vistas así las cosas, ¿qué quieren y qué necesitan los adolescentes? Según un pionero en psicología, Abraham Maslow, los adolescentes quieren que los adultos les den su opinión (con tacto, por supuesto) para ayudarles a definirse y para aprender las normas que les faciliten llevarse bien con la gente. ¿Es su hijo una buena persona por naturaleza? Pues dígaselo, ya que debería ser muy consciente de este rasgo positivo. ¿Molesta su hija a los demás miembros de la familia al conectarse a Internet por la noche y mantener la línea ocupada? Dígaselo y hágale ver que su conducta no es justa con el resto de miembros de la familia.

Los adolescentes también necesitan mantener cierta distancia con la familia. Para ello, suelen pertenecer a un grupo o una pandilla y, tanto si le gusta como si no, la opinión de su pandilla contará más que la de usted durante un tiempo. Es normal que también se peleen más de lo habitual con sus padres, ya que están preparándose para abandonar ese lugar seguro que habían llamado hogar y normalmente es más fácil irse enfadado que simplemente «irse».

Exceptuando algunos pequeños detalles, los adolescentes de hoy en día se comportan prácticamente igual que los de generaciones pasadas. Usted atravesó sana y salva ese duro período, así que lo más probable es que sus hijos también lo consigan.

El torbellino hormonal

La «pubertad» es un término que se refiere al desarrollo físico que se produce entre la infancia y la edad adulta. Para algunos, los cambios corporales son graduales a medida que se van convirtiendo en adultos, pero para otros el crecimiento puede llegarles por sorpresa.

La «adolescencia» es un término que se refiere al desarrollo psicológico que ocurre entre la «infancia» y la «edad adulta». Para algunos, se prolonga hasta los veinte años, pero para otros sigue desarrollándose también a partir de los veinte. El adolescente típico tiene que enfrentarse a un estrés debido tanto a la pubertad como a la adolescencia.

La pubertad suele empezar con 12 años y llega a su punto álgido a los 13 o 14 años, pero puede empezar también a los 10 años o más tarde, con 16 o 17. En los chicos, dos hormonas producidas por el hipotálamo en el cerebro estimulan la producción de esperma y testosterona, la hormona masculina. La producción de esperma significa que el chico ya puede ser padre biológicamente. La testosterona significa que le crecerá vello público, el pene y la conciencia de sí mismo también se ampliará.

En el caso de las chicas, unas hormonas distintas fomentan el crecimiento de los pechos y del vello púbico y axilar. La ovulación y la menstruación empiezan casi al final de la pubertad. La edad media de inicio del período de una chica se sitúa en la actualidad en torno a los 12 años, pero cualquier edad entre 9 y 18 años se considera normal. Para empezar a ovular, normalmente una chica tiene que alcanzar los 45 kilos, ya que entonces un cuarto del peso corporal es grasa. Para seguir menstruando necesita pesar ligeramente más que cuando empezó su período.

Incluso cuando el chico o la chica están en pleno desarrollo, su tolerancia frente al cambio está limitada. Su hijo nunca más cambiará con tanta rapidez:

1. El preadolescente es como una máquina compacta y muy bien coordinada. Sin embargo, en el momento de la pubertad distintas partes del cuerpo empiezan a crecer a ritmos distintos, produciéndose una «desincronía» que al adolescente le parece toda una catástrofe.
2. La actividad de las glándulas produce un fuerte olor corporal y acné ¡en ese momento en que son tan sensibles!
3. A medida que los niveles de testosterona van aumentando en un chico, también aumenta la frecuencia de las erecciones espontáneas, los sueños eróticos y las erecciones matinales. Lo normal es que al adolescente le dé vergüenza el primer supuesto, se sorprenda ante el segundo y le falte información en el tercero (la erección matinal no tiene nada que ver con tener llena la vejiga urinaria) y también suele sentirse culpable por su interés en la masturbación.
4. Si una chica desarrolla pronto sus pechos, enseguida nota la atención de muchos chicos (¡y hombres!) y seguramente no sabrá cómo hacer frente a esta situación. Si el desarrollo de sus mamas es lento,

se preocupará por si va a quedarse «plana» para siempre. Tanto si los pechos crecen poco, normal o mucho, la chica se sentirá insatisfecha.

5. A muchos chicos también se les hinchan las mamas cuando empiezan el período de pubertad. Si tienen sobrepeso sus pechos estarán más pronunciados y seguramente les acomplejarán.

6. La figura delgada de las adolescentes pasa a ser sencillamente un grato recuerdo para muchas de ellas, que no quieren aceptar que sus genes no les van a permitir tener el aspecto de una modelo. En la adolescencia también empiezan a afeitarse o depilarse las piernas con cera y a preocuparse por la línea.

7. En cuanto a los chicos, los cambios de voz no son fáciles. A medida que la laringe va aumentando de tamaño, la voz se va haciendo más ronca y pasa por unos meses de desafinados chillidos y sonidos.

8. Puesto que, al principio, la menstruación puede ser irregular e impredecible, su hija puede sufrir algunos vergonzosos «accidentes». Además, para muchas chicas los primeros síntomas de síndrome premenstrual se producen durante la adolescencia (aunque suelen empeorar después a lo largo de los veinte y los treinta).

9. El crecimiento de los adolescentes parece ser imparable y de hecho muchos crecen hasta pasados los veinte. Sin duda, a ellos les resulta un tiempo eterno para esperar a ver el final de su crecimiento.

La adolescencia incluye la pubertad, pero termina con la fase adulta en términos psicológicos, no con la madurez física. Si le parece que esta definición es poco precisa, podemos indicarle que la fase adulta incluye la independencia emocional, económica y/o residencial, y para muchas personas el período de la adolescencia puede ser muy largo. Tal y como hemos visto con anterioridad, la década de los ochenta y los noventa dio como fruto una generación de jóvenes adultos que no han sido capaces de establecer su independencia económica. En 1995, en Estados Unidos un 13% más de los jóvenes de entre 18 y 24 años vivían en casa, en comparación con las cifras de 1970, según el censo estadounidense.

Parte de la responsabilidad de los padres es ayudar a sus hijos a aprender a enfrentarse y superar el estrés ligado a la madurez para que éstos puedan dar el paso y entrar en la edad adulta.

Los cuatro aspectos que no debe desarrollar al educar a un adolescente

El teléfono suena a las 10 un viernes por la noche. Es su hija de 15 años, Elizabeth, que llama desde la comisaría. Iba en coche con su amiga Nicole, de 17 años, y la policía las detuvo por conducir sin carné. La policía quiere que los padres se personen. ¿Qué hace usted?

Mi consejo es:

1. No personalice.
2. No permita un ataque de pánico.
3. No reaccione con exageración.
4. No infravalore.

Podría personalizar la conducta como si le hubiese dado una bofetada en la cara. También podría reaccionar de modo exagerado sufriendo un ataque de pánico y pensando que ese hecho era el principio de una larga vida delictiva de su hija. Quizá podría infravalorar a su hija pensando que ese episodio refleja su estupidez.

Un enfoque mucho más positivo es contemplar ese hecho como una oportunidad para que su hija adolescente aprenda las consecuencias lógicas de sus acciones. En vez de montar en cólera con su hija o retener sus ganas de ahogarla, ayúdela en este proceso. Por ejemplo, lo más normal es que, en Estados Unidos, un tribunal de menores sentencie que debe realizar servicios comunitarios, así que usted podría ayudarla a escoger una actividad provechosa. Muchos adolescentes todavía no tienen la suficiente conciencia como para entender que no son invencibles ni inmortales. Ahora bien, hay que hacerles entender las consecuencias lógicas que acompañan a sus alocadas conductas. Parte de su trabajo como madre es ayudar a su hijo adolescente a ver un poco más allá del presente.

Suponga que su hijo se queda toda la noche despierto para acabar un trabajo escolar. Al día siguiente está deshecho, tiene los ojos medio cerrados y camina como un zombi. Si usted se niega a escribirle un justificante para que se quede en casa, seguramente aprenderá que dejar los deberes para el último momento no es buena idea ya que al día siguiente no podrá ni con su alma.

Al fin y al cabo, lo que haga su hijo o su hija repercutirá sobre sí mismo y no sobre usted. Si su hija se tiñe el pelo de color lila significa que tiene un gusto un poco singular y nadie va a pensar nada sobre usted. La mejor forma para garantizar que no mantendrá el pelo de color lila es decir que lo ve bien. Antes o después se acabará cansando de esa apariencia o intentará buscar trabajo y verá que con esa pinta nadie quiere contratarla.

Lo importante es: no deje que el estrés de sus hijos adolescentes le provoque también estrés. Tal y como veremos a continuación, los adolescentes tienen que luchar contra grandes dosis de estrés.

El torbellino de la adolescencia

Mientras crecíamos, todas hemos querido ser guapas y elegantes, tener muchos admiradores y un pelo envidiado por todos. Sin embargo, no muchas hemos conseguido nuestros objetivos. De igual forma, no muchas de nuestras hijas adolescentes lograrán superar la adolescencia sin sufrir alguna herida.

Los adolescentes tienen una tremenda necesidad de ser aceptados por sus compañeros o las demás personas de su edad. Gran parte de la angustia que padecen proviene del encuentro o la pérdida de amigos. Esa angustia suele ser mayor en las chicas, ya que tienen unas expectativas más amplias que los chicos. Las chicas esperan que sus amigas les ofrezcan compañía y que sepan entender sus sentimientos. En cambio, los chicos piden menos; les basta con tener compañía. El resultado es que la amistad de las chicas está repleta de discusiones, en la mayoría de las ocasiones por diferencias en sus valores y acciones, pero los chicos están más absorbidos por su grupo que las chicas y la presión de los compañeros no beneficia necesariamente el desarrollo de un chico o una chica, tal y como afirman los investigadores Papalia y Olds:

> Desde tiempos inmemoriales, los padres se han preocupado por los amigos de sus hijos y hay buenas razones para ello... Normalmente, los chicos, junto con sus amigos, empiezan a cometer pequeños robos en tiendas, se fuman los primeros cigarros, beben la primera cerveza y se cuelan en los cines pornográficos, además de salpicarlo con una infinidad de actos antisociales.

Coincide, además, que los adolescentes que son más inseguros, que padecen más estrés y que son más dependientes son los más vulnerables a la presión de sus compañeros. Son los que no pueden tolerar que les cierren las puertas, ser poco queridos o criticados. Si el adolescente adopta una actitud defensiva, está seguro de que los demás la tomarán con él. Si decide apartarse sabe que estará condenado a estar solo y si se vuelve agresivo sabe que los demás le aceptarán bien. Sin embargo, si demuestra su ansiedad, los demás se reirán de él, así que la mayoría deciden ser agresivos y estar enfadados todo el tiempo.

El estrés provocado por la imagen personal

Hay algo que les ocurre a muchas chicas en este período hacia la vida adulta: se sienten mal consigo mismas. Con nueve años, el 60% de las chicas tienen mucha seguridad en sí mismas. Sin embargo con 14 años la cifra cae hasta un 29%, según un amplio estudio llevado a cabo por la Asociación Estadounidense de Mujeres Universitarias. En el caso de los chicos el descenso en su autoestima es menor. El 67% de los chicos muestran seguridad en sí mismos a una temprana edad y el 46% siguen mostrando una alta autoestima durante sus años de instituto.

Además, los estudios confirman que las chicas de entre 14 y 18 años tienen muchas más probabilidades de caer en una depresión que los chicos de la misma edad, si bien antes de esa edad ambos sexos tienen la misma propensión a sentirse crónicamente tristes.

¿Qué hace que las chicas estén tan tristes? Una de las razones es la gran insatisfacción que demuestran con sus cambios corporales. Un estudio concluyó que los cambios de la pubertad aumentan la satisfacción de los chicos en relación con su aspecto, mientras que disminuyen la de las chicas. Otro estudio averiguó que los sentimientos de las chicas sobre su valía estaban mucho más vinculados a la satisfacción con su cuerpo que los sentimientos de los chicos. Se valora que los chicos sean altos, delgados y fuertes (cualidades que se cumplen, por naturaleza, en la mayoría de ellos), pero las chicas tienen que ser como muñecas Barbie (con mucho pecho, con piernas largas y cadera delgada, una combinación que no suele darse en la naturaleza femenina).

En todo el mundo, las culturas que idealizan una forma de mujer con figura tan delgada como una preadolescente, también presentan altos índices de trastornos alimentarios y depresión femenina, demuestra un informe realizado por el Departamento de Mujeres y Depresión de la Asociación Estadounidense de Psicología. «Por consiguiente, la insatisfacción de las chicas adolescentes con su cuerpo puede deberse a la conciencia del conflicto entre la obsesión social por un cuerpo delgado y el hecho de que las mujeres van engordando a medida que maduran», concluía el informe.

Por supuesto, las chicas adolescentes no son las únicas que se preocupan por su apariencia. Los chicos son muy conscientes de sí mismos y el acné, llevar gafas, tener las orejas grandes, ser demasiado delgados o gordos, tener dientes de conejo, llevar ortodoncia, tener pies planos, etc., puede acomplejarles mucho. Los hombres que participaron en la primera encuesta que realicé para determinar el estrés masculino, admitieron que sentían que habían sido castigados por algún fracaso o alguna causa desconocida cuando se miraban en el espejo y se veían algún defecto. Muchos iban al gimnasio para reforzar sus músculos y el sentido de control sobre su cuerpo. Así pensaban que podían perfeccionarse física y emocionalmente, ya que, a pesar de sentirse inseguros, tenían una apariencia impactante.

Cita con el estrés

En la primera cita, él habla con nerviosismo con los padres de la chica cuando, al irla a recoger, espera que ella salga de su habitación. Ella lleva días pensando en qué se va a poner y él no sabe si tiene que pagar toda la cuenta o deben pagar a medias. Ella tampoco sabe si debe insistir en pagar a medias o no. Ambos están anunciando ante el mundo que ya están en el camino de las relaciones adultas y esperan que, al menos un miembro del sexo opuesto, les encuentre atractivos.

Los padres tienen un papel muy importante a la hora de aliviar el estrés de los adolescentes al citarse con un chico o una chica.

1. Pregúntele a su hijo con antelación qué planes tiene para esa noche. Si acosa a preguntas a su hijo delante de su cita se sentirá avergonzado.
2. Si su hijo adolescente no quiere hablar de una cita que tuvo recientemente, no asuma que la cosa fue mal. Su hijo tiene derecho a su privacidad e intimidad y usted tiene que entenderlo.
3. Recuérdele a su hijo o a su hija que tiene derecho a decir «no» ante cualquier solicitud que le haga sentir incómodo/a. Dígale que está desarrollando parte de su función como madre; ayúdele a saber si le gustan, o no, esos sentimientos.

4. No asuma que su hijo/a ya es sexualmente activo/a porque haya tenido una cita. A los adolescentes más jóvenes, les atraen más los aspectos sociales de tener citas.

El estrés sexual

Nuestra sociedad ha tenido un doble estándar durante años: para demostrar lo macho que se es, los chicos tienen que «conquistar» el máximo número posible de chicas. Sin embargo, para ser femenina, las chicas tienen que rechazarlos. De hecho, una encuesta que se hizo hace una década destacó que el 71% de los padres habían tenido relaciones sexuales antes de casarse, mientras que el 75% de ellos (casi la misma cifra) esperaban que sus hijas llegasen vírgenes al matrimonio.

La revolución sexual ha cambiado más la conducta de las chicas que la de los chicos. Lo normal es que, en el mundo occidental, los chicos pierdan la virginidad entre los 15 y los 18 años (la misma edad en la que la perdieron sus abuelos), pero en la actualidad las chicas, incluso las «chicas buenas», empiezan a decir que sí mucho más pronto. El 15% de ellas pierden la virginidad antes de los 14 en Estados Unidos, el 68% entre los 15 y los 18, y a los 25 años sólo un pequeño porcentaje no ha tenido todavía experiencias sexuales. Aun así, las chicas son mucho más románticas en relación con el sexo que los chicos. Dos de cada tres chicas tienen su primera experiencia sexual dentro de una relación seria, mientras que, en el caso de los chicos, la mitad tienen relaciones en la primera noche. Las chicas también son más prácticas, ya que suelen ser las que insisten en protegerse frente al embarazo y enfermedades de transmisión sexual.

Por otro lado, mis pacientes masculinos me explican que, cuando eran jóvenes, lo que más temían era la tortura de anticipar el rechazo sexual después de la tortura de anticipar la aceptación sexual. Si sus avances eran rechazados, se sentían como unos tontos y solían mentir a sus amigos. Si sus avances eran aceptados tenían miedo a eyacular precozmente o a actuar con inmadurez.

La mayoría de los chicos piensan que su pareja les va a juzgar por su actuación durante el acto sexual, así que se centran en el orgasmo, y los momentos de abrazos y de juego preliminar son instantes de anticipación precipitados que no se llegan a saborear con placer.

Las clases de educación sexual, los líderes religiosos y los padres pueden ayudar a los jóvenes a saber decir «sí» sólo cuando esten preparados. Cuando los adolescentes empiezan a practicar el sexo, suele ser debido a muchas otras razones aparte de las físicas: quieren tener experiencias nuevas, demostrar su madurez, buscan afecto, quieren estar en sincronía con su pandilla, mantener intimidad con el sexo opuesto y perder, ya de una vez por todas, la ansiedad que les provoca ser vírgenes.

Su hijo o hija se sentirá mucho mejor con sus propias decisiones sexuales si usted abre una línea de comunicación respecto a este tema. No le tiene que preguntar por los *detalles,* pero debería ser capaz de ofrecerle un foro sin juicios para tratar esos temas, incluyendo las preocupaciones sanitarias como la protección para no contraer el SIDA y otras enfermedades de transmisión sexual. Todos los estudios realizados hasta ahora han concluido que cuanta más información tienen los jóvenes sobre los métodos anticonceptivos y las enfermedades de transmisión sexual (ya la reciban en clase de educación sexual o en casa), más precauciones toman. Quizá la vuelta a la conducta sexual conservadora y a la abstinencia entre muchos jóvenes que asisten al instituto sea la prueba.

Durante la adolescencia temprana las chicas corren un alto riesgo y en esa época es cuando aumentan los índices de abuso sexual. En una muestra de 900 mujeres adultas hecha al azar, un investigador descubrió que el 12% habían experimentado abusos sexuales graves por un miembro de la familia antes de tener 17 años, y el 26% habían sufrido abusos por parte de alguien ajeno a la familia. Las chicas corren el doble de riesgo de padecer abusos que los chicos.

Algunas jóvenes que han sido sometidas a abusos sexuales pueden reaccionar preocupándose por su sexo y siendo más activas sexualmente que sus compañeras, tal y como resalta el psiquiatra William Friedrich, de la clínica Mayo. También hay chicas que reaccionan evitando el sexo a toda costa y estando inhibidas sexualmente. Un número determinado de factores hacen que una chica se incline por una u otra dirección, incluyendo: la edad en la que experimentó el abuso, quién fue la persona (madre, padre, hermano, vecino, extraño), si fue violento, si hubo tocamientos y si hubo intervención o no. De cualquier modo, estas chicas tienen más probabilidades de padecer depresión que sus compañeras de clase y experimentarán más estrés a lo largo de su vida. Por ello, resulta vital que hablen con alguien acerca de esos abusos, ya que si se oculta la experiencia siempre será más traumática que si se logra expresar.

Estrés escolar

A algunos adolescente les preocupa mucho poder llegar hasta la universidad, a algunos les preocupa encontrar su verdadera vocación y otros quieren combinar los estudios con algún trabajito. También hay quien quiere tener buenas notas para complacer a sus padres y los que esconden sus altos resultados ante su pandilla para que no les califiquen de «empollones». Todos estos aspectos contribuyen al estrés escolar que experimentan prácticamente todos los adolescentes.

En una ocasión me invitaron a un programa televisivo estadounidense para hablar de los adolescentes y, a raíz de esa intervención, tres adolescentes me esperaron a la salida. Me habían oído hablar en directo sobre cómo gestionar el estrés y se apresuraron para hablar conmigo antes de que finalizase el programa. Uno de sus compañeros de clase se había suicidado la semana anterior y ellos querían darme un mensaje para que yo lo hiciese público ante los padres. Me dijeron: «Haga que los padres sepan que la presión que sufrimos para complacerles trayendo a casa buenas notas puede ser insostenible. A veces, no podemos conseguir ser de los mejores de la clase porque no somos tan listos como nos gustaría y pensamos que esa es la razón por la que nuestro amigo se suicidó».

La presión para sacar buenas notas es una de las razones por las que más se copia en los exámenes que se hacen en el instituto y en la universidad. En 1969, el 34% de los estudiantes de instituto admitían hacer trampas y copiar en los exámenes. En la actualidad, la cifra asciende hasta casi el 70%. Una encuesta realizada por US News concluyó que el 90% de los estudiantes universitarios pensaban que a los que copiaban y se preparaban chuletas nunca les pillaban.

Las chicas que sienten la presión para sacar buenas notas (tanto si proviene de sí mismas como de sus padres) pueden experimentar una doble tensión, ya que en muchos colegios a las chicas listas se las rechaza. En clase, a muchas chicas les da vergüenza levantar la mano cuando saben la respuesta. Quieren parecer inteligentes ante el profesor, pero no ante los compañeros de clase. Por ello sienten una ambivalencia ante el sentimiento de control que podría ayudarlas a controlar el estrés a lo largo de su vida.

Estrés familiar

Suzanne, de 25 años, recuerda haberse pasado los años de adolescencia «en todas partes menos en casa». Se apuntó a cualquier asociación a la que pudiera ir después de clase, pasaba los fines de semana en casas de amigas y los sábados iba a clases de patinaje sobre hielo, todo para evitar tener que presenciar las peleas de sus padres. «Mi madre le echaba a mi padre la culpa de todo lo que le ocurría y mi padre hacía lo mismo con mi madre», rememora, pero también recuerda que el día en que su padre se fue de casa «fue el peor día de mi vida».

En Estados Unidos los problemas familiares son la primera causa de admisión en los ambulatorios, de las llamadas a los teléfonos de la esperanza y visitas a los servicios de urgencias. Una vida familiar inestable es el factor principal (entre el 50% y el 80%) de los suicidios que cometen los adolescentes, según una serie de estudios.

En la actualidad, el adolescente suele estar en el centro de un problema familiar si el padre, la madre e incluso algún abuelo que viva en casa, discuten sobre las mejores normas, regulaciones y responsabilidades para el hijo. Algunas familias esperan que su hijo participe en el tiempo de recreación familiar, mientras que otras no lo tienen en cuenta. Hay familias que esperan que sus hijos sigan la misma profesión que se ha mantenido tradicionalmente de generación en generación, mientras otros esperan que su hijo escoja su profesión vocacionalmente. No hay ninguna circunstancia mejor que otra, pero, desde luego, hay aspectos que nunca contribuyen al buen funcionamiento familiar: desacuerdos constantes entre padres, incluyendo temas relacionados con los hijos. Si uno de los padres modifica las normas o sabotea la disciplina que intenta imponer, la pareja estará creándole al adolescente un estrés emocional adicional al que ya padece debido a los cambios corporales, sociales y académicos. ¿El resultado? Un adolescente con una gran sobrecarga de estrés.

Los adolescentes que sólo viven con uno de sus padres, o en una familia mixta, tienen más posibilidades de recibir mensajes contradictorios de las distintas figuras paternas y maternas. Los exmaridos y exmujeres pueden seguir peleándose después de décadas de finalización de su divorcio, utilizando, en muchas ocasiones, al hijo como un arma. En otros casos, el exmarido (en ocasiones también la exmujer) puede desaparecer completamente del mapa, dejando al adolescente con un profundo sentimiento de abandono. Incluso en las mejores circunstancias (cuando la expareja mantiene una relación cordial y frecuente) el hijo sentirá que ha perdido algo con el divorcio de sus padres.

A veces se dice que las madres son las que suelen enseñar a los hijos a vivir en casa y los padres les ayudan a desenvolverse en el mundo externo. De ser cierto, la madre crea un gran vínculo emocional y el padre fomenta la independencia emocional. Si un adolescente experimenta un conflicto continuo entre sus padres, o si no cuenta con uno de ellos (ni emocional ni físicamente), el adolescente no podrá aprender bien estas lecciones.

Aunque los padres intenten esconder los problemas familiares que no afectan directamente al adolescente, éste enseguida advertirá que hay algo que no funciona bien. La misteriosa enfermedad de uno de los padres, los problemas financieros o la posible separación o divorcio, suele provocar más ansiedad que la verdad. Compartir información, aunque no sea necesario dar detalles, les ayudará a comprender la realidad. Así comprenderá que sus padres le tratan ya como un adulto y no le esconden nada.

Síntomas de estrés de los adolescentes

La mayoría de los síntomas de estrés que padecen los adolescentes, como los dolores de cabeza, la depresión y los trastornos alimentarios, los comparten también los adultos. Sin embargo, los adolescentes corren mayor riesgo de experimentar síntomas más graves en los que ponen en peligro su vida: accidentes, conducta antisocial, suicidio y abuso de sustancias.

Al igual que los adultos, los adolescentes también son más vulnerables a tener accidentes al estar sometidos a estrés. R. Dean Coddington y Jeffrey R. Troxell, estudiaron a 114 jugadores de fútbol americano en los institutos y advirtieron que los que tenían vidas familiares más inestables eran los que sufrían lesiones más importantes. Los tipos de inestabilidad que más sobresalían y que más estrés causaban eran las enfermedades de los padres, la separación, el divorcio y una muerte. Los accidentes son la principal causa de mortalidad en los niños, así que no deben tomarse a la ligera. En cuanto a los adolescentes, los accidentes automovilísticos y los de moto, superan con creces las caídas, las quemaduras y cualquier otro accidente.

Kathleen McCoy, en una obra dedicada a la depresión adolescente informa de que las lesiones y los accidentes automovilísticos están vinculados con la depresión adolescente. ¿Por qué es más alta la tasa de accidentes automovilísticos y demás accidentes en los chicos que en las chicas? Seguramente, porque correr riesgos les alivia la depresión y les proporciona una vertiente de «macho» muy aceptada en la sociedad, mientras que llorar o hablar de sus sentimientos podría verse como un acto amanerado. Al correr riesgos pueden tener accidentes o incluso intentos de suicidio, conductas que indican a gritos la necesidad de que les presten atención, pero que pueden ser altamente destructivas. Por otro lado, las chicas tienen mayor tendencia a ocultar sus problemas, de forma que pueden desarrollar trastornos alimentarios como la anorexia o la bulimia.

Los chicos también manifiestan una tendencia más acuciada a incurrir en delitos juveniles, si bien el índice de delitos cometidos por las chicas está aumentando enormemente, principalmente debido al consumo de drogas. La delincuencia juvenil parece estar ligada al estrés vinculado a los cambios en la vida. Es decir, cuantos más cambios se produzcan en la vida del adolescente, más posibilidades habrá de que su conducta sea antisocial. Por eso, cuanta más discordia familiar, falta de afecto, inestabilidad o descuido haya en una familia, más probabilidades habrá de que el adolescente caiga en la delincuencia.

Adolescentes que matan

Jóvenes que matan a otros jóvenes: estas historias se relatan con frecuencia en los medios de comunicación, pero no por ello llaman menos la atención. Los adolescentes estadounidenses cometen unos 2.300 asesinatos al año, provocando que los expertos en salud mental infantil intenten encontrar las causas. El psicólogo Robert Zagar ha concluido que un joven adolescente (los chicos son los que cometen la mayoría de los asesinatos) tiene el doble de probabilidades de matar si:

- Tiene un historial familiar de violencia penal.
- Fue sometido a abusos.
- Es miembro de una banda.
- Abusa de las drogas o el alcohol.

Tiene tres veces más probabilidades de matar si cumple todos los requisitos anteriores más:

- Lleva un arma.
- Le han arrestado anteriormente.
- Sufre de un trastorno neurológico que afecta a su pensamiento y sentimientos.
- Tiene problemas escolares.

Las estadísticas muestran que todos estos factores de riesgo están ascendiendo en Estados Unidos y en muchos países europeos. El doctor James Garbarino, autor de obras sobre violencia juvenil, lo denomina una «epidemia de violencia» y subraya un número de anclas que pueden ayudar a los chicos a retomar el camino:

- Convicción religiosa.
- Capacidad de recuperación, que incluye aprender a gestionar el estrés, desarrollar la autoestima, conseguir el apoyo social por parte de grupos externos a la familia y la disposición para reconocer su lado femenino y afectuoso.
- Conexiones sociales, que incluyen relaciones regulares. A los hijos les gusta la estabilidad, la seguridad y pasar tiempo con sus padres.

Suicidio adolescente

Muchos dicen que es la peor pesadilla de un padre. En Estados Unidos, tan sólo este año, se suicidarán 5.000 jóvenes y muchos más lo intentarán, en Europa occidental se dará, aproximadamente, la misma proporción. En los últimos cinco años los índices de suicidio para los jóvenes americanos de entre 15 a 24 años han aumentado en un 400%. Hay más chicos que chicas que se suicidan cada año, pero las chicas lo intentan más. El suicidio de un adolescente en una comunidad puede provocar el «efecto dominó» y causar más intentos de suicidio entre los adolescentes. Algunos lo consiguen y otros no. Para algunos chicos con problemas, el suicidio parece la forma más de moda o más glamorosa para morir.

Los adolescentes con pensamientos de suicidio están en un estado de depresión. ¿Qué adolescentes padecen depresión? Los que tienen una baja autoestima y los que no están vinculados a sus familias, a sus compañeros o a ambos, según los estudios. Sus padres no les aportan el apoyo que necesitan, ellos están también deprimidos o son muy flexibles o muy estrictos.

Cualquier adolescente que esté deprimido más de un par de días es un candidato para cometer suicidio. A un chico depresivo le falta energía (le puede costar levantarse de la cama por la mañana) y puede querer alejarse voluntariamente de sus amigos. Los demás signos de depresión ya los he mencionado anteriormente. Estas son algunas de las señales de alarma de un joven infeliz que puede estar pensando en el suicidio:

1. El adolescente quiere deshacerse de objetos a los que les ha dado un valor personal, como su pelota de fútbol preferida.
2. Después de llevar un tiempo depresivo, el adolescente tiene un rebrote de energía y parece que los días oscuros se han quedado atrás. Las personas que están en el momento más bajo de su depresión no tienen energía para suicidarse, pero cuando se encuentran un poco mejor pueden llevar a cabo el acto. A veces recobran la energía gracias al pensamiento de suicidio, que creen que les liberará de esa gran carga que llevan encima.
3. El adolescente empieza a hablar de suicidio. Es sorprendente constatar cuántos padres ignoran un signo obvio de problemas. Algunos padres consideran que el adolescente está pasando por «una mala racha», a otros les avergüenza buscar un tratamiento que ayude a sus hijos y otros creen que un suicidio nunca podría ocurrir en su familia.
4. Otros adolescentes de su entorno se han suicidado hace poco. El fenómeno «mimetismo» es muy real.

Por favor, tómese cualquier amenaza de suicidio en serio, tanto si es una forma que su hijo tiene para llamar la atención como si tiene verdaderos problemas. Empiece a hacerle preguntas y a repetir las respuestas que el adolescente le dé para que pueda oírse a sí mismo. A continuación pídale ayuda a su médico o al pediatra para recurrir al mejor especialista en salud mental para estos casos. El pediatra conoce bien a su hijo y le dará sabios consejos.

Abuso de drogas y alcohol

Algunos adolescentes recurren al consumo de drogas y alcohol para reducir el estrés. En el nuevo milenio, el alcohol y las drogas están tan disponibles que los padres tendrán que asumir que sus hijos estarán expuestos a estas sustancias químicas. Un estudio averiguó que, ya en el instituto, la mitad de los chicos estadounidenses se habían visto presionados a probar marihuana.

El uso de alcohol y drogas entre los jóvenes parece que empezó a disminuir ligeramente en Estados Unidos hace unos años, pero en los últimos años ha vuelto a remontar. Una encuesta estadounidense llevada a cabo por el Centro para el Control y la Prevención de Enfermedades en 1997, concluyó que el 37% de los chicos adolescentes se habían tomado cinco o más bebidas en una noche en el mes anterior. Un total del 30% de los estudiantes encuestados habían fumado marihuana durante el mes anterior y un 9% habían consumido cocaína.

La mayoría de nosotros queremos que nuestros hijos se abstengan completamente de ingerir cualquier tipo de sustancia química, pero los jóvenes tienen una gran tendencia y curiosidad por la experimentación, así que consumen drogas de vez en cuando y en pequeñas dosis, pero suelen fumar marihuana y consumir alcohol con más asiduidad. Buscan experiencias placenteras, en vez de escapar de la realidad, pero corren el riesgo de convertirse en alcohólicos o drogadictos. También pueden experimentar reacciones adversas a las drogas, atentar contra las normas establecidas o sufrir accidentes bajo la influencia de las drogas.

Por otro lado, para quienes abusan del alcohol y las drogas, estas sustancias se convierten en el centro de su vida. Dedican un tiempo y una energía considerables a estar colocados y necesitan constantemente permanecer en ese estado para reducir el dolor o aliviar la ansiedad.

Piense en el abuso de estas sustancias por parte de los adolescentes como un intento de automedicación. Los adolescentes recurren al alcohol, los barbitúricos, los tranquilizantes y otros sedantes para apaciguar su malestar interior. Los que se sienten deprimidos, suelen preferir las anfetaminas, la cocaína, la nicotina y otras sustancias que les den un acelerón. Los adolescentes que se sienten desencantados y abrumados, suelen decantarse por los alucinógenos como la marihuana, el LSD y el hachís, o los inhaladores o narcóticos, como la heroína, con el fin de alterar su estado mental o crear un estado de euforia.

¿Cuáles son los síntomas del abuso de alcohol y drogas? Según un gran número de expertos:

1. Aumento o disminución de peso.
2. Disminución en la atención.
3. Irritabilidad atípica, depresión.
4. Problemas escolares.
5. Un cambio a una estética acorde con los consumidores de drogas.
6. Deterioro en la relación con los amigos o un cambio radical de pandilla.

7. Aumento del gasto de dinero.
8. Desaparición de dinero o joyas en casa.
9. Intento de suicidio.
10. Posesión de parafernalia relacionada con drogas.

Todos estos síntomas, excepto el último, pueden deberse a otros problemas de adolescentes que no tienen nada que ver con el abuso de drogas. Sin embargo si su hijo experimenta una mala reacción ante las drogas, una sobredosis o tiene problemas escolares, usted debe saber que se trata de un problema serio.

La mayoría de chicos, incluso los que padecen altos índices de estrés, no recurren a las drogas o al alcohol. Entonces, ¿qué distingue a quienes abusan de estas sustancias y de quienes no? El doctor Michael Schulman, psicólogo clínico, y Eva Mekler, psicóloga escolar, sostienen en una de sus obras sobre los cambios en el estado emocional de los adolescentes que el joven que decide no recurrir a las drogas posee «una ética personal» incompatible con el abuso de drogas y alcohol. Estos valores son los que les ayudan a combatir con éxito el estrés:

1. Preocuparse por su salud.
2. Disfrutar de un sentido del control.
3. Deseo de lograr metas y la capacidad para planear su consecución.
4. Aceptar la responsabilidad de las propias acciones.
5. Desear pensar por sí mismos.
6. Necesidad de ser independiente.
7. Sentido de la responsabilidad personal y social.
8. Deseo de enfrentarse a los problemas en vez de evitarlos.

Estos valores se aprenden en casa, pero los jóvenes también copian las conductas que ven en casa. Si en el hogar uno de los padres o un hermano mayor fuma, bebe (incluso si es moderadamente) o consume droga, el joven tendrá más probabilidades de reproducir esta conducta y convertirse en un consumidor de drogas o en un drogadicto. Si usted es bebedora (o fumadora de marihuana) y no quiere que su adolescente consuma alcohol o drogas, lo mejor es que modifique sus hábitos personales, porque si usted bebe (o consume drogas) en exceso, le estará trasmitiendo a su hijo el mensaje de que esa conducta es normal y aceptable. Si usted es fumadora, le será mucho más difícil persuadir a su hijo o a su hija de que no debería fumar, porque es perjudicial para la salud.

Control del estrés adolescente

La adolescencia es un momento turbulento para los padres y para los adolescentes y, para facilitar el buen trascurso durante estos momentos difíciles, las técnicas de control del estrés subrayadas en el capítulo final del libro, le ayudarán si las pone en práctica siempre que le sea posible. A menos que su hijo necesite ayuda profesional al mostrar uno o más de los graves síntomas de estrés que hemos ido tratando, bastará con su participación para aliviar la tensión.

Examine la actitud que demuestra con su hijo, sobre todo en lo relativo al tema del control. ¿Le trata como un niño más pequeño de lo que es o como a un adolescente? Si comprueba que su punto de vista no es el correcto, modifíquelo.

Tenga en cuenta que sus expectativas deben ser razonables. Por ejemplo, es razonable esperar que un chico de 14 años tenga la habitación bastante ordenada, pero si en algún momento está desordenada, no le pregunte si ya la ha ordenado cuando sabe que no es así, puesto que esas palabras resultan manipuladoras. Intente un enfoque directo: «Veo que no has limpiado tu cuarto y me gustaría que lo hicieses en cuanto puedas».

Tal y como ya hemos ido apuntando, la adolescencia es un momento en el que el joven empieza a sentir una fuerte necesidad de conseguir metas y los padres también suelen sentirse así respecto a su hijo. Por ejemplo, si su hijo no saca siempre buenas notas, muchos padres también se sienten fracasados. Otórguese a sí misma el permiso para no ser perfecta, para no ser una supermadre y haga lo mismo con su hijo. Si él o ella necesita ayuda, asegúrese de proporcionársela, pero no intente que sus hijos sean como a usted le gustaría, puesto que sólo conseguirá aumentar la presión sobre ambos.

El mismo consejo debería aplicarse a las chicas que están muy centradas en conseguir logros. Las chicas tienen, además, toda una serie de problemas adicionales, ya que durante la adolescencia empiezan a definir sentimientos e ideales sobre el sexo opuesto. Usted puede ayudar a su hija a que se dé cuenta de que la autoestima proviene del interior y no del caso que le hagan los chicos. Hágale saber que tiene mucho talento dentro que debería desarrollar. Algunas madres intentan corregir o revivir su adolescencia obligando a sus hijas a tener un aspecto atractivo, pero, en vez de intentar que su hija encaje en un molde, debería animarla a que sepa quién quiere ser.

Por último, ponga en práctica todos estos consejos. Hable con sus hijos, intenten resolver los problemas juntos, sopesando los aspectos negativos y positivos, y haga que sea una costumbre que dure de por vida. Los jóvenes adultos que crecieron en familias que solucionaban los problemas de una forma pacífica saben enfrentarse a los conflictos mucho mejor que los jóvenes adultos que provienen de familias violentas («violencia» queda definida como el suceso de, al menos, dos incidentes violentos en diez años). La principal alternativa a la violencia es la conversación, una fantástica defensa frente al estrés.

Practique el establecimiento de límites razonables y no la cesión de terreno. Los adolescentes necesitan límites porque todavía están en el proceso de aprendizaje hacia la fase adulta. Necesitan límites porque es bueno que sientan que sus padres les vigilan. Si usted no establece límites razonables para sus hijos, al final le obligarán a hacerlo, ya que desarrollarán conductas temibles, autodestructivas o, cuando menos, llamativas. No tema tener que luchar en campo contrario sobre la hora de llegada o las notas. Seguramente, estas escaramuzas le ahorrarán batallas más grandes relativas a las drogas o el abandono de los estudios, y sus hijos le tendrán respeto.

Su hijo aceptará mejor las normas cuando le explique el razonamiento y las causas que lo sustentan. Una encuesta realizada a 1.000 adolescentes de Ohio y Carolina del Norte, llegó a la conclusión de que los chicos cumplen mejor las normas que les imponen sus padres si conocen el porqué y no creen que son simples órdenes. Estos adolescentes también tienen más confianza en sí mismos y mayor independencia. Además, a diferencia de los otros adolescentes que participaron en el estudio, quieren ser como sus padres.

Ava L. Siegler, directora del Instituto para el Estudio de los Niños, Adolescentes y las Familias de Nueva York, en una de sus obras recomienda las «cuatro C».

Compasión. Póngase en el lugar de su hijo e intente entender lo que le ocurre.
Comunicación. Escuche y responda a sus palabras, su lenguaje corporal y también tenga en cuenta sus instintos como padre o madre.
Comprensión. Intente profundizar en los temores o el enfado que hay detrás de la conducta inadmisible de su hijo.

Competencia. Esfuércese por aportarle a su hijo la fortaleza, la esperanza y otros recursos emocionales importantes para poder solucionar sus propios problemas.

Sobre todo, lleve siempre cualquier situación con sentido del humor. Si puede reírse de sí misma, su hijo también aprenderá a reírse de sí mismo y a tomarse las cosas desde el lado positivo. Prácticamente todo en esta vida tiene arreglo, pese a que a los adolescentes les parezca todo una catástrofe.

12

El síndrome del estrés masculino

A los hombres se les educa para hacerse cargo de una familia y llevar las riendas de cualquier situación, pero no todos los hombres pueden ser jefes. Se les educa para ser quienes lleven el pan a casa, pero ahora sufren la amenaza constante de poder ser despedidos. Se les educa para centrarse en la consecución de metas, pero el éxito suele ser una experiencia momentánea. A los hombres se les educa para tomar decisiones solos, pero ahora ven que necesitan recurrir a un sistema de apoyo. Se les dice que tienen que expresar su «fortaleza», pero, a menudo, se sienten «débiles» y tristes.

A medida que entramos en el nuevo milenio, los hombres deben combatir con todo tipo de mensajes contradictorios que les llegan sobre cómo se supone que tiene que ser un hombre. Hay tres niveles de confusión. En primer lugar, están las expectativas sociales respecto a los hombres, que suelen ser conflictivas. En segundo lugar, las expectativas que el individuo quiere conseguir, que suelen entrar en contradicción con las expectativas de la sociedad y, en tercer lugar, las propias expectativas del hombre, que también pueden ser contradictorias.

No es de extrañar que los estudios corroboren que los hombres adultos tienen altos niveles de hostilidad. Intentan ser lógicos y emocionales a la vez; tener éxito y ser competitivos, pero, a la vez, ayudar a los demás; ser estables, pero espontáneos; protectores, pero liberales. Las entrevistas que realicé para la Encuesta sobre el Estrés Masculino, reveló que los hombres esperaban tener éxito, pero tenían pánico al fracaso; luchaban por ser maduros, pero no querían perder su juventud. Esta polaridad saca de quicio a cualquiera y, sin duda, es la razón de la tristeza que algunos sienten. Si se añade el miedo al fracaso, la ansiedad por un alto rendimiento y la necesidad de competir, ya tenemos todos los ingredientes del Síndrome del Estrés Masculino.

El estrés y los síntomas de estrés causados por las distintas psicologías, modelos de conducta, cambios en la vida, presiones por parte de los compañeros y los padres, además de los referentes culturales, son distintos para los hombres y las mujeres. En este capítulo intentaremos ver cuáles son las diferencias y en vez de pensar «¿Cuál de los dos sexos lo tiene peor?» intentaremos resolver la pregunta: «¿Cómo podemos ayudarnos a sobrellevar mejor esta situación?»

El estrés y el cuerpo masculino

¿Son los hombres el sexo fuerte? En tamaño físico y masa muscular quizá, pero no en lo referente a la resistencia frente al estrés. Aunque se conciben y nacen más hombres que mujeres, al cabo de un año el índice varones/hembras se invierte. Desde el nacimiento hasta la tercera edad, parece que los hombres mueren antes que las mujeres.

Además, a lo largo de su vida parece ser que los hombres no consiguen mantener bien su cuerpo. Pierden la movilidad de las manos y las piernas antes, se les llena el pelo de canas antes, pierden antes el sentido del oído y la vista y suelen tener problemas de memoria a una edad más temprana. En lo relativo al sexo, la capacidad del hombre para llevar a cabo el acto sexual (no hablamos de su fertilidad) disminuye considerablemente más con la edad que la capacidad de la mujer.

También hay otras muchas áreas en las que la vulnerabilidad masculina es destacable. Los hombres pueden ser menos sensibles al dolor, por lo que son menos conscientes de sus problemas físicos y, en ocasiones, los descubren cuando ya es demasiado tarde.

¿Tienen los hombres algunas *ventajas* ante el estrés para contrarrestar estos inconvenientes? Las investigaciones sugieren que, seguramente, cuentan con dos ventajas para combatir emergencias a corto plazo y el estrés temporal:

1. Durante sus primeros años, cuando aprenden el funcionamiento del mundo, quizá los chicos están más predispuestos a evaluar y reaccionar a las situaciones *inmediatamente* y *directamente*. «Esto se

debe a que la corteza frontal anterior se desarrolla un poco después en los niños que en las niñas», explica Karl H. Prima, director del Centro de Investigación Cerebral de la Universidad Radford en Virginia.

2. La testosterona, hormona masculina, está asociada con el juego bruto, con la extroversión, los altos niveles de actividad y la confianza en sí mismos. También es interesante la sugerencia de John Bancroff que sostiene que los hombres con bajos niveles de testosterona se distraen con más facilidad. A corto plazo, la testosterona puede incrementar la capacidad de concentración en una situación. Esta podría ser una capacidad de supervivencia importante para el hombre primitivo que tenía que enfrentarse a un mundo físicamente peligroso o para el hombre de hoy en día que intenta concentrarse en un mundo ruidoso y contaminado.

Si sumamos la parte positiva y la parte negativa sobre la gestión del estrés masculino, podemos ver una *respuesta frente al estrés* que se activa en situaciones de emergencia. Es decir, puesto que los hombres parecen reaccionar al estrés con rapidez y mediante acciones, puesto que pueden centrarse y mantener la concentración en situaciones de estrés con gran intensidad y puesto que desarrollan mayor fortaleza física y son menos conscientes del dolor que las mujeres, están mejor equipados para enfrentarse a las exigencias inmediatas de acción.

Pero, ¿qué le ocurre al cuerpo masculino cuando este estrés se prolonga y es continuo? Se producen trastornos, enfermedades, disfunciones e incluso la muerte. Por eso, si bien ambos, hombres y mujeres, padecen estrés, los hombres corren mayor riesgo de *fatalidad* como resultado de los síntomas del estrés.

Síntomas de estrés

Demasiados hombres ignoran los síntomas del estrés, negando las consecuencias potenciales y evitando tratar sus causas. Cuando les pedí a las mujeres que participaron en la Encuesta del Estrés Masculino que evaluasen los signos físicos de estrés que advertían en sus hombres (maridos, padres e hijos), a menudo decían que notaban los siguientes (de una lista total de 26 aspectos):

Insomnio.

Dolores de cabeza.

Náuseas, indigestión y dolores en el pecho.

Chirridos con los dientes, espasmos temporales en la mandíbula.

Alergias (sarpullidos, congestión, estornudos).

Dolores de espalda y rigidez de nuca.

Cuando les pregunté directamente a los hombres sobre los síntomas físicos del estrés que padecían, uno de los pocos síntomas que parecía repetirse con consistencia era la sudoración. ¿Y qué pasaba con el resto de síntomas que mencionaban las mujeres? Los hombres los reconocían, pero no los atribuían al estrés, sino a la edad.

Además de los síntomas generales de estrés, compartidos por las mujeres que también padecen estrés, los hombres muestran algunos síntomas únicamente presentes en ellos, que se manifiestan con más frecuencia en el sexo masculino o que son más peligrosos para ellos. Estos son:

Hipertensión (elevada presión sanguínea).

Arteriosclerosis (altos niveles de colesterol).

Infarto de miocardio.

Fallo cardíaco.

Úlcera péptica (gástrica o duodenal).

Alcoholismo.

Disfunción eréctil (falta de erección).

Eyaculación precoz.

Eyaculación retardada (imposibilidad de eyacular).

Señales de conducta que actúan como alarma temprana

Además de las condiciones físicas que señalan estrés o crean estrés, los hombres también reconocen señales psicológicas y de conducta relativas al estrés. Puesto que los signos de conducta son observables, repetitivos y consistentes en cada persona, son potencialmente más útiles que las señales prematuras de alerta que indican el principio del Síndrome de Estrés Masculino.

Los cientos de mujeres (esposas, madres, hermanas y amigas) que participaron en la Encuesta sobre el Estrés Masculino, percibieron las siguientes señales tempranas de estrés en sus hombres:

1. Las mujeres observaron que los hombres manifestaban con frecuencia *abusos verbales o críticas* a sus esposas o hijos.

2. La segunda señal de estrés que se mostraba con más frecuencia era la *retracción*. Los hombres se alejaban de la familia con rostro de preocupación o tristeza.

3. Pocos hombres mencionaron *comer en exceso* como una señal propia de estrés, pero muchas mujeres sostuvieron que los hombres de su vida, a menudo ganaban peso durante períodos de estrés.

4. De forma similar, las mujeres señalaron que los hombres *beben más alcohol* durante períodos de estrés. Los hombres aportan otras razones para beber más, pero admiten que el aumento del consumo coincide con los períodos de estrés.

5. *La fatiga* no se encuentra entre los síntomas de estrés masculino mencionados con más frecuencia, pero cuando se advertía solía citarse encabezando la lista. Esto podría sugerir que la fatiga no es un síntoma universal que se da en todos los hombres, pero que es una señal temprana importante de estrés en algunos hombres.

6. Para otros hombres, la reacción ante el estrés parece ser una *actividad frenética*. Se trata de hombres que intentan liberar así su tensión.

7. Entre las soluciones rápidas que buscan al estrés, *fumar* es una de las más automáticas. Los índices de tabaquismo pueden doblarse antes de que el hombre perciba los síntomas de estrés.

8. Las señales de estrés masculino más molestas parecían ser *los hábitos psicomotores:* movimientos con el pie, con los dedos, debilidad en las rodillas. Las mujeres afirman que, muchas veces, sus maridos las mantienen despiertas por la noche con su rechinar de dientes.

9. *Retracción sonambulística* parece ser un extraño trastorno psicológico. De hecho, es una reacción común frente al estrés. Se refiere a la tendencia a quedarse dormido ante una situación de estrés: peleas matrimoniales, vuelos, preparación de la contabilidad para la declaración de renta o toma de decisiones difíciles.

10. A otros hombres, sin embargo, les resulta prácticamente imposible quedarse dormidos, así que lo único que hacen es *desconectar.* Oyen, pero no escuchan y se distraen con cualquier ruido. Ven, pero no retienen; hacen planes, pero no los recuerdan.

11. El triple de hombres que de mujeres fallecen en accidentes automovilísticos y la mayoría de éstos son el resultado directo del estrés. La *conducción temeraria* puede ser un reflejo de enfado, ansiedad, impaciencia o depresión, según Ming T. Tsuang, profesor de

psiquiatría en la Universidad de Harvard. Conducir con estrés social tiene cinco veces más probabilidades de acabar en un accidente fatal. Muchas mujeres indican que tienen miedo de ir en coche con un hombre cuando éste está estresado. En 1999, un estudio de carrera realizado por la Fundación AAA para la Seguridad de Tráfico, advirtió que la conducción agresiva había crecido un 7% cada año desde 1990, y que la mayoría de los conductores agresivos eran hombres.

12. Hay una señal de estrés masculino que declaran sistemáticamente las madres, hermanas, esposas y amantes y que los hombres la omiten consistentemente. Se trata de simular que ven un programa televisivo. No siempre ven el programa, pero les ayuda a alejarse de la interacción social y a liberar su estrés.

El efecto del estrés en la conducta sexual casi nunca aparece en las listas realizadas a través de encuestas, pero siempre lo mencionan los libros dedicados al tema. La intimidad sexual puede reducir el estrés temporalmente al ofrecer placer, romper la rutina laboral, movilizar y emplear la adrenalina y ofrecer una vía para expresar el afecto adulto para dar y mostrar aprecio y relajarse. Sin embargo, según los informes clínicos, una señal común de estrés es la *pérdida del interés sexual*. Una disminución en la incidencia de las fantasías sexuales, en la frecuencia de los actos sexuales, en las erecciones matutinas o nocturnas, un aumento de la frecuencia en la eyaculación prematura o los problemas eréctiles, pueden ser signos de alerta tempranos. Algunas parejas se dan cuenta e intentan averiguar la causa del estrés. Otras parejas siguen ajenas al problema y se centran en la dificultad sexual, añadiendo más estrés a su problema marital.

Señales psicológicas que actúan como alarma temprana

Las señales psicológicas de estrés que manifiestan con mayor frecuencia los hombres, pueden darse con antelación a la concienciación de la presencia de estrés. Cualquiera de estas señales tempranas puede aparecer en un principio de forma suave o intermitente, pero a medida que continúe el estrés, también persistirán las señales psicológicas, y su intensidad será mayor.

Algunos hombres mostrarán una señal de estrés psicológico concreta, mientras que otros pueden manifestar dos, tres o la totalidad de las señales de alarma temprana. Denomino a las señales psicológicas de estrés masculino las «seis D». Hay puntos en común con las «cuatro D» del estrés femenino, pero también debe considerarse que hay diferencias significativas. Compruebe la siguiente lista de señales de estrés y compárela con las que usted ha observado. Cualquiera de estas señales psicológicas indica el principio del Síndrome del Estrés Masculino. Más de una indica estrés moderado-alto.

Actitud defensiva. Estar a la defensiva refleja las expectativas irreales que indican que un hombre tiene que ser un «macho». Es decir, que no tiene que ser débil y debe permanecer impasible ante el estrés.

Depresión. Bajo el sentimiento de depresión suele haber enfado o pérdida. Al estar sometido a estrés, el hombre se enfada por no controlar todos los aspectos de su vida y siente que ha perdido el sentido de control que poseía.

Desorganización. El estrés afecta y disminuye la concentración. La desorganización resultante puede mostrarse como absentismo mental, dejadez o lapsus en el juicio.

Actitud desafiante. Algunos hombres luchan cuando se sienten estresados, aunque no haya nada físico contra lo que luchar. Pueden retar a figuras «de autoridad», enzarzarse en largas discusiones o disentir deliberadamente.

Dependencia. Muchos hombres sienten una necesidad de dependencia cuando están sometidos a estrés. Les gustaría que les rescatasen de esa situación y que cuidasen de ellos, si bien les cuesta admitir esa fantasía ante los demás.

Dificultades para tomar decisiones. Sentirse estresado suele significar sentir una falta de control, de elección o preparación en una situación. Tomar decisiones, incluso pequeñas, bajo estas circunstancias, es muy complicado.

¿Qué hace que los hombres estén estresados? Al igual que en las mujeres (si bien las razones son distintas) el trabajo y el amor son los dos factores clave. Ahora se lo explicamos mejor...

El estrés que conlleva luchar

¡Es un niño! Anunció el doctor al ver al hombre de su vida, y después le educaron para luchar y conseguir logros y empezó todo el estrés. De hecho, la preparación para llegar a ser ese tipo de hombre ideal podría haber empezado antes de nacer, con las expectativas de sus padres:

- En un estudio clásico de 110 culturas elaborado por H. Barry, M. Bacon y I. L. Child, el 87% de las personas encuestadas esperaban que los varones creciesen alcanzando más logros que las hembras, y el 85% esperaban que los varones confiasen más en sí mismos y en sus posibilidades.
- En un experimento, J. Meyer y B. Sobieszek hallaron, tal y como tratamos ya en el capítulo 4, que cuando se mostraban imágenes grabadas en vídeo de un niño de 17 meses y se les decía a los espectadores que estaban viendo a una niña, la calificaban de pasiva, frágil y delicada. Sin embargo, cuando se les decía que se trataba de un niño lo describían como activo, alerta y agresivo.

Temprana educación de confianza en uno mismo

Las expectativas se transforman en profecías que se van cumpliendo a medida que los padres y otros adultos tratan a los niños de un modo consistente con su percepción y expectativas. Con los chicos se pelea en broma, se les coge, se les balancea y ellos aprenden a aceptarlo y estar callados. «Hablar es de nenas», «Hay que pelear», «Sal de ahí y demuestra lo que vales», «Haz que estemos orgullosos de ti».

De ahí a participar en deportes más competitivos y a un nivel más alto sólo hay un paso, ya que el mensaje es el mismo: «No dejes que te ganen. Contamos contigo». Cuanto más destaque el jugador, más presión tendrá que soportar. Al principio, un niño intenta jugar bien por sus padres, después por sus compañeros y, al final, por él mismo, pero lo que nunca disminuye es la presión. De hecho, estar a la altura de sus propias demandas es la experiencia más estresante de todas.

En el trabajo, el hombre luchador no sólo ha interiorizado las expectativas tempranas de conseguir altos logros, la confianza en sí mismo y la necesidad de recompensas, sino que, además, ha ido añadiendo mensajes propios. Elige objetivos y va dando los pasos pertinentes para conseguirlos. Tanto si lo que busca es un mayor salario, un título más alto, mayor responsabilidad, el traslado a otra sucursal, tener un mayor número de subordinados, títulos universitarios o recompensas, se trata sólo de símbolos de su búsqueda. Ganar es más importante que lo que se gana y cada logro implica localizar nuevas metas.

Moverse, quemarse

Srully Blotnick, estudioso del estrés masculino, subraya cuatro tipos de estrés «interno» a los que tienen que enfrentarse quienes ostentan un nivel de dirección. Después de entrevistar a 5.000 personas con altos cargos durante 25 años, halló que los hombres tienen distintas preocupaciones en el trabajo a distintas edades.

- Cuando todavía tiene veintitantos, el hombre de negocios que aún se está formando se preocupa por seguir el modelo de su padre. Las entrevistas que le hicieron para conseguir el puesto son las que le quitan el sueño. ¿De verdad está preparado para desempeñar el cargo? ¿Fracasará? ¿Le verán los demás como a un impostor?
- Con treinta y tantos, el hombre de negocios se preocupa por su posición social y por destacar, a pesar de saber trabajar bien en equipo. Si intenta ascender en solitario, seguramente sus compañeros de trabajo sabotearán sus intentos o incluso le podrían despedir por ser demasiado autónomo. Si se mezcla entre la multitud, el ascenso será poco probable.
- Ya entrado en los cuarenta, «la década peligrosa», el ejecutivo experimenta una doble amenaza de estrés. La generación joven sube y empuja con fuerza y la generación mayor bloquea su ascenso. «Quemado» puede representar estar realmente harto de estar paralizado, sin lograr ningún movimiento más.
- En la década de los cincuenta, un ejecutivo puede disfrutar de un alto cargo en la empresa, de una gran experiencia y sabiduría política. Muchos son muy apreciados y reciben importantes ascensos, pero el estrés les persigue al sentir la amenaza de la pérdida de control. La jubilación se aproxima y podría ser impuesta obligatoriamente.

Si el hombre de su vida es un ejecutivo, directivo, un profesional liberal o un empresario, sabrá que el «estrés ejecutivo» no acaba aquí. Si debe tratar con clientes, entonces tiene que ser muy consciente de sus cambios de humor, ya que los criterios para lograr sus objetivos podrían depender de las opiniones de sus clientes. Si los clientes recurren a otra empresa, su gestión podría incluso desaparecer.

Si su producto radica en un concepto creativo, como ocurre con los arquitectos, diseñadores gráficos de *software*, decoradores y artistas, su éxito o fracaso puede deberle mucho a las entregas a tiempo, a la publicidad o a los honorarios. Además, el profesional debe evitar tomarse los asuntos de forma personal, ya que podría «congelar» su creatividad. Tiene que ser original, y a la vez, evitar ser visto como raro o demasiado comercial. Tiene que continuar creciendo y cambiando, pero sin perder su estilo característico.

Si se trata de un negocio altamente competitivo, la preocupación es mantener la cuota de mercado. La gran inseguridad que acompaña los puestos de trabajo siempre implica gran estrés. Ron Edelson, asesor de conducta, entrevistó a mil contables, abogados y profesionales de agencias y, tal y como esperaba, halló un porcentaje muy alto de estrés relacionado con factores cardiovasculares, respiratorios, digestivos y mentales, entre el grupo con menos estabilidad laboral: los profesionales de las agencias de publicidad.

Si la persona se dedica al campo de las ventas o tiene que vender su personalidad al público, como los actores y políticos, podría padecer el estrés que Gail Matthews, psicóloga de la Universidad Dominicana en San Rafael, California, denomina «el fenómeno impostor». Entrevistó a abogados, jueces, médicos, curas, policías, escritores y científicos. Los más famosos eran los que padecían más estrés, ya que su trabajo no podía ser medido por parámetros objetivos. Se preocupaban por lo que pasaría si dejasen de trabajar tanto. «¿Pensará la gente que ya no tengo talento?»

Cuando sólo se trata de un trabajo: el factor de bajo control

A algunos hombres les resulta difícil tomarse en serio las angustias que puede provocar el estrés por conseguir el éxito y se ríen diciendo que ellos están demasiado ocupados dando órdenes como para ocuparse del estrés que les genera su posición.

Los logros, la confianza en uno mismo y la firmeza son tan importantes en la dinámica del estrés cotidiano de las personas que no tienen cargos ejecutivos como en las que los tienen. La pérdida de control, de autoestima y de la posición, desencadena una respuesta de «lucha o huida» en ambos casos, pero la batalla y las opciones de lucha son muy distintas. La batalla de quienes no tienen cargos ejecutivos está repleta de *aburridas tareas laborales, condiciones impuestas en el entorno laboral* y graves *riesgos laborales* que corren a diario, multiplicando su estrés y mermando su paciencia para hacerle frente. Con esto quiero expresar que es potencialmente más estresante tener una personalidad sedienta de logros con un puesto no ejecutivo, que ser un ejecutivo con gran éxito.

Sin duda, la empresa en general afecta a todos sus empleados. En cuanto a los trabajadores de un nivel más bajo, la empresa puede despedirlos, jubilarlos anticipadamente, trasladarlos de sucursal, cambiar su puesto de trabajo o lanzar rumores de la posibilidad de hacerlo. Leon Warshaw compiló un conjunto de 19 factores de estrés relacionados con el trabajo. Encabezando la lista estaba la pérdida de la *seguridad* laboral. Este factor es más grave, declara el doctor Warshaw, que la pérdida del trabajo (al igual que las consecuencias impredecibles cuestan más de aceptar que las consecuencias negativas conocidas). En otras palabras, los rumores de posibles despidos pueden ser tanto o más estresantes que el propio acto del despido.

Ahora, considere estos otros 17 factores de estrés mencionados en la lista elaborada por el doctor Warshaw. Es fácil asumir que la mayoría del estrés laboral está relacionado con aspectos financieros, pero no es así. De hecho, la insatisfacción financiera está en lo más bajo de la lista. En este caso, podríamos afirmar que el dinero no puede comprar la felicidad laboral.

- Pérdida del empleo debido a una jubilación forzosa.
- Cambio laboral por un traslado.
- Cambio laboral gracias a un ascenso.
- Cambios dentro del trabajo debidos a modificaciones de los turnos y horarios.
- Más carga de trabajo sin recursos adicionales.
- Falta de tareas interesantes, lo que conduce al aburrimiento o a unos menores ingresos.
- Fechas de entrega inesperadas.
- Horario laboral inapropiado.
- Condiciones de trabajo perjudiciales para la salud, o desagradables.
- Demasiada competitividad laboral.
- Muy poca colaboración.
- Suministro inadecuado de la información dada a los trabajadores.
- Vías inadecuadas para ofrecer participación en las decisiones empresariales.

- Tareas laborales ambiguas o conflictivas.
- Poco reconocimiento de los logros.
- Pocas oportunidades de ascenso.
- Salario inadecuado.
- Falta de incentivos o beneficios especiales.

Estos factores de estrés han sido estudiados e identificados en fábricas y también en el ámbito del trabajo realizado en instituciones burocráticas y en sucursales de tiendas al por menor. La mayoría de los hombres que participaron en la encuesta para determinar el estrés masculino, también mencionaron como mínimo uno de estos factores. Asimismo, en un estudio llevado a cabo por Joseph N. Ruocco se concluyó que la mayoría de estos factores de estrés están presentes en todo el mundo occidental.

Dudas ante el rol que debe tomar

Por supuesto, el trabajo es sólo una parte de la ecuación de estrés para los hombres. No hay que olvidar que también está la cuestión de las relaciones amorosas.

Aunque el índice de divorcios es muy alto, el matrimonio y los segundos matrimonios también alcanzan altas tasas en el caso de los hombres. Cabe citar que los hombres casados viven más que los solteros, divorciados o viudos y, en general, afirman estar más satisfechos con su vida, según la mayoría de informes y estudios.

Barbara Ehrenreich, estudiosa de la parte emocional masculina, destaca que los hombres jóvenes de hoy en día no se casan con el mismo tipo de mujeres con las que se casaron sus padres. Las esposas de hoy en día suelen trabajar, ya sea a jornada parcial o completa. Ya no reflejan la posición social de su marido cuidándolo y dedicándose en cuerpo y alma a sus hijos. De hecho, Barbara Ehrenreich sugiere que se ha producido una «liberación» masculina, ya que el hombre ya no es el único que lleva la carga de la alimentación de su familia. En la actualidad, conocer a mujeres se ha convertido en un placer sexual o una diversión, más que en una búsqueda de la «mujercita perfecta».

Si todo esto es cierto, entonces el matrimonio es una decisión personal de los hombres que no se debe a ninguna necesidad social, económica o sexual. Al aumentar el sentido de la elección, también se produce un mayor sentido de duda y mayor presencia del estrés. «Puesto que no tengo por qué casarme –piensa él–, ¿por qué lo hago?»

La respuesta para la mayoría de los hombres es que tienen expectativas de ser la persona más importante en la vida de otra y esa otra persona es su esposa.

Sin embargo, una vez casado, el hombre suele padecer estrés. La mayoría se quejan de la *confusión de funciones y papeles* que se produce en el hogar y que es relativamente nueva, ya que sólo se ha producido en las dos últimas décadas. El papel tradicional del marido y el padre había permanecido inalterable durante muchas generaciones, pero ahora, el hombre moderno se tiene que enfrentar a los mensajes contradictorios que recibe. Se supone que debe ser fuerte, pero también tiene que tratar con delicadeza y cariño a los demás. Se espera que sea un trabajador nato, pero que no se vea amenazado por la vida laboral de su esposa. Se espera que siga haciendo el trabajo de bricolaje, pero que también cambie los pañales y bañe al bebé. Para muchos hombres, no queda nada claro qué tiene que hacer el hombre moderno y entre el modelo «machista» y el hombre «maternal», sólo ven un vasto territorio indefinido.

Compartir una esposa, compartir una vida

Las expectativas del hombre antes de casarse sobre ser el centro de la vida de su esposa, hacen que se convierta en un padre estresado. A pesar de amar a su hijo, también tiene que admitir que ya no es el único centro de atención. Ahora tiene que compartir su tiempo, su atención e incluso su cuerpo con el bebé. Se produce estrés cuando el padre siente culpabilidad por tener celos de su esposa o de su bebé, y cuando se percata de que las mañanas y las noches serán muy distintas a partir de ahora.

Se anima a los padres a que participen en las clases de preparación del parto y en el crecimiento del recién llegado. Se espera que los hombres sean cariñosos y que cuiden bien a sus hijos, pero, a la vez, también se espera que sean disciplinados y que trabajen duro. ¿Dónde encuentran estos padres de hoy en día su modelo? ¿De quién pueden aprender todo esto?

Desde luego, las mujeres tampoco les ayudamos demasiado, ya que estamos muy ocupadas desempeñando nuestras funciones de madre.

Diferencias provocadas por el divorcio

Después de la muerte de la pareja o de un hijo, el divorcio sea probablemente el acontecimiento más estresante en la vida de un hombre o una mujer. El tipo de estrés experimentado depende del tipo de divorcio: hostil o amistoso, equitativo o financieramente desigual, con acuerdo o batalla por la custodia, se produce tras unos meses o varias décadas de convivencia, mutuo o unilateral.

La diferencia entre el estrés que provoca el divorcio en hombres y mujeres radica en el modo en el que les tratan los demás. A las mujeres abandonadas por sus maridos, todo el mundo las trata con compasión y cariño, ya que es obvio que están destrozadas. Sin embargo, a los hombres abandonados por sus mujeres se les suele tratar con menos empatía:

«En cuanto empieces a salir, verás que te encantará la vida de soltero.»
«Enseguida lo superarás.»
«Sin problemas. Ahora puedes empezar tu vida de nuevo.»

Puesto que los hombres han sido educados para controlar sus emociones y temen perder dicho control, simulan que les afecta menos el divorcio que a las mujeres. La vida y el trabajo continúan, dicen siempre, pero, en realidad, los hombres divorciados a los que entrevisté declararon que echaban de menos el contacto cotidiano con sus hijos y sentían la separación a pesar de que sabían que sus exmujeres les cuidarían bien.

Escúcheme. He pasado por los peores momentos de mi vida y nadie me cree. Todo el mundo me dice, «chico, por fin estás libre». Al fin libre. Al fin culpable. Al fin enfermo. Al fin loco. Al fin ya no sé por qué vivo. Y, por supuesto, deprimido. Cuando pienso en que mis hijos puedan estar con otro hombre me pongo enfermo. ¿Libre? No.

Algunos padres dicen que no les gustan los «días de visita» porque sienten que es como si fuesen invitados. «¿Cómo les puedo entretener?», «¿Qué debería comprarles?», «¿Qué les gustará comer?», «¿Qué piensan ellos de estas visitas?», «¿Preferirían estar con sus amigos?». Es un sentimiento muy distinto al que se consigue al llegar a casa y gritar: «Chicos, papá ya ha llegado».

Esa incomodidad no sólo está presente durante los fines de semana. Los padres llaman durante la semana, preguntan por sus hijos y obtienen respuestas monosilábicas de ellos, que, sin duda, preferirían estar viendo la televisión. Los padres planean viajes y sorpresas y sólo obtienen gruñidos y frases que les recuerdan que hicieron lo mismo cuando fueron de excursión con el colegio. Los padres se repiten incansablemente que, seguramente, los niños están mejor con sus madres e intentan convencerse de la veracidad de estas palabras.

Supervivencia sexual bajo estrés

Al estar sometidos a estrés, los hombres suelen alegar que su funcionamiento o interés sexual se desvanece. Si usted experimenta dificultades sexuales con su pareja, examine primero su propia actitud:

- ¿Se culpa a sí misma por la falta de interés sexual de su marido? No lo haga. Se trata principalmente de un problema de él. Si fue un enfado lo que le condujo a esa disfunción eréctil, es su problema sexual lo que le está estresando ahora. Si él es una víctima de un deseo sexual inhibido, probablemente su depresión sea la que no le permite salir de ahí. Aunque sea un problema de él, también le afecta a usted, ya que su estrés interfiere en su funcionamiento sexual. La situación requiere mucha empatía, en vez de actuar a la defensiva o lanzar acusaciones. Si no logran solucionarlo por sí mismos, acudan a un terapeuta y tengan paciencia.
- ¿Intenta eliminar la ansiedad respecto al acto sexual al crear una atmósfera relajada y tranquila? Siga haciéndolo. El siguiente paso es que usted y su compañero se relajen sexualmente. Al fin y al cabo, el orgasmo no es la meta final del juego sexual, sino que sólo marca el *final*. ¿Qué prisa hay?
- ¿Toma usted la iniciativa cuando observa que su compañero tiene ganas de compartir momentos íntimos? Inténtelo. Quizá tema las cambiantes capacidades sexuales de su pareja, pero, seguramente, él está igual de asustado y por eso no toma la iniciativa. Si es así, ¡no dude en dar el primer paso!
- ¿Está preparada para intentar nuevos estilos de hacer el amor? Una respuesta más lenta puede significar un juego preliminar más prolongado, lo que es algo positivo. No tenga miedo ni vergüenza de hablar de lo que ocurre. Al hablar sobre su vida sexual estará animando a su pareja a hacer lo mismo. En realidad, quizá los dos piensen lo mismo. No todo el mundo quiere o necesita una vida sexual activa, pero si ustedes sí la necesitan, ¡disfruten al máximo!

13

Mujeres de más de cuarenta

Se trata de una generación que creció con elecciones: posibilidad de control de la natalidad, tecnología en la cocina, lentes de contacto, cirugía plástica, placer sexual, bebidas de bajas calorías, liposucción, correo electrónico y teléfonos móviles. Es la generación de mujeres que ha reescrito las normas:

- No nos definimos por nuestra edad. Muchas tenemos náuseas matinales mientras otras con la misma edad tienen sofocaciones.
- No padecemos el síndrome del nido vacío. Cuando nuestros hijos abandonan el hogar, lo redecoramos para cuando vuelvan.

Es la generación de mujeres acostumbrada a tomar las riendas de su vida y que ahora ya ha pasado el ecuador de la misma.

¿Cómo sabe si usted se encuentra en esa etapa de la vida? 1.200 participantes le dieron estas respuestas al Comité Estadounidense de Práctica Familiar:

- El 47% afirmaron que una llega a la madurez cuando piensa más en el pasado que en el futuro.
- El 46% que ya no se reconocen a los nombres de los grupos musicales que ponen en la radio.
- El 44% declararon tener que tomarse un día libre para recuperarse de las lesiones provocadas al jugar a tenis o esquiar.
- El 30% confesaron que se nota en que la gente las trata con más respeto que antes.

Así que si todo el mundo se dirige a usted diciéndole «señora» y le parece que los dependientes de las tiendas cada vez son más jóvenes, bienvenida a esa edad intermedia.

Hoy en día, en los países occidentales las mujeres que tienen cuarenta y tantos pueden esperar vivir *al menos* hasta los 80 años. Después de los cuarenta todavía queda otro tanto de vida. Si usted se detiene a reexaminar su vida en este punto intermedio, quizá advierta que está sometida a tanto estrés como las mujeres a las que entrevisté:

«Tengo 45 y todavía no he aprendido a relajarme. No sé cómo dejar de preocuparme por cosas que no puedo cambiar.»

«Mi madre solía decirme: "Hay que vivir y aprender", pero me he dado cuenta de que vivimos mucho más rápido de lo que aprendemos.»

«El matrimonio es un estado mental. Creo que ya no me preocupo por si funciona o no.»

«Parece que el tiempo ha trascurrido a un ritmo vertiginoso hasta ahora. Pensaba que me quedaba mucho tiempo para encontrar una pareja o un marido o para formar una familia. Quizá he esperado demasiado.»

«Solía pensar que mi trabajo lo era todo. Hoy no pienso que *algo* lo signifique todo.»

«Ahora que mis hijos ya no me necesitan, me he dado cuenta de que tampoco quiero que mi marido me necesite. Supongo que se debe a que nunca me he sentido libre. Pasé de casa de mis padres a casarme, al divorcio y después a otro matrimonio... sin ningún tiempo intermedio. No quiero divorciarme de mi marido, pero quiero dedicarme más a mí misma en esta segunda etapa de mi vida.»

«Mis hijos ya son mayores, mi marido se jubiló y me dejó por una mujer más joven. Ahora estoy soltera de nuevo, con 60 años y muy triste.»

«Cuando acabé de criar a los niños tuve que empezar a cuidar de los padres de mi marido. ¿Cuándo tendré tiempo para mí?.»

«Pasar la menopausia fue como un renacimiento para mí. Empecé a pensar en el sexo como puro placer y a planear vacaciones sin los hijos. Sin embargo, mi marido se deprimió cuando llegó a la misma edad y ahora siento que estoy viviendo con un viejo.»

«Me siento culpable ahora que mis hijos ya se han ido de casa, porque me encanta no tener que hacerles la comida, lavarles la ropa y preocuparme por ellos. ¿Significa eso que no soy buena madre?»

«Después de los 40 la crisis no termina nunca.» Cuanto mayores son los hijos, mayores son sus problemas y después abandonan el hogar familiar. Los maridos se jubilan, abandonan a la mujer o mueren. Los cuerpos empiezan a notar el efecto imparable de la gravedad, el espíritu se desilusiona y los dolores de cabeza molestan constantemente. Los padres fallecen y abandonan a sus hijos y a sus nietos.

Desafortunadamente, durante estos años muchas mujeres experimentan más ansiedad y depresión que en cualquier otro momento de su vida. Piense en los numerosos tipos de estrés producidos por los cambios corporales, la insatisfacción matrimonial, la redefinición de la función de padres y el envejecimiento.

Los dos baremos del envejecimiento

En un artículo escrito hace más de 20 años, Susan Sontag describió el doble baremo que aplica nuestra sociedad al envejecimiento, ya sea si se trata de hombres o de mujeres. ¿Cuánto cree que han cambiado las cosas desde que hizo esas observaciones?

- A medida que se hacen mayores las mujeres mantienen su edad en secreto, mientras que los hombres la dicen sin problemas.
- Puesto que a las mujeres suelen juzgarlas por su belleza y juventud, su valor como pareja puede disminuir cuando envejecen. Dado que a los hombres se les valora por su competencia y experiencia, su valor como pareja puede aumentar a medida que envejecen.
- Cuando la mujer va haciéndose mayor, su valor en el mercado laboral va disminuyendo, al igual que su salario. A medida que el hombre envejece, normalmente gana más que cuando era más joven.
- Una mujer mayor se considera menos atractiva sexualmente que una mujer joven. Sin embargo, un hombre mayor, sobre todo si tiene una buena posición social o financiera, no pierde su atractivo sexual. De hecho, suele aumentar paralelamente a su poder, y los índices de mortalidad masculina/femenina hacen que sea una especie prácticamente en extinción.
- Las mujeres padecen la menopausia y, por consiguiente, un cambio anatómico y conceptual de la vida; los hombres pueden cambiar su vida, pero no mediante cambios anatómicos.

- No está mal visto que un hombre mayor se vaya con mujeres más jóvenes. En cambio, que una mujer vaya con chicos más jóvenes está mal visto socialmente.
- Se espera que las mujeres mantengan su belleza facial gracias a los cosméticos, las cremas hidratantes e incluso la cirugía. Sin embargo, se acepta la cara de un hombre con arrugas y con marcas del paso del tiempo.

Los hombres y las mujeres no advierten el envejecimiento a la vez. Gran parte del estrés que afecta a las mujeres mientras envejecen empieza a formarse antes de los cuarenta. Suele ser la mujer la que ha pospuesto o interrumpido su carrera profesional debido a las necesidades o exigencias del matrimonio o del cuidado de los hijos. También suele ser la mujer la que asume una posición más flexible cuando se deben tomar decisiones familiares. Además, es la mujer la que acabará sin tener hijos si tiene que posponer la maternidad, ya que el hombre puede casarse con una mujer más joven y tener hijos, pero la mujer no puede dar marcha atrás a su reloj biológico. Asimismo, todavía muchas veces se define a una mujer por el estatus de su marido, mientras que, el caso contrario, es poco habitual. Si sumamos todos los factores, observamos que el estrés es prácticamente una circunstancia obligada en esta situación.

> Jessica echó un vistazo al correo del día. Había 18 cartas. Quince estaban dirigidas a su marido, dos se dirigían en la forma «estimado Sr./Sra.» y una era para ella. Se trataba de una carta de la asociación de antiguos alumnos de la universidad reclamándole el importe de la inscripción semestral. Volvió a mirar la carta y era un modelo que enviaban a todo el mundo. ¿Qué había pasado? ¿No había nadie fuera en el mundo que se interesase por ella? ¿Nadie la escribía? Temía que cuando tuviese 40 fuese totalmente invisible.

Contra las predicciones, Jessica no se hizo invisible con 40 años, sino que decidió participar activamente en la asociación de antiguos alumnos y con el tiempo acabó fundando una organización sin ánimo de lucro para ayudar a las mujeres licenciadas a establecer negocios independientes y desarrollar su profesión.

No obstante, no todas las mujeres tienen la iniciativa y la fortaleza de Jessica y no saben hacer frente al envejecimiento con igual dignidad. Hay mujeres que tienen que soportar que sus maridos se marchen con chicas más jóvenes. Algunas, por temor a no encontrar otro hombre, se conforman con cualquiera y otras se retiran drásticamente de la esfera social y laboral. También hay mujeres que deciden someterse a operaciones de cirugía plástica y encontrar hombres más jóvenes. Tanto si estamos casadas como solteras, sea cual sea nuestra situación, el doble baremo del envejecimiento nos afecta y nos provoca estrés. ¿Qué podemos hacer? Muchas mujeres desafían este doble baremo celebrando abiertamente y anunciando a bombo y platillo cada cumpleaños. Natalie Cole ya tiene más de cincuenta. Tina Turner ha pasado los 60 y está orgullosa, pero muchas otras siguen diciendo mentiras o contestando con evasivas ante la temida pregunta: «¿Cuántos años tiene?».

Vuelta a empezar a los cuarenta

Muchas mujeres que se han pasado años y años de su vida adulta en casa, creen que sólo son «amas de casa», pero se trata de una visión inexacta y peyorativa. Creen que sus calificaciones laborales, sus dotes sociales, su experiencia sexual y su estilo personal no valen nada, y al acercarse a los cuarenta les gustaría volver a salir y descubrir ese mundo que hay más allá de la puerta de su casa. A pesar de esta ilusión y deseo se sienten retenidas por lo que consideran inadecuaciones, sometiéndose a gran estrés.

Si consideramos que las mismas actividades están más valoradas cuando las realizan hombres que cuando las atienden mujeres, esta baja autoestima entre las mujeres de cuarenta parece incluso normal. Margaret Mead ofrece numerosos ejemplos de este fenómeno:

- Piense en una mujer cocinando y seguramente pensará en un ama de casa. Piense en un hombre cocinando y seguramente se imaginará a un gran chef.
- Piense en una mujer que trabaja con barro y seguramente se imaginará a una mujer que hace objetos de barro como afición. Piense en un hombre que trabaja con barro y se imaginará a un artista.
- Piense en una mujer que ayuda en un parto y pensará en una comadrona o enfermera. Piense en un hombre que ayuda en un parto y se imaginará a un médico.
- Piense en una mujer con una personalidad firme y seguramente pensará que es agresiva. En cambio si un hombre tiene una personalidad firme es señal de éxito.

Estas generalizaciones no han cambiado mucho con el tiempo y ayudan a explicar por qué una mujer que se ha pasado años en casa suele sentir que no tiene nada que ofrecer después, cuando quiere dedicarse a otra cosa. Hay que pensar desde un punto de vista totalmente distinto, ya que un ama de casa tiene experiencia en contabilidad, en nutrición, en actividades paramédicas, en decoración, cocina, planificación social e incluso en contratar y despedir personal o actuar como relaciones públicas. Si ha disfrutado desarrollando una de estas áreas, puede empezar a terminar la formación en ese ámbito y buscar ejercer su profesión laboral.

En realidad, una mujer madura es mucho más deseable que un hombre maduro, tanto en el mercado laboral como en el ámbito sentimental. Las investigaciones indican que las mujeres tienen mayor resistencia a las hemorragias, glomerulosclerosis (una enfermedad del riñón), muchos tipos de cáncer, enfermedades cardíacas y cerebrales. Según la investigación citada por la Sociedad para la Investigación Sanitaria, de Washington, D.C., las mujeres también pierden menos tejido cerebral y líquido cefaloraquídeo al envejecer, siendo menos vulnerables a los cambios en la capacidad mental relacionados con la edad.

A pesar de este informe positivo sobre las mujeres después de los 40, los mitos suelen prevalecer. Muchos maridos siguen diciendo a sus mujeres que no sobrevivirán en el competitivo mundo de los negocios. Incluso las mujeres suelen observar a otras mujeres con prejuicios y prefieren votar a hombres políticos, trabajar con superiores que sean hombres, contratar a trabajadores varones y recurrir a abogados que sean hombres. La buena noticia es que las mujeres están aprendiendo, gracias a su propia experiencia, lo que demuestran los datos: que las mujeres obtienen una puntuación más alta como directivas, superiores y como miembros del ejército.

Ya tenemos cincuenta

Alrededor de los cincuenta, muchas mujeres tienen la oportunidad de acometer un cambio importante: pueden deshacerse de los mensajes negativos con los que la sociedad les ha bombardeado y centrarse en las enormes ventajas que les presenta esta hermosa década. Por ejemplo, la menopausia nos libera de la preocupación de quedarnos embarazadas otra vez, acaba, por fin, con el síndrome premenstrual y abre un abanico de nuevas posibilidades. Ahora tenemos tiempo para escribir el libro que siempre habíamos querido redactar, abrir una tienda, volver a emprender nuestra profesión o crear una obra maestra en el ámbito que elijamos. Los maridos pueden empezar a preocuparse por importantes problemas de salud en los cincuenta y tambíen por la proximidad del final de su vida laboral, sobre todo si son un poco mayores. Sin embargo, nosotras nos sentimos al contrario: ¡llenas de energía y con ganas de aventura!

Nos sentimos como caballos desbocados, pero hay cosas que pueden detenernos un poco, como nuestro cincuentavo cumpleaños.

Hay algo único y simbólico con el número 50. El 50% marca la mitad. 50 es la mitad de 100 y muchas de nosotras no esperamos vivir tanto. 50 es un número que supone un cambio esencial: empezamos a pensar más en el pasado que en el futuro. Incluso podemos preguntarnos si ha valido la pena vivir esa vida y si le hemos dado un significado pleno. Si no hemos solucionado los problemas de los cuarenta, éstos volverán a acecharnos con mayor intensidad en los cincuenta.

Ayuda bastante reconocer que este torbellino interior que sentimos es normal. La crisis de la edad madura es una fase que hay que superar, al igual que ocurría con la adolescencia. Hablar con otras mujeres alivia mucho, ya que vemos que no somos las únicas que nos sentimos así o que experimentamos estos cambios.

¡Ya vuelven otra vez!

Otro factor de estrés que puede estar presente a esta edad son los hijos. Sí, sí, ha leído bien, los que usted educó ya hace muchos años y se marcharon a vivir por su cuenta. Con el alto precio de los pisos, los alquileres y la alta tasa de divorcios, además de la inestabilidad laboral, muchos hijos se ven forzados a volver al hogar familiar. La casa que se había quedado tan tranquila y vacía vuelve de nuevo a su actividad frenética. Puede que el hijo o hija que haya vuelto esté en el paro, así que tendrá que ayudarle con sus ahorros a que vuelva a incorporarse al mundo laboral. También puede que aparezcan sentimientos de fracaso, puesto que después de la enorme inversión en la educación de sus hijos, parece ser que no han madurado. Pero ¿qué hacen otra vez en casa de los padres? ¿No les ha enseñado alguna lección importante? ¿Cuándo volverán a valerse por sí mismos? Quizá sienta desesperación al comprobar que el proceso de adultez de sus hijos pueden necesitar un par de años más.

¿Qué puede hacer? En primer lugar, tiene que saber que sus sentimientos son normales. Para liberarse de parte de la tensión, hable con su hijo sobre sus expectativas: si quiere que contribuya con algo de dinero, qué tareas del hogar espera que realice, si podrá, o no, utilizar el coche, si quiere que le avise cuando traiga alguien a casa, etcétera. Cuando ya haya pasado un tiempo, podrá preguntarle qué planes tiene a largo plazo. Anime a sus hijos a no depender demasiado de usted. Por ejemplo, hábleles de la importancia de abrir una cuenta de ahorro o un seguro de vida. Si le impone una fecha límite para que abandone el hogar, piense que tendrá que ser consecuente. Puede ser duro, ya que nadie sabe qué evolución tomará la economía en los próximos cinco o diez años. Si le gusta tener a sus hijos en casa, recuerde que sólo están de paso.

La generación «bocadillo»

Además de las exigencias de sus hijos, algunas mujeres que ya superan los cincuenta se sienten sobrecargadas por las exigencias de sus padres, ya muy mayores. Estas mujeres deben atender a los jóvenes y a los mayores y están en el medio, como si se tratase del relleno de un bocadillo. Los padres enfermos, con dificultades financieras o deprimidos por la edad, consumen más tiempo, dinero y energía de las familias que los hijos que vuelven inesperadamente a casa, ya que la gente mayor muchas veces no puede valerse por sí misma. Es difícil decir si es mejor vivir cerca o lejos de los padres ancianos. Si viven cerca, la presión constante de hacerles pequeños quehaceres o recados puede ser agotadora y, si viven lejos, la constante preocupación sobre quién se estará ocupando de ellos, también es terrible.

Mirándolo desde el lado positivo, la mayoría de los padres prefieren quedarse en su propia casa o encontrar una residencia en la que puedan tener cierta independencia, de modo que su hija puede ser para ellos una gestora, en vez de una sirvienta. Ella será la que deba asegurarse de que la enfermera les está cuidando bien, de que el contable abone los impuestos como es debido y de que la señora que les va a hacer la limpieza mantiene la casa en condiciones. Si cree que usted puede hacer todas estas tareas, adelante, inténtelo, pero a menos que sea una enfermera profesional o tenga mucha energía y tiempo libre, será una experiencia agotadora. Intente encontrar otras opciones para disfrutar usted también de su vida y su familia.

Sexy a los sesenta

Ahora le voy a exponer un hecho poco conocido: la mujer mayor es mucho más deseable que el hombre mayor. Aunque los hombres suelen hablar más de su sexualidad, la mayoría de las mujeres mantienen su interés y su capacidad sexual mucho más que los hombres.

Excluyendo algunas diferencias individuales, problemas médicos y factores situacionales, las mujeres en general experimentan menos problemas sexuales provocados por el proceso de envejecimiento que los hombres. Los hombres observan que su período refractorio (la fase posterior a la eyaculación en que fisiológicamente no suele producirse otra erección) aumenta con la edad y la impotencia parcial o situacional es mucho más común. A estos problemas hay que añadir la ansiedad por la actuación sexual, que puede inhibir el deseo e interferir con el funcionamiento sexual masculino.

Por el contrario, la mujer mayor experimenta una situación distinta. La menopausia la libera de los miedos del embarazo y coincide con la libertad de cuidar a los hijos y con el cese de los problemas laborales de su marido. La menopausia puede sustituir la tensión premenstrual con sofocaciones y otros cambios corporales, pero las sofocaciones acaban desapareciendo y otros cambios, como una disminución de la lubricación vaginal, pueden tratarse médicamente. La mayoría de las mujeres suelen ajustarse físicamente bien a los cambios menopáusicos. Entonces, ¿por qué padecen de estrés?

Una de las principales causas de estrés sexual entre las mujeres mayores son los hombres mayores.

> Jean había trabajado de bibliotecaria durante 20 años, siempre deseando que llegase el momento en que ella y su marido se jubilasen para trasladarse definitivamente a la casa de campo que tenían. Su fantasía era pasar todo el tiempo como pasaban las vacaciones en la casa de campo: ocupándose del jardín, leyendo, jugando a cartas, entreteniendo a sus nietos durante las vacaciones y fomentando una fuerte unión. Para Jean todo eso significaba romanticismo. Ella y su marido siempre habían sido muy cariñosos físicamente, dándose muchos abrazos, besos y encontrando siempre un momento para hacer el amor con placer. Aunque ella esperaba que la frecuencia de sus encuentros sexuales iría disminuyendo con la edad, cuando llegó a los sesenta vio que su interés y placer seguía intacto.

A medida que se fue acercando la fecha de la jubilación, el interés de su marido iba desapareciendo, tanto en Jean como en su propio placer sexual. Cuando ya llevaban un año viviendo en la casa de campo, Jean y su marido ya no hacían el amor. Decepcionada y deprimida, Jean intentó convencer a su marido para que hablase con el médico sobre la posibilidad de tomar Viagra o asistir a una terapia. Él se negó. Al final ella entendió que la pérdida de interés de su marido reflejaba tanto su pérdida de autoestima, cuando se jubiló de un puesto de responsabilidad y empezó a vivir de la pensión que le quedó y la de su mujer, como su miedo de que querer permanecer sexualmente activo podría perjudicar a su salud. Jean pensó que quizá la intimidad intermitente era todo cuanto su marido podía tolerar emocionalmente, ya que mantenerse sexualmente activo, además de estar siempre juntos, era demasiado para él.

Aunque Jean y su marido consiguieron recuperar el cariño y la complicidad de antes, no compartían una vida sexualmente activa, por lo que Jean sentía estrés y frustración.

El tema importante de este caso es que el matrimonio no garantiza que una mujer interesada en el sexo pueda disponer de encuentros sexuales con su marido en los últimos años.

Los maridos pueden dejar de mostrar interés por el sexo después de padecer un infarto o alguna enfermedad grave, incluso si los médicos les han recomendado que lo practiquen. Las estadísticas sobre ataques cardíacos muestran una baja incidencia de infartos durante el acto sexual con su mujer (el riesgo es un poco más alto cuando los hombres tienen relaciones con nuevas parejas).

Debido a una preocupación mal enfocada, el hombre también puede alejarse sexualmente después de que su esposa padezca una enfermedad. Mi madre, terapeuta matrimonial y de familia, la doctora Mildred Witkin de la Clínica Payne Whitney, de Nueva York, ha averiguado que, normalmente, una mujer necesita que le confirmen que sigue siendo atractiva después de someterse a una operación y, debido a su propia inseguridad, espera a que su pareja dé el primer paso. Witkin también observó que las mujeres que se habían sometido a una operación de cáncer de mama y que habían vuelto a la normalidad en su vida amorosa se recuperaban antes de los efectos físicos y psicológicos de la operación. De hecho, era un factor muy importante en la recuperación.

Los maridos también pueden perder el interés sexual tras tomar medicación para la hipertensión, para la diabetes o cuando el envejecimiento interfiere en sus erecciones. La mayoría de los hombres no saben que pueden tener un orgasmo aunque no tengan una erección. Además, puesto que las mujeres disfrutan de todo tipo de placer y pueden gozar de un orgasmo gracias a la estimulación del clítoris sin que haya penetración, incluso la impotencia sexual no significa el final de la sexualidad de una pareja.

Además, los maridos suelen ser mayores que sus esposas. Este hecho es ventajoso financieramente cuando la pareja es joven, pero supone una gran desventaja cuando la pareja es madura. Si a esto le añadimos muchos años de vida en familia, de rutina y problemas cotidianos, además de la ansiedad sobre la apariencia y el buen funcionamiento sexual, ¿cuál es el resultado? ¡Mujeres que experimentan el Síndrome del Estrés Femenino!

Las mujeres mayores que no están casadas o que nunca lo han estado, corren el riesgo de tener problemas adicionales en esta área. La sexualidad puede ser una cualidad interna, pero estar sexy, al igual que la belleza, está en quien nos mira. Al no estar casada y no tener a alguien para quien estar guapa, es fácil descuidarse y dejar de hacer ejercicio, dieta o preocuparse por la apariencia. Las mujeres mayores de cuarenta que observan que cada vez es más difícil encontrar una pareja sexual, deberían saber que no se trata de una reacción personal contra ellas, sino del doble baremo con el que se mide el envejecimiento, además del desafortunado desequilibrio entre la población masculina/femenina dentro de este grupo de edad.

La esperanza de vida para las mujeres de nuestra sociedad sigue siendo mayor que para los hombres (entre seis y ocho años más de media). Cuando una mujer llega a los 50, hay aproximadamente 80 hombres por cada 100 mujeres de la misma edad. Cuando la mujer llega a los 60, el número cae hasta 72 hombres por cada 100 mujeres. Ahora considere que dos tercios de esos hombres mayores de 65 siguen casados, así que nos queda aproximadamente un hombre soltero por cada cuatro mujeres solteras mayores de 60.

Además, tal y como Susan Sontag resaltó hace ya años, la sociedad ve normal que los hombres mayores se relacionen con mujeres de su misma edad o más jóvenes, mientras que no se ve igual de aceptable que las mu-

jeres mayores hagan lo mismo y se relacionen con hombres más jóvenes.
Cuando se ve a una mujer mayor con un amante más joven, la mayoría de
la gente asume que la anciana tiene que ser rica. Estos factores naturales y
sociales hacen que las mujeres con cierta edad tengan menos oportunidades para mantener relaciones que los hombres mayores.

Estrés y la viuda no tan alegre

Otra fuente de estrés en la mujer madura es la experiencia de la viudez.
En la actualidad, en el mundo occidental hay más de 20 millones de viudas y, pese a que las mujeres pueden enviudar a cualquier edad, la media
es de 64 años.

Si bien existe la posibilidad de volverse a casar tras la muerte de la pareja, las probabilidades no se presentan a favor de la mujer. Sólo una cuarta parte de todas las viudas se vuelven a casar en los cinco años posteriores
al fallecimiento de la pareja, mientras que, en el caso de los viudos, la mitad se casan en el mismo período y tres cuartas partes de las mujeres divorciadas hacen lo mismo.

La soledad es una de las cargas más pesadas de la viudez, tanto si ocurre a edad temprana como madura. H. Z. Lopata identificó diez tipos de
soledad en la viudez que ilustran el estrés que experimentan muchas
de estas mujeres:

Echar de menos a la pareja.
Echar de menos el ser querido.
Echar de menos poder amar al otro.
Echar de menos una relación profunda.
Echar de menos tener a alguien en casa.
Echar de menos compartir el trabajo.
Echar de menos el estilo de vida de casada.
Echar de menos ir siempre acompañada.
Mayor tensión en otras relaciones.
Dificultades para hacer nuevos amigos.

Además de la soledad, hay diez causas adicionales de estrés que han
surgido en los seminarios que he impartido con viudas.

1. Aproximadamente el 44% de las viudas tienen que hacer frente a una disminución en la pensión cuando muere su marido. Además, deben sufragar los costes inmediatos del funeral y la ceremonia que suelen equivaler a 4.500 euros de media.
2. La mayoría de los hombres mueren sin dejar testamento. Este hecho puede provocar rencillas familiares.
3. Muchas viudas necesitan encontrar algo o alguien a quien echar la culpa de su pérdida. Empiezan a recitar interminables frases que empiezan con «si yo...» que prolongan su angustia.
4. La mujer que desempeñaba el papel tradicional de ama de casa suele sentirse confundida y sin una función cuando el marido muere y se queda sola.
5. Las mujeres con maridos que habían alcanzado una alta posición financiera y social, advierten que su posición y sus sentimientos de seguridad disminuyen considerablemente.
6. La depresión como reacción a la muerte, suele asociarse con despertarse pronto y tener problemas para conciliar el sueño. Estas reacciones disminuyen a su vez la capacidad de la viuda para hacer frente a la realidad y aumentan los riesgos de los síntomas de estrés femeninos.
7. Si la comunicación verbal de la viuda se ve reducida debido a la muerte de su marido, puede ser que con el tiempo vaya apartándose de todo contacto social. Dicho alejamiento puede ser crónico y pasar desapercibido desde el principio.
8. Muchas viudas se sienten culpables al notar que siguen teniendo necesidades sexuales. Pueden sentirse desleales al fallecido e inhibidas respecto a la masturbación. Además, es poco probable que encuentren un compañero masculino, ya que, en el presente, el 90% de las mujeres mayores de 65 años en Estados Unidos no están casadas.
9. La viudedad es tan común que a veces no desencadena la reacción de apoyo social que debería. Puesto que las mujeres suelen casarse con hombres mayores que ellas y son más longevas, la viudedad entre mujeres es ya casi una epidemia. Según las estadísticas de la empresa de seguros Metropolitan Life, la probabilidad de que una mujer enviude es del 54% si su pareja tiene 5 años menos, del 64% si su pareja es cinco años mayor y del 80% si su pareja es 10 años mayor.
10. Si una viuda se ve obligada, por circunstancias prácticas o financieras, a trasladarse a otro piso tras la muerte de su esposo, tendrá que superar, además, el estrés de los cambios en la rutina, en el control,

en la familiaridad y el vecindario. Si además se ve obligada a ir a vivir con un hijo o en una residencia de la tercera edad, la pérdida de dignidad y/o poder y autonomía puede ser devastadora.

Envejecer en el nuevo milenio

Aunque gran parte del estrés que padecen las mujeres al madurar es universal e inevitable, hay otros tipos de estrés que son únicos de nuestro tiempo y del lugar que ocupamos en la historia.

Las mujeres mayores están viviendo en el nuevo milenio un ritmo imparable de divorcios. Hay mujeres mayores de 40 que dejan a su marido; algunas también son abandonadas por ellos. Están en la primera línea de un mundo social nuevo, así que padecen el estrés de las expectativas cambiantes.

Las mujeres mayores que viven en esta época también tienen problemas financieros. Los años dorados ya quedaron atrás, puesto que, en la actualidad, las pensiones son reduciudas y las necesidades financieras muy grandes. Las mujeres se preocupan por su capacidad para ganar un salario, por los planes de jubilación y por su seguridad monetaria si no se casan o si sus maridos mueren o las abandonan, por la independencia en los últimos años de vida y por la supervivencia económica de sus hijos.

Las mujeres maduras de hoy en día están preocupadas por sus hijas. En un momento en el que la vida de las mujeres mayores de 40 años es radicalmente distinta a la vida que tuvieron sus madres, la vida que llevan sus hijas también es diferente. Sus hijas se casan más tarde, trabajan más, tienen menos hijos y se divorcian con facilidad. Virginia Woolf, en *Una habitación propia* se imagina el destino de una hermana de William Shakespeare que hubiese tenido tanto talento como él. A medida que va sucediendo la historia, la hermana encuentra constantes obstáculos impuestos por los prejuicios que le impiden desarrollar su talento. En la actualidad, el futuro de esta hipotética hermana quizá hubiese sido muy distinto, pero, sin duda, también hubiese padecido mucho estrés. Con las oportunidades para la mujer, también han llegado las responsabilidades, las elecciones y los riesgos. En nuestra época, las mujeres mayores de 40 años no se escapan del Síndrome del Estrés Femenino, pero hay que recordar que el conocimiento es poder y que en cuanto se reconoce, el síndrome se puede controlar.

Controlar el estrés que se produce después de los 40

La menopausia

Quizá ahora, después de los 40, sea el mejor momento para aprender a controlar el Síndrome del Estrés Femenino. Por supuesto, la menopausia está biológicamente programada (a menos que la cirugía la precipite) y los cambios físicos que acarrea no se pueden controlar totalmente, pero usted puede reducir el hecho de sentirse una víctima de la madre naturaleza que no puede hacer nada al aumentar el sentido de la *predicción*.

Las mujeres que pasan la menopausia tienen que aprender lo máximo posible sobre los cambios que están experimentando. Considerar que lo que les ocurre es normal, que tiene una duración limitada, que no hay ningún misterio y saber cuál será la siguiente fase.

Pese a que los síntomas de la menopausia por sí mismos pueden ser difíciles de controlar, hay otras áreas que le ayudarán a recuperar el sentido del dominio:

- Mantenga el control de su peso, siguiendo una buena dieta alimentaria y así continuará disfrutando de su cuerpo.
- Establezca y realice un programa de ejercicio. Así mantendrá su fortaleza muscular y estimulará las reservas de energía.
- Sea buena consigo misma. De esta forma disminuirá el sentimiento de sentirse controlada por los cambios físicos y le dará mayor peso a sus decisiones. Trátese bien: tome baños de espuma, lea buenos libros, coma alimentos de calidad y sea tan considerada con sus sentimientos como lo es con los de los demás.
- Tome conciencia de sus propias necesidades y esté preparada para *pedir* lo que puede necesitar de los demás: compasión, apoyo, cercanía, distancia, respeto o atención.
- Cuide de su salud. Hágase revisiones médicas regulares y mamografías y trate los problemas de salud que pueda tener como la hipertensión y el colesterol, ya que pueden desencadenar problemas más graves.
- Comente con su médico la posibilidad de someterse a una terapia hormonal sustitutiva.

La Fundación Estadounidense de Osteoporosis recomienda que las mujeres obtengan, gracias a su alimentación y a los suplementos de calcio, de ser necesarios, entre 1.000 y 1.300 miligramos diarios de calcio. El calcio y el ejercicio ayudan a prevenir la osteoporosis pese a que el cuerpo no absorba bien el calcio sin estrógeno. Sin embargo, como todavía no está claro si el estrógeno aumenta ligeramente el riesgo de contraer cáncer de mama, cada mujer necesita sopesar cuidadosamente las ventajas y los posibles riesgos de la terapia hormonal sustitutiva, antes de dar este importante paso. Si los síntomas físicos parecen excesivos, consulte a su ginecólogo o endocrino.

Si padece un estrés incontrolable, acuda a un psicólogo o psiquiatra.

Si no sabe si los síntomas que experimenta entran en la normalidad o no, consulte a un profesional.

Como ya se dijo en el principio de esta obra, la menopausia puede tener un lado muy positivo. Muchas mujeres la viven como una gran liberación, como un renacimiento, ya que dejan de tener miedo al embarazo y consiguen una gran libertad sexual y práctica. Con la menopausia llega el ritual de paso hacia un período de elección personal y un estilo de vida autodefinido, libre de las tensiones premenstruales y de la depresión posparto. Con la menopausia se produce un nuevo examen de los objetivos y metas, libre de la ansiedad preparental y lleno de relajación posparental. Llega la oportunidad para elegir hacer aquello que siempre habíamos deseado o cosas que nunca nos habíamos planteado. «Ya es hora de que me paguen por el trabajo que realizo –exclamaba una madre de dos chicas universitarias–. Un trabajo con un salario me dará dignidad y hará que mis hijas tengan un punto de vista diferente sobre su madre y sobre sí mismas.» Hay muchas mujeres como Lena que siempre supieron que los años después de cuidar a los hijos serían igual de plenos e importantes y los planearon con cariño.

Lena, que ahora tiene 62 años, empezó a planear su futura jubilación del cuidado de sus hijos cuando tenía 38. Se apuntó a un programa de formación en el área de trabajo social y cuando entró en la menopausia ya había conseguido un máster en trabajo social. También había terminado su tarea como madre cuidadora. Lena siente que ahora es cuando tiene que divertirse y dedicar tiempo a sí misma, y hace cinco años inauguró su consulta privada. Está contenta por haber decidido desarrollar su interés laboral después de haber cuidado a sus hijos, en vez de tener que hacer malabarismos para cumplir ambas funciones.

Controlar el estrés que produce la pena

A pesar de las diferencias individuales que existen, las viudas suelen adoptar una actitud más positiva al saber que la pena y el dolor de perder a un ser querido tiene una serie de fases predecibles. Cada paso es necesario en el proceso de curación y ser consciente del propio proceso y de sus fases no cambiará el dolor, pero nos recordará que es normal y que se trata de un duro período que gradualmente irá evolucionando hacia una nueva disposición de la vida. Milton Matz, psicólogo clínico, ha subrayado las fases del dolor por la muerte de un ser querido.

Fase I: «Si lo niego, entonces es que no ha ocurrido.»
La viuda intenta evitar cualquier pensamiento o mención de la pérdida con el propósito de escapar del dolor. Esta reacción tiene variantes. Hay quien actúa como si no hubiese ocurrido nada durante un tiempo, yendo al trabajo y continuando su vida normal. Hay quien se aleja de los amigos y familiares para evitar las menciones o asociaciones con recuerdos del fallecido y hay quien parece no tener sentimientos, estar paralizada y continuar su vida cual robot.

Fase II: «Tengo el poder para dar marcha atrás al tiempo.»
Durante esta fase, Matz explica que muchas viudas intentan escapar de la tristeza de la aceptación de la muerte al utilizar pensamientos mágicos. Realizan intentos para mantener al fallecido vivo «viéndole» y «escuchándole», creyendo que su espíritu está aquí en la tierra y comunicándose con él. Las mujeres que han sido educadas creyendo que necesitan a un hombre a su lado intentarán dar marcha atrás a la muerte de su marido, sustituyéndolo inmediatamente por alguien: un hijo o un nuevo marido. Puesto que no se enfrentan a la muerte real, la pena continuará e interferirá en la nueva relación.

Fase III: «No puedo hacer nada al respecto.»
La pérdida se asume y se siente durante esta fase, por lo que es un período muy difícil. La realidad de la muerte de la pareja puede conducir a la desesperación e incluso a intentos de suicidio. El punto de esperanza no será la aceptación de la muerte del marido, sino el poder que tenga la persona para controlar su propia *vida*. A medida que la viuda vaya tomando decisiones y modelando su vida, empezará una fase más positiva.

Fase IV: «Estoy construyendo una vida nueva y, de vez en cuando, me acuerdo de la muerte.»

Según Matz, las pautas de reconstrucción son tantas como personas hay. Por mi experiencia clínica, puedo decir que he observado una característica común: la sorpresa agradable de la viuda al ver que ha sido capaz de superar la pérdida y la pena, y su sentido de fortaleza interior. Las viudas se dan cuenta de que no son la mitad de una pareja, sino que son una persona distinta. Muchas deciden permanecer solas y tomar el control de su vida.

Si tiene alguna amiga que ha perdido a su marido, intente ayudarla así:

- Deje que formule sus propias alternativas sin presionarla con consejos o amenazar su sentido de autoestima.
- No niegue su pena y sentido de pérdida. Recordarle que su esposo tuvo una «buena vida» o murió sin dolor, no la liberará de la ansiedad personal que siente, sino que hará que se sienta culpable por haber pensado en sí misma en esos momentos.
- No se aleje. Aunque ella quiera estar sola, en silencio o sin hablar, la compañía silenciosa también ofrece seguridad.
- Ofrézcale alternativas de actividades de ocio y laborales sin presionarla. No intente adivinar lo que es apropiado para ella. Cada persona reacciona de un modo distinto ante la muerte de la pareja. Póngale las alternativas sobre la mesa para que ella sepa que su vida sigue adelante y que no es ninguna falta de respeto por el fallecido mantenerse activa.

Vivir sola y a gusto

Si su matrimonio o relación de muchos años se acaba o si tiene dificultades al pensar que tiene más de 40 y está sola, hay algunos pasos que puede dar para lograr que su experiencia sea más positiva.

En primer lugar, no *juzgue* sus necesidades. No se juzgue a sí misma mientras determina si *debería, o no*, necesitar compañía. Piense qué hace que se sienta bien, sin emitir ningún tipo de sentencia.

Recurra a su familia y amigos. No es ninguna señal de debilidad ni de falta de autosuficiencia. No es la única que necesita a los demás. Piense en cuando los demás acuden a usted y en lo que a usted le gusta poder ayudarles.

No intente escapar de la tristeza o la soledad intermitentes. Si reprime esos sentimientos, el mismo sistema represivo ahuyentará cualquier sentimiento fuerte, incluyendo la alegría y el humor.

Si una relación a largo plazo se termina debido a la razón que sea, acepte el hecho de que ha pasado por una transición y que cualquier cambio, sobre todo los que son incontrolables, agravan los síntomas del Síndrome del Estrés Femenino. Puede que tenga más tendencia a caer en la depresión o en la enfermedad, dependiendo de sus «vínculos débiles». Quizá sienta más el estrés social o esté más sensible a los insultos de los demás. Recuerde que el Síndrome del Estrés Femenino es real, así que no es algo que únicamente está en su mente. Sea benévola consigo misma.

Si ha enviudado hace poco, tenga en cuenta que la culpabilidad es un efecto secundario muy común: la culpabilidad por seguir viva mientras su esposo ha fallecido, la culpabilidad de que de vez en cuando se enfadaba con su esposo cuando vivía, la culpabilidad de que le gusten algunos aspectos de su viudez, la culpabilidad de que quizá empiece a tener sentimientos hacia otro hombre.

Además, sobre todo al principio, debe dedicar el máximo tiempo posible a tomar importantes decisiones (como si precisa, o no, vender la casa, dónde debería vivir, etc.). A ser posible, no deje que le presionen a hacer algo para lo que no esté preparada. En medio de una pena tan grande y cambios tan relevantes, es difícil pensar con claridad y puede tomar decisiones de las que se arrepienta más tarde.

Forme un círculo de personas que compartan los mismos problemas y decisiones y así se sentirá menos sola. Luche contra algunas de las injusticias que imponen los prejuicios de la edad, ya que quizá así se sienta más fuerte. Tenga en cuenta que, mientras su sentido de control vaya aumentando, su estrés irá disminuyendo, así que todo lo que usted pueda hacer para tener un mayor control de su vida le aplanará el camino.

14

Controlar el Síndrome del Estrés Femenino

Hasta ahora hemos observado los tipos de estrés y los síntomas que constituyen el Síndrome del Estrés Femenino. Hemos visto cómo los tipos de estrés que tienen su origen en nuestra biología y condicionamiento pueden desencadenar dolencias físicas y psicológicas que, hasta cierto punto, son un hecho de la vida para la mayoría de nosotras. Ahora ha llegado el momento de centrarnos en cómo superar el Síndrome del Estrés Femenino.

La meta de controlar el Síndrome del Estrés Femenino tiene tres vertientes. El primer objetivo, que hemos tratado a lo largo del libro, es *aumentar el sentido del control*. Cuanto mayor sea nuestro sentido de control, menor será el estrés que padezcamos. Para poner sólo un ejemplo, está demostrado que la gente mayor que vive en una residencia de la tercera edad y que tiene que adoptar alguna elección (por ejemplo, qué película ver, qué habitación le gusta, qué quiere comer...) parece llevar su vida mucho mejor, tanto física como psicológicamente, que la gente que no tiene esa oportunidad de elegir.

El segundo objetivo del control del Síndrome del Estrés Femenino es fomentar una *evaluación realista de la situación de estrés*. Hay situaciones estresantes que duran poco y requieren pocos esfuerzos de gestión. Sin embargo, otras duran más y pueden ser incluso crónicas, provocando que las mujeres estén sometidas a un alto riesgo de padecer síntomas de estrés y, por lo tanto, requieren más esfuerzos de gestión de estrés. Una evaluación realista no sólo ayudará a distinguir entre los dos tipos de situaciones estresantes sino que también ayudará a determinar cuáles requieren *acción* y cuáles *aceptación*. Las mujeres de la década de los ochenta aprendieron a tomar las riendas de su vida. En los noventa luchamos para mantener ese control, y en esta nueva década tenemos que aprender a determinar cuándo debemos *dejar* de intentar controlar algunos aspectos de nuestra vida. Debemos aprender a reconocer cuándo nuestros esfuerzos son triviales, no deseados o innecesarios. Tenemos que saber cuándo basta.

El tercer objetivo del control del Síndrome del Estrés Femenino es *mejorar la capacidad de resolución de problemas y las estrategias para hacer frente a los obstáculos*. La gestión eficiente del estrés debería producir algo más que un alivio situacional. Lo ideal es que el proceso de gestión del estrés genere información sobre las vulnerabilidades y los puntos fuertes de la persona, sobre sus susceptibilidades y capacidades. Cada encuentro con el Síndrome del Estrés Femenino debería ofrecernos más conocimiento y datos para frenarlo cuando vuelva a aparecer.

La ayuda que nos brindan los demás

Hace años, mi abuela materna advirtió a mi madre de los peligros de la amistad femenina. Le dijo a su hija que las que creería amigas hablarían mal de ella a su espalda, tendrían celos de sus logros e incluso perseguirían a su novio. En algunas circunstancias, mi abuela tenía razón, pero en otras no.

Con los años, mi madre aprendió que podía confiar en muchas de sus amigas, que eran leales y se preocupaban por ella. Así que empezó a poner en tela de juicio las enseñanzas de su madre. Por desgracia, por aquel entonces mi madre ya me había hecho las mismas advertencias que le hizo su madre y yo también tuve que aprender, a fuerza del paso del tiempo, que no siempre las amigas son traicioneras.

Durante los últimos 20 años he estudiado el funcionamiento de la amistad femenina: envidia, enfado y vinculación y he descubierto que la amistad es *natural* entre mujeres y que cumple una serie de necesidades básicas. Las amigas aportan calor, diversión y significado a la vida de un modo único.

Por ejemplo, ¿le ha contado a su mejor amiga algo que pensó que nunca se lo contaría a *nadie*? ¿La ha llamado en medio de la noche porque necesitaba *hablar*? ¿Ha modificado su profesión, su lugar de residencia o sus planes de vacaciones para evitar la ansiedad que le produce estar lejos de ella? ¿Ha roto con su novio poco después de que ella rompiese con el suyo? ¿Se ha divorciado después de que ella se divorciase? ¿Decidió tener un hijo después de que ella tuviese el suyo? ¿Se han acompañado al médico y al dentista? ¿Siente que es la única persona del mundo que *realmente* entiende?

Si ha contestado sí aunque sea sólo a una de estas preguntas, ha experimentado los poderosos efectos que puede tener la amistad entre mujeres.

La amistad femenina nos aporta mucha información sobre nuestra naturaleza y necesidades. De hecho, a los 10 años, más o menos, las niñas ya tienen al menos una mejor amiga a quien le cuentan sus secretos más íntimos. Los chicos no se revelan tantas intimidades ni sentimientos tan personales.

Esta pauta de fuerte vinculación femenina parece ser cierta en todas las épocas y culturas y los investigadores están intentando averiguar el porqué. ¿Es esa necesidad de amistad femenina aprendida o instintiva? ¿Cuándo empieza? Los estudios llevados a cabo por la conocida investigadora de género Eleanor Maccoby, de la Universidad de Stanford en Palo Alto, sugieren que ya desde bebés las niñas reaccionan más al tacto que los niños. El doctor Karl Prima afirma que las niñas empiezan a hablar antes y expresan las emociones de un modo más verbal que los niños. ¿Influye este hecho en que las mujeres tengan más habilidad para la conversación y el contacto? ¿Significa que las madres, padres, otras niñas e incluso niños, se comunicarán mejor con las niñas que con los niños? Seguramente no.

Además, los psicólogos que estudian las fases de desarrollo han demostrado en estudios clínicos que a los 18 meses de edad, las niñas tienen arranques de mal humor más controlados y menos agresivos que los niños. Esto significa que cuando todavía están empezando a caminar, las niñas ya piensan primero y reaccionan después, una apreciada cualidad para el desarrollo de una bonita amistad.

¿Cómo se forma una buena amistad femenina? La fórmula parece requerir, por un lado, valores compartidos y, por otro, atracción mezclada con mucho compromiso. Si le sorprende oír que la atracción es una parte importante de la amistad platónica de las mujeres, piense en sus mejores amigas. Seguramente cada una de ellas posee una cualidad especial que siempre le ha atraído: vivacidad, inteligencia, belleza, gracia, amabilidad o firmeza.

Por cierto, los valores compartidos no tienen que referirse exclusivamente a temas políticos o ideológicos, sino que también tienen que ver con la honestidad, los logros, la familia y la diversión, que indican que usted y su amiga viven en el mismo mundo psicológico. En cuanto al compromiso se refiere, muchas mujeres me dicen que su amistad con otras mujeres ha sobrevivido a sus matrimonios y a más de un cambio de profesión. Tenga en cuenta que este tipo de poder para permanecer juntas requiere el compromiso de ambas. Ya sabe que tiene que dedicar tiempo y esfuerzo para que cualquier relación sea gratificante.

No hay ninguna regla, norma o guión que garantice que una amistad tenga éxito, pero *hay* consideraciones vitales que parecen reforzarla:

1. *Acepte a su amiga tal y como es.* No espere que sea perfecta. Al aceptarla tal y como es, también se aceptará usted misma. No hay que ser perfecta para merecer devoción.

2. *No la utilice como una competidora.* En ocasiones utilizamos a nuestras amigas como modelos para compararnos. Quizá nos sentimos mejor si nos comparamos con nuestras amigas, pero, a veces, también nos sentiremos peor. De cualquier forma, cuando competimos estamos perdiendo muchos matices de la amistad porque el resultado de cualquier competición se divide en vencedores y perdedores y nunca en factores iguales. En vez de adoptar esta visión, emplee su amistad como fuente de inspiración, de humor, de empatía y de asesoramiento.

3. *No trate a sus amigas como sustitutas de un hombre.* Muchas mujeres cancelan reuniones con sus amigas en cuanto las llama un hombre y después esperan que ellas estén a su lado en los momentos de vacas flacas. Por muy leales que sean sus amigas acabarán desapareciendo si deja de llamarlas y de pasar tiempo con ellas en cuanto entra un hombre en su vida.

4. *No abuse del poder de la amistad.* Una amiga se preocupa por lo que usted piense de ella y cómo lo demuestre. Le ha dado a usted el poder emocional, así que no abuse utilizándola para apaciguar su propio mal genio (incluso si lo llama «crítica constructiva» ella se sentirá dañada). Tampoco ponga en peligro la amistad invadiendo su intimidad. La amistad, al igual que cualquier ser vivo, necesita tiempo y espacio para crecer.

Recuerde, la clave para crear y conseguir amistades duraderas y agradables es aprender a ser buena amiga.

Ayudar a los demás

Todo el mundo conoce a alguien que padece estrés femenino y tiene dificultades para controlarlo. Puede tratarse de su madre, su hermana, su hija, su vecina o una buena amiga. Afortunadamente, hay muchas cosas que usted puede hacer para ayudarla a mantener a raya el Síndrome del Estrés Femenino. El plan que recomiendo reúne muchas técnicas para tratar las crisis y técnicas de terapia familiar desarrolladas por psicólogos durante la última década.

1. Recuerde las «cuatro D». Le permitirán saber cuándo una mujer se siente en época de crisis.
    Las necesidades de *dependencia* aumentan (a pesar de que muchas veces se niegan).
    La toma de decisiones se hace difícil.
    La depresión domina las emociones.
    La desorganización e incluso el pánico, se apoderan.

2. Demuéstrele que se *preocupa*. Incluso si también está alarmada por ella, no se lo demuestre y exprésele sólo ganas de ayudar. Intente comprender el estrés desde el punto de vista en el que lo vive su amiga. En este caso, la realidad no es tan importante como la experiencia. Estas son algunas de las cosas que podría decirle:
    «Quiero entender por lo que estás pasando.»
    «Estoy contenta de poder pasar tiempo contigo.»
    «¿Te ha ocurrido algo así antes?»

3. Anímela a hablar sobre su problema. Conversar aporta un sentido de estar actuando. Así tendrá, además, la oportunidad de «oír» sus propias palabras. Dígale:
    «A ver, explícame un poco qué te está pasando.»
    «¿Encuentras alguna explicación?»
    «No me queda muy claro...»
    «¿Qué has hecho que ha provocado que te sientas así?»

4. Sea lo que el psicólogo Carl Rogers denomina *un oyente activo*. Los psicólogos que siguen las teorías de Rogers recomiendan que intente repetir lo que su amigo o familiar acaba de decir para comprobar que era lo que quería decir; repita lo que ha escuchado para indicarle, también, que ha estado oyendo. Repita sus palabras

con un tono cálido y compasivo para indicar que acepta los sentimientos que está compartiendo con usted.

«Lo que me acabas de decir es que...».

«Creo que te entiendo. Te sientes como si...», «Así que piensas que...»

«Quieres decir que...»

5. Ayúdela a *ayudarse a sí misma*. Hacerlo todo por ella sólo aumentará su sensación de inutilidad y de falta de control. Además interferirá con cualquier enseñanza de gestión del control. Para aumentar las capacidades de ayuda, tendrá que seguir los pasos indicados.

6. Pregúntele por su *plan de acción*. Trate con ellas las distintas alternativas.

«¿Cómo has pensado hacer...?

«¿Qué tienes pensado hacer?»

«¿Has considerado que también podrías...?»

7. Ayúdela a *centrarse en el problema*. Ayúdela a evitar exageraciones, ansiedad o anticipación. Separe los hechos de la ficción.

«Por lo que me dices, parece que...»

«A ver si puedo decir lo mismo en otras palabras...»

«¿Cuál es la forma más práctica de actuar?»

«Si decides hacer eso, entonces lo más seguro es que también tengas que...»

8. Cree un *contrato* para llevar a cabo unas acciones en concreto. Así se cumplen dos objetivos de gestión del estrés. Se deja clara su responsabilidad para salir del apuro y se le ofrece la posibilidad de aumentar su autoestima llevando a cabo un plan tal y como se ha establecido.

«Entonces, el miércoles vas a ir a...»

«Cuento contigo para...»

9. *Recapitule* siempre que sea necesario, ya que su amiga o familiar se distraerá con facilidad.

«A ver, me acabas de decir que...»

«Vamos a asegurarnos de que sabemos lo que hacemos...»

«Vuélveme a repetir lo que tienes pensado hacer»

10. Bríndele una *red de seguridad*. No la anime a alejarse y aislarse de sus amigos o familia. Anímela a contar con las personas más íntimas.

«Recuerda que mañana vendré a verte a las seis...»

«¿Por qué no nos volvemos a ver el martes...?»

«¿Con quién tienes pensado pasar el fin de semana (las vacaciones, etcétera)?»

11. Elabore una *estructura*. A todos nos van mejor las cosas cuando tenemos algo que hacer que nos entretenga y aporte sentido. Las tradiciones, los bautizos, confirmaciones e incluso bodas, ofrecen una estructura en los períodos de transición o estrés. Aprovéchese de estas instituciones sociales.

12. Hay casos en los que se está tratando un problema que no se puede «resolver» (el amor de su amiga no es correspondido, tiene una enfermedad crónica, etc.). En estos casos, promueva una *aceptación* del problema. Así reducirá la persistencia inútil y la actividad sin rumbo y disminuirá, también, los efectos del Síndrome del Estrés Femenino.

Ayudarse a una misma: la gestión del estrés a corto plazo

Siempre tiene que recordar, tal y como dije en el inicio del libro, que *tiene derecho a reducir el estrés presente en su vida*. Concédase permiso para controlar su vida, para dejar de sentirse culpable y para preocuparse menos por lo que debería hacer, ya que todo ello supone un estrés adicional.

Una vez empieza el estrés y aumenta el nivel de adrenalina, debería iniciar con inmediatez la gestión del estrés a corto plazo. No espere hasta que tenga tiempo porque puede que después sea demasiado tarde. Queme esa adrenalina de sobra haciendo ejercicio físico ahora, o corte el flujo de adrenalina con técnicas de relajación.

Conviértase en su propia experta en catarsis

Para el estrés de emergencia o a corto plazo, las técnicas de catarsis son muy útiles. Catarsis es el equivalente emocional a la olla exprés de la abuela que va echando el vapor por la válvula de la tapa. Si la válvula se atasca la presión que se creara dentro la haría explotar. Las técnicas de catarsis funcionarían como esa válvula que descarga la tensión acumulada durante las situaciones estresantes. Estas técnicas incrementan nuestro sentido de control al ofrecernos los medios para moderar nuestros niveles de presión, vitales durante los momentos de estrés. Asimismo, al ejercitar y relajar el cuerpo utilizan la adrenalina extra producida durante el estrés y dirigen la energía «nerviosa». Ofrecen una distracción sana para el estrés inmediato. Una encuesta realizada por la revista *Men's Health* y por la cadena de televisión CNN halló que el 65% de las mujeres y el 63% de los hombres utilizan el ejercicio para combatir el estrés.

Algunas actividades de catarsis se regulan y controlan solas, así que no se necesita a un compañero ni ningún equipamiento especial. Entre estas actividades se incluyen:

- Caminar: el ejercicio más común en hombres y mujeres de todas las edades.
- Clases de aeróbic y baile: mediante ejercicios en gimnasio (o siguiendo cintas de uso doméstico). El ejercicio aeróbico hace que el corazón esté sano y reduce la hipertensión, según afirman los investigadores de la Universidad Duke.
- Nadar: este deporte de bajo impacto es suave con las articulaciones y es muy relajante.
- *Footing*: un antídoto muy popular contra el estrés, tanto si le gusta practicarlo sola o en compañía.

Otras actividades catársicas son más competitivas, como:

- Tenis.
- Paddle.
- Deportes en equipo.
- Maratones y carreras.
- Juegos (cartas, dominó, etcétera).

Hay otros muchos, como ir en bicicleta, practicar la danza del vientre, taconeo, fregar, dar cera, cortar el césped o aspirar. También puede poner música que sea más rápida que su ritmo cardíaco (72 pulsaciones por minuto) y bailar en su habitación 20 minutos. Recuerde que cualquier ejercicio físico sostenido y rítmico utiliza la adrenalina extra estimulada por el estrés y además aumenta el sentido de control, le distrae de los factores de estrés, le aporta un sentido de logro y relaja los músculos. El truco está en escoger uno y practicarlo de forma regular.

Soluciones rápidas

Si su médico o su estilo de vida no le permiten hacer ejercicio físico, pruebe con los juegos como una solución rápida. Puede tratarse de juegos competitivos como las cartas o el dominó o juegos de palabras; juegos y actividades en equipo o juegos individuales como los puzzles y los crucigramas. Si le gusta y le distrae, seguro que combate el estrés negativo. Si le gusta competir y se divierte tanto si gana como si pierde, además se dará la satisfacción personal de contrarrestar la educación altamente competitiva que le inculcaron en el pasado.

¿Sabía que reorganizar parte de su mundo también puede ser una terapia para combatir el estrés a corto plazo? Organice su monedero, ordene su armario, organice los cajones de la cocina y tire todo aquello que ya no le sirve. Los resultados se almacenarán en el cerebro y aumentará su sentido de control. Tenga en cuenta que cuando asciende el control, desciende el estrés. Las mujeres a las que entrevisté también me recomendaron ordenar las estanterías de libros, escuchar música relajante, trasplantar las flores, hacer manualidades y ganchillo o punto para olvidarse del estrés. La encuesta realizada por *Men's Health/CNN*, añade practicar un *hobby* a la lista (muy popular con un 54% de mujeres que lo practican y un 56% de hombres).

Espejito, espejito

Un estudio que llevé a cabo reveló que las mujeres nos miramos al espejo una media de 17 veces al día: cuando nos arreglamos por la mañana, cuando nos lavamos las manos, cuando pasamos al lado de un espejo o alguna superficie que refleje, cuando ajustamos el espejo retrovisor del coche, cuando nos probamos ropa o cuando retocamos el maquillaje. Intente utilizar su reflejo como una herramienta. Cada vez que compruebe que su pelo y su maquillaje están bien, observe cuál es la posición de su mandíbula, de sus hombros y de su espalda. Si considera que la postura está forzada o no es correcta, lleve a cabo alguna de las siguientes técnicas de relajación.

Conviértase en una experta en relajación

Tan importante como utilizar la adrenalina que se genera por la reacción de «lucha o huida» es saber cortar el flujo de adrenalina antes de que desemboque en el Síndrome del Estrés Femenino. Los entornos calmados funcionan como tranquilizantes. Intente relajar su cuerpo al máximo para que su mente piense «no hay estrés y, por lo tanto, no necesito adrenalina, ni tensión muscular, preocupaciones, mirar ni esperar». Dese un baño de agua caliente con fragancia, espuma, velas y flores, coja un libro agradable, ponga música tranquila o tome una ducha muy larga. Hágase un masaje usted misma empezando por la cara y bajando hasta los pies. Sea creativa. Quizá ya ha oído estas recomendaciones antes, pero debe ponerse manos a la obra. Según la encuesta de *Men's Health/CNN*, sólo el 28% de las mujeres y el 21% de los hombres emplean técnicas de relajación. ¡Pruébelas! Le ayudarán mucho más de lo que piensa.

Stanley Fisher, experto en hipnosis, recomienda utilizar la autohipnosis para señalarle a su cuerpo que es hora de relajarse. Los pasos más sencillos para entrar y salir de la autohipnosis son:

1. Siéntese cómodamente en una silla mirando a la pared a una distancia de metro y medio. Escoja un objeto o un punto de la pared que esté unos 20 centímetros por encima de su vista. Ese será su punto focal.
2. Mire su punto focal y empiece a contar hacia atrás desde 100, un número por cada expiración de aire.
3. Mientras cuente y continúe concentrándose en mirar el punto focal, imagínese flotando por el aire, muy relajada.
4. Al mirar al punto focal irá notando que sus párpados cada vez pesan más y empiezan a parpadear. Cuando ocurra, ciérrelos lentamente.
5. Con los ojos cerrados, siga contando hacia atrás, un número con cada expiración de aire. Mientras cuenta, imagínese cómo se sentiría si fuese una muñeca de trapo, relajada y flotando con seguridad en un espacio cómodo. Este es su espacio.
6. Con ese sentimiento cómodo de flotar por el aire puede dejar de contar y flotar.
7. Si algún pensamiento ajeno entra en su espacio deje que salga flotando de nuevo. Siga sintiéndose relajada y a salvo.
8. Cuando esté lista para salir de la hipnosis, puede quedarse dormida o contar de uno a tres y salir mediante estos pasos. Al contar *uno*, predispóngase para salir; al contar *dos,* respire hondo y sostenga el aire unos segundos; al contar *tres* espire y abra los ojos lentamente. Al abrir los ojos, intente seguir manteniendo ese agradable sentimiento de relajación.

También puede contrarrestar la tensión con la relajación progresiva. Algunos de mis pacientes graban una cinta con su propia voz dictando estas instrucciones:

1. Empezando por los dedos de los pies, relájelos.
2. Relaje los pies y los tobillos.
3. Relaje las pantorrillas.
4. Relaje las rodillas.
5. Relaje los muslos.
6. Relaje las nalgas.
7. Relaje el abdomen y el estómago.
8. Relaje la espalda y los hombros.
9. Relaje las manos.
10. Relaje los antebrazos.
11. Relaje los bíceps.
12. Relaje el cuello.
13. Relaje la cara.
14. Déjese llevar.

Por último, intente contrarrestar la tensión con la siguiente técnica. Tiene que contraer despacio y relajar después, cada parte de su cuerpo durante 10 segundos; a continuación deberá contraer y relajar cada parte del cuerpo más rápido para ser consciente del contraste entre tensión-relajación.

1. Frunza el entrecejo al máximo durante 10 segundos; después relaje los músculos de la frente durante 10 segundos. Repítalo más rápido, frunciendo y relajando el ceño durante un segundo y siendo consciente de las distintas sensaciones que provoca cada movimiento.
2. Cierre fuerte los ojos durante 10 segundos y relájelos a continuación 10 segundos más. Repítalo, pero más rápido.
3. Arrugue fuerte la nariz durante 10 segundos, después relájela durante 10 segundos. Repítalo, pero más rápido.
4. Presione los labios con lentitud; relájelos a continuación. Repita el ejercicio con mayor rapidez.
5. Ponga la cabeza contra la pared, el suelo o la cama (real o imaginariamente) y después relájela. Repita el movimiento más rápido.
6. Levante el hombro izquierdo, tensándolo al máximo. Relájelo y repita el movimiento más rápido.
7. Haga lo mismo con el hombro derecho; repítalo más rápido.
8. Ponga los brazos rectos y presione contra la pared, el suelo o la cama; relájelos. Repítalo de nuevo.

9. Apriete con fuerza los puños durante 10 segundos. Relaje las manos y deje que la tensión fluya por los dedos. Repítalo más rápido.
10. Contraiga la cavidad torácica durante 10 segundos y vuelva a la posición normal. Repítalo con rapidez.
11. Presione la espalda contra la pared o el suelo; relájela. Repítalo más rápido.
12. Apriete las nalgas durante diez segundos; relájelas y vuelva a repetir el movimiento con rapidez.
13. Presione las piernas, rectas, contra la pared, el suelo o la cama; relájelas. Vuelva a repetir el movimiento.
14. Flexione lentamente los pies, estire los dedos hacia usted tanto como pueda; relájelos y deje que la tensión fluya por los dedos. Repítalo más rápido.
15. Busque cualquier punto tenso y repita el ejercicio.

Enseguida sabrá reconocer las contracciones musculares provocadas por la tensión, antes de que dichas contracciones le provoquen espasmos y dolor crónico.

Biblioterapia

No olvide que tiene todo un océano de libros de autoayuda a su disposición escritos por profesionales acreditados que pueden enseñarle nuevas técnicas para llevarse bien con los demás, saber negociar en el trabajo, facilitarle la organización de la boda, luchar por mantener a flote su matrimonio, finalizar una relación y preocuparse menos para disfrutar más de la vida. La biblioterapia se realiza al ritmo que desea cada persona, no es cara, es educativa y, a menudo, es el primer paso para adentrarse en el mundo de la terapia. De hecho, el 60% de los psicoterapeutas inscritos en la Asociación de Psicología Estadounidense han declarado que recomiendan a sus pacientes leer libros de autoayuda en temas de educación de los hijos, crecimiento personal, mantenimiento de las relaciones, sexualidad y, por supuesto, reducción del estrés.

No obstante, cualquier comprador tiene que tener cuidado, ya que si la respuesta que presenta el libro es demasiado fácil o parece excesiva, debe dejar ese libro de lado. Si al leer toma un punto de vista demasiado intelectual o pasivo, sin tomar notas ni practicar lo que lee, cierre el libro. Si su problema es una depresión que interfiere con sus hábitos alimentarios o con sus pautas de sueño, una ansiedad que interrumpe su vida cotidiana o una adicción que le está perjudicando a usted o a los demás, tendría que decantarse por acudir a un terapeuta, en vez de leer un libro de autoayuda.

Ayúdese a usted misma: la gestión del estrés a largo plazo

Ahora que está gestionando los síntomas del Síndrome del Estrés Femenino con técnicas a corto plazo, ha llegado el momento de tratar las *causas* del Síndrome del Estrés Femenino. La gestión a largo plazo se basa en la prevención, la planificación, la perspectiva y la práctica.

- *Prevención* significa saber la diferencia entre estimulación y estrés.
- *Planificación* significa saber cuáles son los puntos débiles y vulnerables y protegerlos.
- *Perspectiva* significa saber cuándo puede elegir y tomar el control y cuándo debe cederlo.
- *Práctica* significa que leer este libro no es suficiente. Tiene que lograr que la gestión del estrés sea parte de su vida cotidiana.

Cuídese a sí misma

Educamos y cuidamos a nuestros hijos e incluso a nuestra pareja. Cuidamos de nuestros amigos y de nuestros padres, pero ahora ya es hora de que nos cuidemos a nosotras mismas. Controle su dieta y sus horas de sueño. Programe, también, los momentos de ocio.

Suba su autoestima

Algunas mujeres disfrutan de una autoestima alta gracias a la educación de sus padres, pero otras muchas tenemos que subírnosla nosotras solitas. ¿Cómo? Siempre que haga algo de lo que pueda estar orgullosa, anímese y felicítese por lo bien que lo ha hecho. Edúquese a sí misma como le hubiese gustado que lo hubiesen hecho sus padres. No puede dar marcha atrás y volver a la infancia, pero puede conseguir modificar su vida adulta.

Piense que sólo son «inconvenientes»

¿No se ha dado cuenta de lo mucho que las mujeres nos culpamos por los problemas o inconvenientes que se nos presentan, por todo lo que podríamos haber hecho para solucionarlos? Ya es hora de pensar en esos problemas o bajones como «inconvenientes». Hay algunos más graves, como estar sin blanca o el divorcio, y otros más leves, como las multas o que una cita nos dé calabazas. Sin embargo, tenemos que aprender que las cosas negativas que ocurren no son culpa nuestra ni son un castigo; sencillamente, son el resultado de la mala suerte o de la naturaleza humana. Aprenda a asimilarlo.

Establezca sus prioridades

Ya lo ha oído antes, así que escúchelo una vez más. No puede continuar con esa sobrecarga de trabajo sin estresarse o sin consecuencias negativas. No puede hacer que todos los compromisos sean igual de importantes, así que la solución es tener menos compromisos. Un reciente estudio, elaborado por la Universidad de East Tenessee State, en Johson City, concluyó que las mujeres con enfermedades cardíacas sienten más dolores en el pecho que los hombres cuando padecen estrés mental. Para empezar, debe pensar que su salud mental y su salud física tienen que ser su principal prioridad y debe empezar a cuidarlas ya.

Sepa elegir

En la década de los ochenta y los noventa aprendimos a *hacer* elecciones porque nos vimos obligadas. De repente vimos que éramos madres solteras, divorciadas, solteras sin hijos y viudas en proporciones nunca vistas. Ahora, en el nuevo milenio, tiene que adoptar una serie de elecciones. No las evite por miedo a que la critiquen o a cargar con la responsabilidad. No diga, «me da igual» o «lo que tú quieras». La próxima vez que alguien le pregunte qué película prefiere ver o qué restaurante le gusta, elija. Si los demás parecen decepcionados con su elección, no piense que se trata de algo personal. Recuerde que es sólo una desilusión y no equivale a un fracaso. Recuerde que son sólo inconvenientes. La próxima vez tendrá más suerte.

Separe su pasado de su presente

No recree situaciones del pasado con la gente nueva que hay en su vida, ya que no lo modificarán. El presente es el presente y es ahí donde tiene que imponer el control.

No asuma que el futuro será como el pasado. Nuestra visión del pasado nunca es objetiva. Nuestra primera presentación al mundo deja una huella imborrable, es cierto, pero esta primera impresión puede ser superada por una compleja realidad presente. La visión de la niña que todas llevamos dentro, la podemos reconocer y mirar con afecto, pero después tiene que ser orientada por el adulto que también llevamos dentro.

Acéptese tal y como es

No puede ser perfecta y no vale la pena ni intentarlo. Le recomiendo que, en vez de eso, intente conocerse bien. Al aceptarse tal y como es dejará que los demás también la acepten así. Cuando empiece a describirse, en vez de evaluarse, su nivel de estrés decrecerá. Sustituya «Así tendría que ser yo» por «Parece que soy así». Trabaje por mejorar la realidad y no con fantasías, algo vital para gestionar el Síndrome del Estrés Femenino.

Rompa con la costumbre de vivir la vida enmarcada en la culpabilidad

Cuando somos jóvenes, la mayoría nos sentimos culpables si nos comportamos de alguna forma que nos han explicado que es *mala*. Ya en edad adulta, ni siquiera nos queda tiempo o ganas para ser «malas». Casi siempre nuestra culpabilidad aparece cuando no podemos comportarnos como nos enseñaron que era *bueno*. Las mujeres se dicen a sí mismas «Tendría que...» a todas horas.

«Tendría que haber dicho que sí...»
«Tendría que haber dicho que no...»
«Tenía que haber llamado...»
«Hubiese tenido que ofrecer...»

Este tipo de culpabilidad no cumple ningún propósito, excepto incrementar el nivel de estrés. Aparece después de haber realizado una acción y, por lo tanto, no puede ser positivo. Sustituya estas recriminaciones por la observación.

«Parece ser que no quería decir sí...»
«Me pregunto por qué hice eso...»
«Preferiría la próxima vez hacer...»

Aprenda a decir no

Aprenda a decir no sin sentir culpabilidad (a un niño).
Aprenda a decir no sin justificarse (a su pareja).
Aprenda a decir no sin defenderse (a sus padres).
Aprenda a decir no con gracia y determinación (a un amante).
Aprenda a dar explicaciones en vez de excusas (a su jefe).

Tenga la libertad necesaria como para cambiar de opinión

No se atormente cada vez que cambie de opinión por algo o alguien. Cambiar de opinión es señal de flexibilidad y no tiene que ver con la inestabilidad. Aunque ser una «veleta» pueda representar demasiados cambios de opinión, un punto intermedio es mejor que una consistencia rígida e inapropiada.

Sea la persona que se concede permiso a sí misma

No necesita el permiso de los demás para hacer lo que le conviene y para reducir su nivel de estrés. No espere a que todo el mundo pueda ver que está estresada antes de hacer una pausa. No espere hasta que ya vea que no puede solucionar un problema para empezar a cuidar de sí misma. Si espera a que los demás se preocupen por usted, quizá se muera esperando. Incluso si nadie más reconoce la realidad del Síndrome del Estrés Femenino, ahora usted sabe que es real.

Otórguese permiso para:

- Descansar: echar una siestecita, tomar un baño caliente o darse algún placer. ¡Tiene todo el derecho del mundo!

- Relajarse: leer un libro, ver la televisión, escribir un poema, escuchar música, dormir la siesta. Ante todo, no *contamine* estos momentos de relajación con tareas y quehaceres.
- Establecer límites realistas: no se sobrecargue de tareas, programe lo que tenga que hacer y no sea muy exigente consigo misma. ¡Verá que aun así todavía tiene mucho que hacer!

Sea su mejor amiga

Esté siempre al acecho de los factores de estrés que desencadenan los síntomas que hemos mencionado. Protéjase tan bien como protegería a sus seres queridos.

Aproveche bien sus recursos

Aprenda a actuar ante las *emergencias* que son inevitables o muy probables: preparar un funeral, gestionar una crisis médica o actuar ante un desastre. Recopile datos e información que le ofrezcan profesionales, autores expertos y otras referencias.

Aprenda a controlar sus reacciones ante los *factores de estrés situacional* que le afectan en especial: vacaciones, problemas con la familia política, dificultades financieras. No permita que le sorprendan desprevenida; anticipe y controle sus reacciones.

Aprenda a gestionar el *estrés crónico* para protegerse de los síntomas del Síndrome del Estrés Femenino. Preste atención a los factores que mejoran o facilitan la situación y a los que la empeoran.

Cree profecías que se puedan cumplir

Espere siempre lo mejor. Incluso si las cosas no funcionan como quería que funcionasen, al menos, no se habrá estado preocupando constantemente *antes* de que surgiese el problema o la decepción. En otras palabras, reduzca la *ansiedad anticipatoria* que no cambia los resultados sino que sólo aumenta el riesgo asociado al Síndrome del Estrés Femenino.

Utilice la técnica del «como si». Es decir, compórtese como si todo el mundo estuviese encantado de tratarla como a usted le gusta que la traten.

Rosalie había quedado para cenar con su amigo David. Después ella quería ir a una fiesta que daba la ciudad para los solteros, pero no sabía si David se sentiría ofendido si ella intentaba conocer a otros hombres o enfadado porque ella tuviese pensado en hacer después otras actividades. Sin embargo, intentó probar la técnica «como si» antes de dejar de lado la idea de asistir a la fiesta de los solteros. Al fin y al cabo, ella y David eran sólo amigos.

Rosalie le presentó el plan de la fiesta a David como si ella esperase que a él le encantase la idea. «¿Sabes qué?», empezó a decir. «Después de cenar lo he preparado todo para que puedas venir conmigo a la fiesta de los solteros que hacen esta noche. Después podemos comentar lo ocurrido. ¿No crees que es fantástico que seamos amigos?» A David le gustó la idea.

De forma similar,

Ellen quería ir a la universidad por las tardes y llevar su hogar y cuidar a sus tres hijos, todo a la vez. Necesitaba el apoyo moral de su marido, la ayuda financiera y que le echase una mano en la casa. Sin embargo, temía que él no respondiese bien, ya que ir a la universidad a estas alturas parecía todo un lujo. Pensaba: «en vez de pensar en estudiar, tendría que buscarme un trabajo de media jornada». Aunque su marido todavía no había pronunciado una palabra en contra de sus estudios, ella ya temía las peores críticas. Siempre actuaba a la defensiva si él estaba cansado y se enfadaba mucho cuando él quería pasar tiempo a solas con ella. Con esos pensamientos negativos y anticipatorios se sometía a una gran presión y estuvo a punto de olvidar la idea de ir a la universidad.

Como último recurso, probó la técnica «como si». Se dio a sí misma permiso para matricularse en la universidad y empezó a comportarse como si a su marido también le gustase la idea. Ahora ya podía reaccionar bien ante la ayuda que él le brindaba y siempre le alababa ante sus amigos por el apoyo que le ofrecía.

En el caso de Ellen, la asunción «como si» era más cercana a la realidad que las exageradas asunciones negativas que le rondaban por la mente. Su marido hizo muchos esfuerzos para ayudarla, comprenderla y reducir su estrés.

La técnica «como si» tiene las siguientes ventajas:

- Facilita solicitar favores sin actuar a la defensiva.
- Facilita solicitar favores sin sentir enfado con anticipación.
- «Enseña» a los demás que tenemos una alta autoestima y tenemos derecho a un tratamiento considerado.
- Halaga a los demás al hacerles solicitudes en vez de imponerles exigencias.
- Refuerza reacciones en los demás que ayudan a reducir el estrés.

Recuerde que es importante no sabotear su comunicación anunciando expectativas de decepción o críticas.

Disfrute de su sexualidad

Si tiene una pareja, no olvide su lado sexual incluso cuando esté sometida a estrés. Para muchas mujeres, la actividad sexual es una vía importante para liberar tensión y además les recuerda que son deseadas, atractivas o queridas. Asimismo, al establecer una relación íntima cierran los ojos temporalmente al resto del mundo, tomando un respiro vital.

Si usted llega fácilmente al orgasmo, su experiencia sexual también la dejará relajada gracias a la función de los nervios parasimpáticos en el orgasmo. Disfrute. Si no tiene una pareja sexual, pero desea los beneficios que aporta el sexo, no dude en masturbarse. La capacidad para masturbarse es también una forma muy eficaz para liberar el estrés.

Céntrese en sí misma

Al decir centrarse en sí misma no quiero decir ser egoísta, sino ser consciente de una misma. Recuerde que siempre tiene que mirarse a sí misma y al resto del mundo a través de su punto de vista, ya que si sólo ve a través de los ojos de los demás es una mera espectadora, seguramente con ansiedad y con los síntomas del Síndrome del Estrés Femenino. Si padece timidez, vergüenza y falta de espontaneidad, seguramente este sea su problema.

No se vea a sí misma a través de los ojos de los demás y cambie la opinión de sí misma y sus decisiones según crea, incluso si gente importante en su vida está en desacuerdo. No dude cada vez que su pareja, sus hijos o sus amigos tengan otra opinión. No permita que los demás la desequilibren. Tenga un punto de mira definido.

Evalúe su estrés

No puede gestionar los factores o síntomas de estrés hasta que no los haya identificado. Con un lápiz, repase la lista de los síntomas de estrés que le proporcionamos y añada otros síntomas, si es necesario. Durante el transcurso del día, anote el momento en el que haya experimentado cualquiera de los síntomas de la lista y a continuación, anote la actividad que estaba haciendo o que iba a iniciar. ¿Observa alguna secuencia que se repite?

Hora	Actividad	Síntoma
____	_____	Síndrome del intestino irritable.
____	_____	Dolor de cabeza.
____	_____	Ardor de estómago.
____	_____	Náuseas.
____	_____	Sudor frío.
____	_____	Mareo.
____	_____	Lapsus de memoria.
____	_____	Asma.
____	_____	Hiperventilación.
____	_____	Reacción alérgica.
____	_____	Dolor de espalda.
____	_____	Dificultad al tragar.
____	_____	Ritmo cardíaco acelerado.
____	_____	Hipertensión.
____	_____	Frecuencia urinaria.

Si advierte que, en su caso, determinadas actividades parecen desatar síntomas de estrés, siga los siguientes pasos:

1. Anote el momento de la actividad. ¿Podría hacer esa tarea antes o después, durante el día? ¿Cree que produciría un cambio en términos de estrés?
2. Observe su nivel de rendimiento. ¿Cree que está invirtiendo demasiado esfuerzo en esta actividad? ¿Está dedicándole demasiado tiempo y energía?
3. Evalúe su motivación. ¿Hace la actividad porque «tiene» que hacerla? Muchas veces, una actividad que nos gusta practicar se ve resentida porque nos sentimos obligados, en vez de motivados, a realizarla.

Anticipe el estrés de las vacaciones

No se sienta culpable o sorprendido de que las vacaciones sean estresantes. A todo el mundo le ocurre. Las vacaciones implican un cambio del horario, reencontrarse, en ocasiones, con la familia y tienen altas expectativas asociadas. Para muchos, evocan recuerdos desconcertantes de buenos o malos tiempos pasados. Para otros, resaltan sentimientos de soledad y aislamiento. Las vacaciones también pueden fomentar un regreso a sentimientos infantiles sin experimentar ninguna satisfacción. Además, para la mayoría de las personas preparar las vacaciones requiere mucho trabajo y muchos planes. No se deje llevar por la fantasía de que las vacaciones de Navidad son cálidas y maravillosas. Puede que algunas sean así, pero la mayoría no tienen nada que ver con esta ilusión infantil.

Considere cada vacación por separado. Habrá momentos memorables y momentos decepcionantes. Disfrute todo lo que pueda de la comida, de los días sin trabajo, de la belleza visual o de las tradiciones. No compare las vacaciones de este año con las del pasado ni con las del siguiente. Cada momento es único.

Piense en el autocontrol y no en cambios repentinos

Tal y como ya hemos mencionado en alguna ocasión anterior, la estructura de su personalidad tardó años y años en formarse. Los primeros años de vida fueron la presentación a la «realidad». Puesto que fueron momentos en los que ni siquiera podía hablar, no están accesibles en su memoria. Piense en el recuerdo más lejano que tenga. Seguramente estará pensando en algo que le ocurrió cuando tenía, al menos, dos o tres años. Sin embargo, su sentido de seguridad y de persona individual ya se había empezado a formar. Piense en cuando tenía 12 años, ¿recuerda todos los profesores que tuvo? ¿No? Pues pasó un año con ellos.

Reestructurar una personalidad requeriría, al menos, los cinco años más formativos y mucho esfuerzo. Pese a que el psicoanálisis tiene ese objetivo, la mayoría de la reducción del estrés se consigue al *conocer* la estructura de la personalidad propia, en vez de intentar modificarla. Trabaje *con* sus defensas, puntos fuertes y débiles, en vez de luchar *contra* ellos. Los intentos poco realistas de cambio de personalidad son frustrantes y no hacen más que aumentar el estrés. En cambio, la autoaceptación logra disminuirlo.

Viva el aquí y el ahora

Muchas mujeres incrementan su estrés al ser proclives a revivir problemas pasados y a anticipar miedos futuros. Según el psicólogo Fritz Perls, esta tendencia les impide vivir el presente. La vida se les va de las manos, así como las oportunidades, los placeres y la relajación. Si este es su problema, deje de imaginar circunstancias hipotéticas y vuelva al presente. Intente vivir al máximo el aquí y el ahora, sin angustiarse por crisis futuras.

Práctica, práctica y más práctica

Los terapeutas han advertido que el conocimiento no es suficiente para cambiar la conducta. Lo que se necesita una vez se han adquirido datos e información es práctica. Practicar nuevas conductas lleva a nuevos tipos de reacciones por parte de los demás, a nuevas alternativas y nuevas visiones de la realidad. Empiece a practicar ahora.

Cuando esté sometida a gran estrés, actúe en vez de reaccionar.

1. Tómese el tiempo para recopilar información sobre una situación o persona determinada antes de extraer conclusiones. Si la conducta de alguien le está haciendo daño, no se lo tome personalmente. Procese lo que ve y siente como información y no como un insulto. Decida cómo se siente sobre lo que dicen o hacen y lo que su conducta dice de ellos.
2. Determine las consecuencias lógicas de la situación o de la conducta de alguien. Deje de pensar ilógicamente en fantasías irreales y verifique cualquier asunción antes de actuar.
3. *No* le dé a los demás el poder de hacer que usted reaccione antes de estar preparada. Tómese el tiempo que necesite.
4. Si la reacción de otra persona amenaza con desequilibrarla, consiga mantener el punto de equilibrio. Puede probar, como hace Beth, con frases como, «Entiendo tu punto de vista y pensaré sobre ello» o «Lo que dices es muy interesante», con lo cual lo que se acaba con cualquier intención de actuar a la defensiva o desequilibrar.
5. Sepa reconocer cuándo se aleja de un objetivo por miedo al fracaso. Céntrese en conseguir su meta y en ir acercándose cada vez más a ella. No retroceda, ya que lo único que conseguirá será ponerse trabas y hacer que el camino sea más difícil.

Ríase a carcajadas

La risa es la señal que hace que los centros del Síndrome del Estrés Femenino desconecten el sistema de adaptación de emergencia. Tal y como Norman Cousins sugirió en su obra sobre la risa, la carcajada puede tener un efecto curativo. ¡Qué hermosa herramienta para superar el estrés! Acaba con la tensión que puede provocar un tema embarazoso cuando aparece en forma de chiste, cuando nos tomamos a risa un pensamiento o un impulso inaceptable o cuando se adopta una nueva perspectiva. La risa ilumina la cara, relaja los músculos, baja la guardia, restaura la objetividad e impulsa la esperanza.

Persiga soluciones a corto y largo plazo

Cuando empiece a desarrollar su propio programa de control de estrés, tenga en cuenta que necesitará perseguir constantemente soluciones a corto y largo plazo. El ejercicio, la autohipnosis, las técnicas de relajación, el sexo e incluso la risa, son remedios a corto plazo que le ayudarán a sentirse más cómoda con su cuerpo y a tener pensamientos más positivos. Ofrecen una gratificación y liberación inmediatas. Las soluciones a largo plazo, incluyendo varios aspectos del cambio de conducta que hemos tratado en este capítulo (aprender a vivir en el presente en vez del pasado, aprender a sentir menos culpabilidad, aceptar lo que no se puede cambiar en la vida, concederse permiso para descansar y reducir el estrés), aumentarán su sentido de control y reducirán el estrés crónico. Ambas técnicas son vitales para contrarrestar el estrés presente en su vida.

El estrés que sufrimos las mujeres forma parte de nuestras vidas, al igual que sus síntomas. No podemos ignorarlos, sentirnos culpables o dejar que nos desborden. Reconocer el efecto que tienen sobre nosotras significa que ya no necesitaremos recurrir a los demás para que nos faciliten una explicación incompleta de lo que sucede. Aprender a controlar el estrés y sus síntomas significa que ya no tendremos que conformarnos con la recomendación de que descansemos bien una noche, o nos tomemos un tranquilizante. El estrés femenino tiene que tomarse en serio tanto por las mujeres como por sus familias y amigos. Debe combatirse con entendimiento, autoayuda y, si fuera necesario, ayuda profesional.

Ponga la palma de las manos hacia arriba y mire su línea de la vida (la línea que empieza entre el pulgar y el índice y se curva alrededor de la base del pulgar llegando casi a la muñeca). Su línea de la vida tiene un inicio, un punto intermedio y un final. No es infinita, al igual que la vida, que también tiene un inicio, un punto intermedio y un final. De ahora en adelante, siempre que se mire la mano, recuerde que es el momento para reducir el estrés que padece. No espere a que los síntomas desborden su capacidad para trabajar o jugar. No espere a que su médico, sus familiares o sus amigos le supliquen que empiece a cuidarse.

Empecé este libro con una cita de Hans Selye: «La liberación completa del estrés es la muerte.» Contrariamente a la opinión pública, Hans Selye afirma que no podemos evitar el estrés. Estamos rodeados por factores de estrés, entre ellos el dinero, el trabajo, la familia, los hijos y el sexo. Experimentamos tipos de estrés relacionados con nuestra fisiología, tipos de estrés que están ocultos en nuestras tareas cotidianas y otros tipos que aparecen en vacaciones o en el tiempo libre. El estrés breve puede ayudarnos a conseguir lo que queremos y el estrés prolongado puede ayudarnos a madurar, pero hemos de controlarlos y, cuando no sea posible, tenemos que intentar gestionar los efectos que tenga sobre nosotras. Ahora, más que nunca, es vital que aprendamos a convivir con el estrés, a superarlo y controlarlo, para disfrutar de la vida sana y plena que nos merecemos.